# 养育有安全感的孩子

[美] 肯特·霍夫曼
（Kent Hoffman）

格伦·库珀
（Glen Cooper）

伯特·鲍威尔
（Bert Powell）

克里斯蒂娜·M. 本顿 著
（Christine M. Benton）

李紫嫱 译

Raising
a
Secure
Child

How Circle of
Security Parenting
Can Help You
Nurture Your
Child's Attachment,
Emotional Resilience,
and
Freedom to Explore

机械工业出版社
China Machine Press

图书在版编目（CIP）数据

养育有安全感的孩子 /（美）肯特·霍夫曼（Kent Hoffman）等著；李紫嫣译 . —北京：机械工业出版社，2020.6（2025.4 重印）

书名原文：Raising a Secure Child: How Circle of Security Parenting Can Help You Nurture Your Child's Attachment, Emotional Resilience, and Freedom to Explore

ISBN 978-7-111-65801-6

I. 养… II. ①肯… ②李… III. 心理健康-家庭教育 IV. ① G444 ② G78

中国版本图书馆 CIP 数据核字（2020）第 097420 号

北京市版权局著作权合同登记　图字：01-2018-4595 号。

Kent Hoffman, Glen Cooper, Bert Powell and Christine M. Benton. Raising a Secure Child: How Circle of Security Parenting Can Help You Nurture Your Child's Attachment, Emotional Resilience, and Freedom to Explore.

Copyright © 2017 The Guilford Press

A Division of Guilford Publications, Inc.

Chinese (Simplified Characters only) Trade Paperback Copyright © 2020 by China Machine Press.

This edition arranged with The Guilford Press through BIG APPLE AGENCY. This edition is authorized for sale in the Chinese mainland (excluding Hong Kong SAR, Macao SAR and Taiwan).

No part of this book may be reproduced or transmitted in any form or by any means, electronic or mechanical, including photocopying, recording or any information storage and retrieval system, without permission, in writing, from the publisher.

All rights reserved.

本书中文简体字版由 The Guilford Press 通过 BIG APPLE AGENCY 授权机械工业出版社在中国大陆地区（不包括香港、澳门特别行政区及台湾地区）独家出版发行。未经出版者书面许可，不得以任何方式抄袭、复制或节录本书中的任何部分。

# 养育有安全感的孩子

| | |
|---|---|
| 出版发行：机械工业出版社（北京市西城区百万庄大街 22 号　邮政编码：100037） | |
| 责任编辑：杜晓雅 | 责任校对：李秋荣 |
| 印　　刷：固安县铭成印刷有限公司 | 版　　次：2025 年 4 月第 1 版第 9 次印刷 |
| 开　　本：170mm×230mm　1/16 | 印　　张：18.25 |
| 书　　号：ISBN 978-7-111-65801-6 | 定　　价：69.00 元 |

客服电话：(010) 88361066　68326294

版权所有·侵权必究
封底无防伪标均为盗版

Raising a Secure Child

# 目录

推荐序
致谢
作者题记
前言

**第一部分**
## 关于圆环的一切
理解依恋以及安全感的重要性

**1** **依恋：为什么它如此重要** | 2

同他人建立亲密的依恋关系是人们生活的核心所在。人们可以从亲密的依恋关系中获得力量，享受生活，同时也能用自己的行动给予他人力量，帮助他们享受生活。这些就是现代科学和传统智慧的契合点。

## 安全感：与不完美交朋友 | 27

你不需要十分富有、非常聪明、独具天赋或是幽默风趣；你只需要陪伴孩子，但是要做到心灵和身体的双重陪伴。况且，你不需要成为一名非常出色的妈妈，只需要成为"足够好的"妈妈就够了。

## 依恋图示：安全感圆环 | 50

有了安全感的包围，我们对于世界的好奇便开始萌芽。我们确信最重要的人一直展开双臂欢迎我们回去，这样的安全感给了我们勇气和自信去闯荡世界，但无论走得多远，我们都会回望，确保最重要的人一直都在。这是有关探险与爱的故事。

## 成为圆环上的双手 | 75

成为圆环上的双手就意味着，父母要谨记自己扮演的角色，要更加高大、强壮且友善，还要足够智慧，让自己从中抽身并注意到其中的区别。

## "鲨鱼音乐"：我们的童年如何在教养孩子的过程中产生回响 | 107

当电影《大白鲨》的配乐作为背景音乐响起时，美丽的海滩风景立刻让观看者感到有可怕的事情就要发生了。这正如父母在自己的童年形成的程序性记忆拉响了警报，告诉他们孩子表达的需求到底是"安全的"还是"危险的"。

## 行为透露出的信息：指示以及错误指示 | 138

我们不必根据孩子的行为判定他们的性格，我们需要试着理解他们的行为。行为会透露出信息。因此我们要问问自己："孩子们想告诉我们什么信息？他们的需求是什么？"

第二部分

# 建立并维护圆环
### 如何变得更高大、强壮、智慧、友善，并且足够好

### 鲨鱼骨：探索我们的敏感核心　｜ 174

"鲨鱼音乐"由痛苦的思绪和记忆引发，每个人都可能会听到独特的"鲨鱼音乐"主旋律。尽管成长过程中可能会有很多令人痛苦的时刻，但是我们常常会专注于某一类别的痛苦，从而避免产生更多的此类痛苦。

### 新领域试水：选择安全感　｜ 205

形成安全型依恋并不是一项竞赛或是目标，而是一个不断发展的过程，这一过程会日复一日地在我们眼前慢慢展开。这就是为什么形成安全型依恋有助于我们更好地领悟和面对在人际关系中所遇到的各种困难。

### 保持漂浮：在孩子成长过程中一次又一次地选择安全感　｜ 237

请你一定要牢记在心：只有你最了解自己的孩子，如果你能够承受住孩子成长过程中所有的困难和考验并陪伴孩子，你就能越来越深入地了解孩子。

**资源**　｜ 265

Raising a Secure Child

# 推荐序

如果你希望孩子建立成长所需的依恋关系并以此让孩子获得最好的发展，如果你正在寻找一本实用、充满智慧、有科学依据而且易于理解的指导书，那么你算找对地方了！肯特·霍夫曼（Kent Hoffman）、格伦·库珀（Glen Cooper）以及伯特·鲍威尔（Bert Powell）都是极具天赋且经验丰富的临床心理学家，他们建立的安全感圆环法经研究证明非常实用、效果显著，可以帮助父母更好地养育孩子长大成人。

几年前，我第一次见到了这三位人际关系领域的专家，一下子就被他们的敏锐、友好、慈爱深深吸引，令我印象深刻。他们在工作中渐渐完善安全感圆环法，坚持以依恋（孩子如何与他们的抚养者建立联系）的科学研究为基础努力地进行创造性的工作，确保他们所创立的方法已经打下牢固的"地基"。此后，他们进一步测试该方法，以确认该方法是否有效，这不仅是为了他们自己的项目，也是为了全世界学习使用他们方法的人们。这种方法基于神经科学的最新发现，可以提供给你最新、最好的养育孩子长大成人的指导方法。

**依恋**（attachment）是指作为哺乳动物的我们在成长过程中对

抚养者的依赖。孩子最早期的几位特定依恋对象能够通过沟通交流的方式自然而然地塑造孩子的成长轨迹。依恋研究表明，那些幸运地建立了"安全型"依恋的孩子最有可能成长为细心、高情商、善交际、乐于反思、善于关心他人、抗压能力强的个体。

如果这就是你希望孩子未来成为的样子，那么安全感圆环法将会向你展示如何使孩子的成长过程最优化，最终让孩子具备这些积极向上的特质。然而，你也许会疑惑，既然书里讲述的内容是自然发生的事，那么为什么还有人要读这样的书，为什么不是每个人都具备安全型依恋呢？

研究表明，许多因素都会影响我们如何教养孩子，而且父母给予孩子的关注、安抚、安全感和保护都会促使他们健康成长。但是，也有许多事情造成了一些妨碍，其中一个影响因素就是我们自身的童年经历。目前，研究结论已经清晰确凿地证明：我们如何理解自身的童年经历对自己的影响，而非童年经历本身，是能够预示孩子将会以何种方式依恋我们的关键因素。多项样本超过 10 000 人的严谨研究表明（详情请见本人的著作《心智成长之谜》(*The Developing Mind*)对于研究结果的总结），最重要的影响因素是，我们会如何反思那些不好的事情，以及如何理解它们对自身发展和目前教养方法的影响。而且，即使我们与自己的父母及其他抚养者都建立了安全型依恋，提升自身养育孩子的意识也是十分有益的。人总有学习和成长的空间嘛！值得庆幸的是，明晰生活的意义，学习如何与深爱之人建立更加紧密的联结，永远都不迟。

如果从现在开始学习如何看待父母和孩子的关系，你将会更加清楚地意识到自己和孩子之间的沟通会如何实现本书作者所鼓励的"陪伴"，而这个过程会给予你丰厚的回馈。你将会看到书中所描述的案例的实际意义，比如，"鲨鱼音乐"（作者为童年依恋的回响起的一个十分恰当的唤起式名称）如何唤起记忆中的隐藏内容。我们都有用来储存情绪、想象、身体直觉以及信念的"仓库"，我们可能不会觉得它们来自过去，但它们可能会直接限制我们与孩子建立联结和交流的能力，让我们无法运用有助于建立安全型依恋的方法（这些方法十分重要且可以习得）。通常，我们甚至没有意识到，"鲨鱼音乐"妨碍了我们和孩子进行联结。本书将教会你如何处理类似的经历，将你从养育孩子的"枷锁"中解救出来。

人际关系不可能完美。如果你在使用育儿策略时有完美主义倾向，那么实际上你已经因自我要求过高而给自己施加了压力。本书所写皆为实用建议，让你更宽容自己，反过来也为孩子建立一个易于接受的模式。值得欣慰的是，有关依恋的研究表明，在可调节的、因时而异的联结关系出现不可避免的裂隙后，人们可以设定恰当的目标并进行弥补。本书针对如何实现这一重要的修复过程给出了颇具感染力的案例和清晰的描述，它们将教会你如何辨别并修复类似裂隙。

当我拜读这些智慧的结晶时，这些谦和又详尽的指导所显露出的敏锐、透彻和卓越一次又一次地给我留下了深刻的印象。对于我们、孩子以及整个世界来说，《养育有安全感的孩子》是多么珍贵的一份礼物啊！感谢你们，感谢肯特、格伦、伯特，以及你们的助手克里斯蒂娜·M.本顿（Christine M. Benton），感谢你们完成了一部如此杰出的作品。同时也要感谢作为读者的你，因为你以爱、勇气及洞察力开启了这本书的阅读之旅，并努力带给孩子安全感。享受接下来的旅程吧！

医学博士丹尼尔·J.西格尔（Daniel J. Siegel）
著有：《心智成长之谜》（The Developing Mind）、
《青春期大脑风暴》（Brainstorm）、
《第七感》（Mindsight）以及《心智》（Mind）；
联合著有：《由内而外的教养》（Parenting from the Inside Out）、
《全脑教养法》（The Whole-Brain Child）以及
《去情绪化管教》（No-Drama Discipline）

Raising a Secure Child

# 致谢

若说我们三个人幸运，那这种描述根本无法表达出我们幸运程度的十分之一。

过去30多年间，在为父母和孩子建立安全感圆环法的过程中，我们得到了许多慷慨的支持和指导，这远超出了我们的预期。同领域的临床治疗师、研究人员以及在早期便参与项目的各国专家不断给予我们清晰明了的反馈信息，提出建设性的批评意见，帮助我们不断完善我们想要提供给无数家庭的信息。

来自马里兰大学的祖德·卡西迪（Jude Cassidy）为我们提供了最重要的帮助。从工作伊始她就是我们的指导者、同事以及朋友。没有她清晰明了的反馈、对于科学的严谨态度以及对于依恋研究的深刻理解，就不会有我们今天的安全感圆环法。

当然，约翰·鲍尔比（John Bowlby）以及玛丽·安斯沃思（Mary Ainsworth）——依恋理论及研究的奠基人，都是为这一方法的诞生提供基础的"巨人的肩膀"。同样，詹姆斯·马斯特森（James Masterson）和拉尔夫·克莱因（Ralph Klein）——我们在客体关系理论上早期的老师，为核心敏感性这一部分内容提供了蓝图，对于本书的思想影响深远。此外，我们还要感谢丹尼尔·斯特恩（Daniel Stern）和苏珊·麦克多诺（Susan McDonough），他们的影响对于我们建立父母早期干预模型至关重要。我们还要感谢在早期为我们提供帮助的鲍勃·马文（Bob Marvin），他参与了早期的研究设计以及圆环部分结构的设计，并且帮助我们基于依恋研究更加系统地理解了养育中的互动。

我们还想向戴夫·厄尔布（Dave Erb）表达谢意，感谢他提供了最初的船与船坞的比喻，圆环的图示正是从这个想法中诞生的。他建立的"陪伴"模型是这部书的理论基础之一。

我们想要向桑迪·鲍威尔（Sandy Powell）致以感谢，她指导我们如何更好地理解并尊重家庭内部的深切感情以及承诺。此外，我们还要感谢不断给我们提供支持的史迪格·托斯坦森、艾达·布兰采格、卡洛琳娜·扎内蒂、乔·科因、安娜·休伯、苏珊·伍德豪斯、佩尔·高特伯格、珍妮·彼得斯、克莱尔·盖茨、弗朗西丝卡·玛娜蕾斯、惠北川、布丽吉特·拉姆绍尔、查利·斯拉特、卡米·玛尼阿努、安德莉亚·佩卡、欧安娜·布达库、索尼娅·韦莱以及查尔斯·泽纳。

一直以来，我们都很感谢给我们提供大力支持与悉心指导的安全感圆环国际组织（Circle of Security International）的成员们：格蕾琴·库克、安迪·库克、比尔·布卢姆、安吉·迪多夫、尼尔·鲍里斯、戴德丽·昆兰、德博拉·哈里斯以及卡洛斯·格雷罗。他们全身心投入，坚持不懈，富于创造力且十分友善，正是他们为本书倡导的教养方式注入了灵魂，让它得以呈现在众人眼前。

我们也想感谢丹尼尔·J. 西格尔不吝笔墨撰写了推荐序。同时，还要感谢为我们提供了故事和引言的世界各地的父母。即使我们只能使用全部素材的一小部分，但所有素材都为著成本书提供了巨大的帮助。

本书出版得到了吉尔福德出版社（The Guilford Press）的总编辑西摩·温

加滕（Seymour Weingarten）的大力支持，他从一开始就相信我们的美好愿景，并且坚信本书可以成功出版，从而使无数父母获益。还要特别感谢资深编辑姬蒂·穆尔（Kitty Moore），她不仅对这个项目有着十足的信心，还不断为我们提供指导。正因他们如此信任我们，他们建议我们接受克里斯蒂娜·M.本顿在写作技巧上的帮助。在给专业人士的第一本书以及这本给父母的书的写作过程中，克里斯蒂娜为我们提供了宝贵的资源，也是我们的良师益友。她的写作技巧使得本书文字通顺流畅、简明易读，对我们创作的帮助无法估量。在过去六年中，克里斯蒂娜逐渐熟悉了我们关于教养的理论。她对于如何表达想法的判断力于我们而言也是一笔珍贵的财富。此外，在整个创作过程中，克里斯蒂娜的幽默风趣为我们带来了无尽的欢乐。我们十分高兴克里斯蒂娜的名字能够印在本书的封面上，因为没有她，就没有这本书。

我们还想向雷·斯文森（Rae Swenson）表达谢意，感谢她一直以来提供的帮助。感谢汉娜·弗林特（Hannah Flint）以及尼克·斯图尔特（Nick Stewart），感谢他们充满创意的插图。

最后，我们还要感谢我们的家人，感谢他们多年来坚定地相伴左右。桑迪、切尔西和特拉维斯，克里斯蒂娜、埃琳、埃里克、萨拉、斯科特、本杰明和扎卡里，金、卡伊和萨拉——正是因为你们的存在才使得我们了解到安全感圆环的存在，正是因为你们的温柔相待以及全身心的投入才使得我们开始考虑建立一份基于安全感和爱的事业。

Raising a Secure Child
## 作者题记

很高兴你拿起了这本我们写给父母的书。我们由衷地希望父母以及专业人士都能读到这部作品。作者十分清楚书中的文字不能代替培训和督导，而且我们并不赞同或是认为阅读本书就意味着读者准备充分，可以进行任何形式的安全感圆环（Circle of Security®）干预活动。

对我们而言，保持安全感圆环方案的准确性是重中之重。秉持这样的原则，安全感圆环的名称已经成功注册，本书的图表均获得版权。更多专业性的信息请见我们的另一部作品《依恋创伤的预防与修复：安全感圆环干预》（*The Circle of Security Intervention: Enhancing Attachment in Early Parent-Child Relationships*）。申请使用安全感圆环或安全感圆环教养法（Circle of Security Parenting）的名称用于推广及研究，请参见我们的网站：www.circleofsecurity.com。感谢你们为了保证安全感圆环的准确性而做出的努力。

本书作者还想向在世界各地参与我们培训的许多人表达谢意，感谢他们无私的奉献。对他们的观点的引述贯穿了本书始终。

　　本书中有关依恋互动的许多趣闻以及事例都来自作者在日常生活以及工作中熟识的家庭。其中，部分案例使用化名以保护个人隐私，部分案例糅合了不同故事，其他案例则代表了有关依恋的一般性话题。

Raising a Secure Child

# 前言

身为父母（或者未来的父母），我们都想为孩子做到最好。我们大量阅读抚养孩子的最新理论及实践资讯，给孩子请最好的儿科医生和老师，绞尽脑汁地查阅吃什么能够有助孩子健康成长，并且立下誓言一定要避免其他父母或者我们自己父母犯过的错误。

然而，结果是一些本来抱有善意的父母却犯下了严重的错误：他们想要做到完美，或者把大部分注意力都放在不犯错误上。

本书想要传达的潜在信息就是，我们已经具备了成为优秀父母所需的条件。身为人类，我们生来就具备为孩子谋求有利条件的积极意图，拥有同孩子建立亲密持久的依恋关系的内驱力。我们可以利用这些上天赋予的能力告诉孩子身为人类意味着什么——总有许多令人困惑的需求以及令人不适的情感，运气不好还存在缺陷，一路磕磕绊绊地不断学习，生活如此不完美却绚丽多彩。每个人在内心中都会经历艰难的时刻，通过安全型依恋，孩子便能在这样的时刻感受到关爱，具备安全感。如果孩子相信自己可以依靠别人以抚平生活中不可避免的困难带来的伤痛并获得帮助，那么他们就具备了走进大千世界，探索自我，以及发现自身未来多种可能性的信心。

30年过去了,我们越来越坚信,安全型依恋是父母能够为孩子建立的最重要的人生基础,其重要程度和营养、健康以及教育不相上下。事实上,它的影响也许比那些生存必需品还要大,因为如果一个孩子的早期经历是围绕着安全型依恋展开的,那么他不仅能辨别出其生存所需,还能辨别出有助于自己茁壮成长的需求。他不会因为提出要求而感到不适,并且会坚信自己一定能够得到帮助。

研究表明,至少与一名成人建立安全型依恋的孩子在学校表现更好,其交友能力、身体健康状况也更好,在一生中也会享有更多亲密、持久且融洽的人际关系。在作为临床治疗师帮助人们解决各种难题时,我们开始意识到,许多问题的根源就在于童年缺乏安全型依恋。童年时期没有他人给予足够的陪伴会导致孩子在成人后无法获得令人满意且亲密的人际关系。他们在自我怀疑中不断挣扎,在工作中总是表现不佳或是争强好胜。这样的人会因为压力过大出现健康问题,或一直以来都对生活和亲密关系感到不满。如果在童年时期没人帮助他们管理并了解自己的需求,那么他们在长大后就很难控制自己对成功的渴求,无法了解自己想要什么,也会在做选择时遇到困难。如果这些人有了孩子又会怎样呢?也许你已经猜到了:他们渴望做最棒的父母,他们感受到了本能的强烈驱使,想和孩子建立联系的纽带。可是他们就是不知道该怎么做,或者他们认为自己知道怎么做(毕竟读了那么多书),但是事实上,与自己深爱的儿女相处时出现的亲子关系问题折射出了父母自身的童年经历。

我们创作这本书是为了给父母提供一张建立安全型依恋的指示图。30年前,我们追求的是将依恋的益处带给千家万户。精神病学家约翰·鲍尔比及心理学家玛丽·安斯沃思的理论创立于20世纪50年代,并在接下来的几十年中被不断总结和优化,我们想要将这一具有开创意义的理论以简单易行的形式介绍给所有父母。这一理论强调,父母和孩子之间的安全型依恋以及基于信任的感情纽带是孩子健康成长的关键所在。该理论一直以来因其有效性和重要性广受赞誉，然而未能以实用的、普通父母能够做到的方式被应用。科学家称赞安全型依恋为成长中的孩子以及多年后长大的成年人提供了"心理免疫力"，虽然数以千计的研究得出了以上这个明晰又重要的结论，说明了安全感的益处及其必要性，但这些结论埋没在文献中，让父母无法获知。我们意识到，也许可以将这些深刻的领悟传达给那些能够最大化利用这些结论的人——孩子的父母和抚养者。这种可能性深深地吸引着我们。

这就是一个有关干预的故事的开端，我们将其称作"安全感圆环"。与年幼的孩子的关系问题令一些父母非常苦恼，于是我们设立了此项目。在20周的时间内，这一团体项目初具雏形，此后便被应用在个人治疗及其他场景中，包括世界各地的学校、社会服务机构和寄养家庭。我们绞尽脑汁，不断修改完善这个项目。实际上，在我们不断深入挖掘安全型依恋这一重要又基本的人际关系时，这个项目每一天都会产生新的变化和新的提升。

研究表明，安全感圆环法甚至能够帮助父母解决最棘手的问题（贫穷、入狱、教育程度低、吸毒史，等等）给孩子带来的不良影响并且同孩子建立安全型依恋。这些父母中的许多人根本就没有正常的成长经历。虽然这些结论极大地鼓舞了我们这些临床治疗师和科学家，但是我们在自己的人际关系中的收获、那些参与安全感圆环项目培训的治疗师发表的个人见解，以及我们每次亲眼所见的那些经推荐开始接触安全感圆环项目的人的故事更加鼓舞人心。针对依恋的安全感圆环图看上去适用于所有人（无论其文化背景如何），这与我们出于本能探求自身如何同其他人产生联系，以及身为人类的我们到底是谁有关。对于我们三个人而言，安全感圆环正像是一个摄影镜头，放大并加深了我们对于自己的婚姻、孩子以及同事的理解。我们由此了解了自己的教养方式、朋友关系、咨询工作以及志愿者工作。对于我们和许多人而言，安全感圆环让这个仁慈且积极的世界中的信念和希望重获新生。

父母能够克服最令人却步的困难，同孩子建立纽带，这一次又一次地坚定了我们的信心：每个人都具备成为出色父母所需的条件。有时人们只需一些指导，就能回归正途。也许是自身成长经历中的一些缺失导致你无法顺畅地表达情感，或者是因为抚养者未能满足你的基本需求（这通常也不是他们的过错）导致你缺乏信任感，又或者是成人生活中的不可预测的变化阻隔了你和孩子的关系，可你现在非常渴望同孩子产生联系。我们诚挚地希望这本书可以将你拉回到（或使你一直处于）安全感圆环的轨道之上。我们坚信接下来的事情你自己就能处理好。

在现实中，大部分情况都是如此。研究表明，大约60%的父母都能和孩子建立安全型依恋。安全感是无法精确测量的，因此有时人们会说关系看起来"基本稳固"或是"相当稳固"。我们在研究过程中发现安全感也可以习得。另外，请你一定要明白，即使是安全型依恋也不总是完美的。就算所有事情都进展顺利，和孩子建立了安全型依恋的父母仍经常犯错，他们只是在大部分时间可以有效地回应孩子的需求，但并不总是如此。

"足够好的教养"是我们要完成的任务。

让孩子建立起信任，相信自己能够依靠所爱的人，相信那个人会努力陪伴自己，这对于孩子在此后一生中建立良好的人际关系至关重要。全世界的联系越来越紧密，我们实际上是生活在各式各样的人际关系之中。这些人际关系正像是组成我们的家庭、社区以及事业的纤维组织。如果你有过要求很高、追求完美主义的老板，或是曾经希冀伴侣能满足自己的每一个需求，你就懂得人际关系中不存在"完美"。灵活多变、反应迅速、足够敏感、易于接近才是维护好人际关系的关键所在。只有及时发现错误、予以弥补，并总结经验教训才是正确方法。

在经历了对于亲密的人际关系的考验后，我们不仅明白了自己可以充分信任他人，把最迫切的需求告诉他们，还明白了即使是最有同理心的人也会犯错误，也会疏远他人，而且事实上常见的情况是，日常生活中的关系裂隙是可以修复的。如果我们追求的是零失误、"完美的"教养方法，那便是在告诉孩子：比起满足他们的需求，我们如何表现才更重要。同时，我们也会将无法实现的期许压在他们的肩头，伴其一生。没有人是完美无缺的，因此期盼建立完美人际关系的愿景也终会落空。我们在处理两个人的关系时，如果能凭借自身对于人类需求和不可避免的困境的理解，尝试了解双方的相似和不同，那么这段关系就会有无限可能，能够不断地深化、完善。这样的朋友、工作、恋爱以及婚姻关系，不正是我们希望孩子在成长过程中可以体验且在未来可以拥有的吗？

父母的做法正是这一切的根源。想象你六岁的儿子放学回家，怏怏不乐。为什么你只给了他一块甜点，就希望他能感到舒服一些呢？（如果你申请升职被拒绝或是被挚友拒绝，你的爱人只给了你一块饼干就希望你心情好起来，你又感觉如何呢？）你根本不需要心理学家或者其他经验丰富的父母告诉你，这个孩子需要的不只是一块甜点这样的鼓励。但有时候，我们需要别人提醒，让我们注意到年幼的孩子需要我们肯定他的伤心和困惑是正常的，需要我们明白他是因为昨天还是"最好朋友"的同学今天却选择和其他人一起玩耍才这样难过的。他需要拥抱或爱抚，也可能需要和你一起静静地重整心情。他需要你帮他搞清自己到底是怎么想的，需要明白这种难过的感受的归属——既属于他也属于你们的这段关系。

所有这些反应可能对于身为父母的你来说都是自然而然的，但是你可能没有意识到这些反应对孩子有多么深远的影响。你所做的不只是让他在那一刻觉得舒服一些，以便能出去玩耍或是集中注意力写作业（尽管你的确是这样做的）。你实际上教会了他在自身唯一的感受就是痛苦时了解自己的感受。你让他明白如此伤心的感受即使会带来痛苦，也是很正常的，这是在告诉他这些感受含有重要信息；你让他明白自己可以在别人的帮助下摆脱痛苦；你帮助他认识到自己是怎样的孩子——一个看重友谊和忠诚的孩子。换句话说，你在帮助他成长、发展为一个健康的个体，帮助他习得如何在人际关系的湍急河流中安全远航。

如果你的回应没有展现出理解以及慈爱，而且你没有花时间和儿子相处会怎么样呢？可能儿子闷闷不乐走进来的时候你正在忙着处理家庭花销问题。他走过来，拽拽你的衣角，想引起你的注意。你却盯着电脑屏幕，不耐烦地说：“亲爱的，我正忙着呢。我得先处理完这些事儿。”儿子便走进客厅，不到半小时，你就发现他蜷缩在沙发里，安静地抽泣。

现在正是一个好机会，教给他另一些更重要的事情：你撇下了自己的倦怠和不耐烦（毕竟账单和纳税一点都不好玩），走过去坐在了孩子身边。你温柔地抚摸着他的后背，问他发生了什么。让孩子从悲伤中走出来需要费点力气，因此他不会立刻回应你的道歉以及迟到的安慰，但是他会逐渐平复情绪。结局简单美好，却教会了孩子一个重要的结论：大人也会犯错，但是他们会努力改正。你让他明白自己依然可以信任你，你也会陪伴着他，但有时候他需要对你耐心一些。你已经为他的一生打下了良好人际关系的基础，这其中既有痛苦挣扎也有解决方法，既有关系的裂隙也有对伤痛的抚平。

## 如何使用这本书

我们创作本书的目的是让你了解你自己与生俱来的为人父母的能力，以及作为父母自然而然具备的积极向上的意图。设计这本书也是为了给你提供清晰明了、易于记忆、基于研究数据的知识，让你可以每天践行所学，在你感到困惑或者需要指导时获得帮助，找到平衡。我们致力于简化本书的语言，因为在盛怒之下，教养孩子需要"我知道接下来要做什么"这样简单的反应，而不是像"第217页讲了什么"这样的复杂内容。希望你徜徉在书页间时，我们简单明了又严肃认真的文字能在你为人父母的旅途中常伴左右，成为支撑力量，让你享有身为父母本应有的样子。

我们将本书分为两部分。一些读者可能会发现第一部分已经涵盖了一种全新的教育方法所需的一切内容。这一部分凭借数十年研究所揭示的结果解释了为什么依恋如此重要，为什么安全感如此容易消失，而重拾安全感并不困难。和孩子（以及深爱的人）关系疏远是常有的事。生活让人劳神费力，总是危机四伏。在不得已的时刻，我们的精力会分散。这便是我们可能注意不到孩子需求的时刻，这会致使关系不再紧密。但是，如果我们将安全感圆环的指导牢记在心，重拾重要人际关系最初的美好就很简单。

安全感圆环向我们展示了孩子在成长过程中的两种需求：一种是获得安抚以及安全感，另一种是探索大千世界。孩子的需求会在一天中多次改变，但是我们无法做到每次都知道他们想要什么。父母看到的只是行为，如果孩子的行为让人感到棘手，父母就会针对这个行为做出反应。在许多情况下，需求都会被忽视，因此安全感圆环将会揭露隐藏在孩子每个平淡无奇的行为背后的意义，让父母了解孩子需要他们做什么。第3章详述了圆环的结构以及孩子的基本需求，这些内容引起了世界各地父母的共鸣。

在追求成就的年代，无论是什么原因引起的不适，相较于找到问题的答案并快速解决问题，允许自己充分感受情绪（无论是自己的还是他人的）要困难得多，对于身为父母的我们来说也是如此（在2015年年末，用谷歌搜索"直升机父母"⊖（helicopter parents）会显示600多万条结果）。但是对孩子来

---

⊖ "直升机父母"指那些非常关心孩子，尤其关心其学业的父母，因为这些父母总像直升机一样在孩子头顶盘旋、指导人生。——译者注

说，建立安全型依恋很重要的一点就是"陪伴"（Being-With）。这不仅仅意味着待在孩子身边，也不仅是当孩子在最爱玩的电子游戏中杀死一个怪兽或是展示出很棒的踢球脚法时，你坐在一旁表示赞许，和他们度过一段"珍贵时光"就可以了。"陪伴"意味着与孩子分享情感经历，让孩子明白每个人的核心情感都是一致的（同时也要明白每个人的感受是独一无二的）。强调"陪伴"孩子这一概念能帮助你察觉到许多常常遭到忽视的需求。"陪伴"孩子有助于其共情能力的培养，让孩子和你一起学习如何调节情感、如何应对坏情绪，可以为孩子树立管理情绪的信心。"陪伴"是第 4 章的主题。

我们说你已然具备成为优秀父母所需的条件，并非意指你的本能不受负面因素的干扰或是能够在真空环境中自由发挥。父母或其他抚养人如何将你养大会影响到你自身的依恋类型，正如你如何抚养孩子也会影响他们的依恋类型一样。每个人都一样，都会对某些特定的情感需求和依恋类型需求产生一点不安全感。你不一定能意识到这些影响，因为早在你学会说话前它们就已经植入记忆之中。但令人惊讶的是，你的孩子天生就能感知到你的不安全感，会试着帮助你、保护你免受那些令人不适的需求带来的烦扰，因而假装自己没有那些需求。这些不安全感会令你感到痛苦，这种倾向也可以延续到下一代。第 5 章和第 6 章的内容会将这些恼人的事情讲明白，可以让你的子孙在抚养孩子时免受同样的困扰。当明白是什么在幕后操纵着你之后，你就可以主动选择为孩子带来安全感了。

许多人在接触安全感圆环后发现自己对于孩子和父母之间重要的纽带有了全新的认识，这些认识正是他们选择为孩子提供安全感所需的核心要素。当压力来袭或是遇到困扰时，父母只需要回想心中的安全感圆环指示图（或者看看贴在冰箱上的安全感圆环指示图），但有些人会觉得这个过程更困难一些（而且每个人都会在特定时间、特定情况下对此感到困难）。我们知道自己是从无法保证百分之百的安全感的环境中长大的。于我们而言，对这些拦路虎的好奇心更加重要，了解这些生命中的阻碍可以真正照亮我们前方的路。如果你带着好奇心去探索自己的成长经历引发的那些难以察觉的警报，并十分乐于探求其中的缘由，本书第二部分的内容会提供你所需的帮助。这一部分内容既有帮助你探究自我的问卷，也有关于依恋的多种表现形式的延伸内容。我们会介绍你认识许多孩子和父母，你会看到他们是如何参与孩子从出生到成长为青少年的整个依恋过程的。你将会目睹我们所有人如何挣扎、犯下错误、改正错误并帮助孩子茁壮成长。

欢迎加入我们的行列。

# 第一部分

# 关于圆环的一切

理解依恋以及安全感的重要性

> 你认为,因为知道一加一等于二,
> 所以你知道什么是"二"。
> 但是若要真正地理解"二"是什么,
> 你先要理解……"加"这个字。
>
> ——贾拉鲁丁·鲁米(Jalaluddin Rumi),13世纪诗人、学者

# 1

## 依恋：
### 为什么它如此重要

在孩子与父母相处的平淡无奇的时刻却有意义非凡的事情发生：

丹尼想要和其他孩子一起爬到沙坑里玩。在此之前，他会等着妈妈对他点头微笑，这令他倍感安心。

艾玛在被爸爸抱起放在腿上时就立刻停止哭闹，不在乎爸爸正忙着看手机而并不怎么看她。

杰克对着他的玩具鼓一通乱砸。当妈妈不再叫他住手，转而称赞，"哇，你的节奏感可真棒啊，小家伙"，他就停下了手中的动作。

这样的场景稀松平常，人们可能不会在意，甚至也不会去注意。然而，对于孩子来说，类似的场景不断重现而累积起来的影响却十分深远。每当你回应孩子的需求，给予他们安慰或自信时，你便与他们建立了信任的纽带。每当你让孩子明白自己懂得他们的感受，了解他们的需求时，你便证实了人类在生命之初建立的联系所拥有的力量，这种联系是每个人从出生之时便开始探寻的。每当你帮助襁褓中的或是蹒跚学步的婴儿处理他们来到世界所经历的不安与挫折感时，你便教会了他们接受自己以及其他人的情绪（即使是"丑恶"的坏情绪）。

**这些都是依恋给予的馈赠。** 只要父母或者主要抚养者能够做到下列几项，孩子就会自然而然地建立起安全型依恋：

- 如果孩子受到惊吓或感到不安，帮助他安抚情绪。
- 为孩子探索世界提供充足的安全感，为其成长发展提供必要的安全感。
- 帮助孩子接受并管理自身的情感经历。

父母和孩子之间的依恋是固有的。甚至在孩子出生前，你就和孩子建立了联系，而且很神奇的是，孩子刚一出生就受到本能的驱使和你亲近。很多成年人都能提供孩子生存所需的食物、衣物以及保护，但你的孩子不会和其他成年人亲近。几十年的研究表明，小宝宝会迅速爱上父母的面庞，因为即使他们的视力还很难聚焦于父母的面庞，却已经能感知到父母的爱与付出。凭着直觉，小宝宝便知道这个人因为他的存在才出现在这里，知道这个人会帮助他了解这个复杂的新世界并且发现其中的美好。

作为父母，我们都希望把所有的美好带给孩子——爱与激情、理解与接受、意义与满足感。孩子来到这个世界，也期盼并需要从我们这里感知这些美好。我们的良师，发展心理学家祖德·卡西迪（Jude Cassidy）和社会心理学家菲利普·谢弗尔（Phillip Shaver）近期给依恋安全感做出了如下定义："对于美好的可能性充满信心。"在我们看来，这就是问题所在。我们渴望将美好、必不可少和令人感到满足的事物给予孩子。孩子也以他们独特、神奇、新鲜又常常十分迫切的方式提出这样的要求："请你帮助我，让我相信你，相信自己，相信所有人都拥有美好的品质。"当然，这就是本书要做的事情。

## 至关重要的"和"

我们在生命伊始便要与他人紧密结合，而非分离。这不只是指那个常识性问题，即婴儿在出生前与母亲通过共享一个身体建立联系，这种联系在分娩后常常会持续下去。婴儿也会依赖父亲、祖父母，或任何一位用眼神传递出"我是因你而存在于此"并在此后多数时候都会兑现承诺的人。初生的婴儿似乎能够感知到这种付出，因此也在生命之初的几天开始做出善意的回应。他们会盯着父母，在父母下班回家时会兴奋地伸出小手，并且在父母含笑望着他们的时候，报以人生的第一个微笑——很少有父母会忘记孩子给予的这份礼物。在"安全感圆环"项目中，每当我们试图告诉父母，他们对于孩子来讲是多么重要的时候，我们就会一边播放展现父母与孩子之间依恋情景的剪辑视频，一边播放乔·库克（Joe Cocker）的歌《你如此美丽》（You Are So Beautiful）。

唐纳德·温尼科特（Donald Winnicott）是一位儿科医生兼精神分析学家，他曾讲道："如果你想要形容一个小宝宝，你会发现自己其实谈及的是这个小宝宝'和'某个人。"他意在表明父母对于孩子来说是多么重要。名叫基诺、萨莎或者伊罗托的小宝宝都有自己的小手小脚和长相，但他们实际上不能算作独立个体。我们习惯于把小宝宝视作独立完整的小生命，认为他们确切地了解自己的感觉和需求，只是无法用语言表达出来。可实际上，新生儿并不清楚自己的感觉是怎样的，除非一些未知的、困难的事情降临到他们身上（他们需要一些什么），尚未成型的渴望才开始逐渐萌芽。当爸爸或妈妈看到小宝宝眼中的忧虑，念叨着"乖，乖"，并猛然间神奇地明白孩子想要什么的时候（甚至把想要的东西给他们），他们就是在告诉孩子"有我在这里陪着你，咱们的感受是一样的，我们会一起把问题解决的"。这样的沟通过程不断重复，小宝宝便明白了人类的情感是自然产生的、可以接受的，也是可以分享的。他明白了正是眼前的这个大人能够帮他解决这些情绪问题，帮他慢慢学会自己解决这些问题——这个过程称作"协同情绪调节"。他明白了，即使自己和父母在许多重要的方面都有共同之处，每一个人却是独一无二的；他明白了这种人与人之间的关系（"和"）与自我的形成息息相关。

直到20世纪中期，自我（同其他人分离的存在）仍是发展心理学的关注点所在。在西方社会，如此强调自我的看法传递出了诸多看法和期许，告诉我们应该如何度过一生。一旦我们能力足够，别人就盼望着我们开始照顾自己。相对于集体需求，政策通常都更照顾个人权利（至少在美国是这样的）。在安全感圆环项目工作中，我们却得到了相反的观点：正是"和"起到了重要作用。我们甚至可以这样说：自给自足简直是天方夜谭。从初生到垂老，我们独立自主采取行动的能力与保持联系的能力直接相关。那么这对于父母教养孩子又有什么意义呢？如果我们想让孩子独立、敢于独自闯荡，我们就要给孩子信心，让他们明白自己随时可以回到父母身边。自主和联系：这就是安全型依恋。

让我们看看安全型依恋是什么样的。

小蕾今年3岁。她活力四射、顽皮好动又充满好奇。同往常一样，她和爸爸走到离家两个街区远的公园，一到攀爬架前，小蕾回头看了爸爸一眼（不超过千分之一秒），然后就跑去攀登她的"珠穆朗玛峰"了。旁观者可能不会注意到，正是小蕾回头看向爸爸那千分之一秒（不知道是爸爸随意的一瞥还是他眼里表达了什么信息）给了她所需的许可与支持，让她知道开启这次全新的冒险之旅完全没问题。

14秒后，她已经爬到了架子顶部，回身望着爸爸，从头到脚都写满了自豪，她感到自己大获成功，高喊着："我长大了。"

"没错，你长大了，小蕾，"爸爸跟着喊道，"你的确长大了！"（小蕾并不知道爸爸仍有些担心她会掉下来，却竭力不去惊扰她或是在一旁走来走去。但是，根据以往在攀爬架玩耍的经验，爸爸觉得小蕾已经爬到需要自己靠近保护她的位置时，却发现女儿已经拥有足够的力量和平衡感，并且充满热情，可以凭借自己的方式探索这片新天地了。）

又过了20秒，小蕾已经爬下来了。她仍旧很开心，享受着完成了一件大事的喜悦，笑着跑回了爸爸身边，为自己的成就感到无比自豪。她很高兴，爸爸也很高兴。她看着爸爸的眼睛，两人目光接触——"刺啦"一声迸发出了火花，然后小蕾便跑开了，奔向滑梯，准备开启一场新的、激动人心的探索之旅。

**这就是安全型依恋**。在这个普普通通的场景中，在女儿面对探索世界这个有些吓人的任务时，爸爸一直陪伴着小蕾，并对女儿不断转换的需求做出回应。重要的是，小蕾也知道爸爸会做出回应，因为之前很多次爸爸都是这样做的。这就是整个探索过程顺畅又自然的原因之一。小蕾基本心理需求的表达以及父亲对于这些需求的回应构成了父女关系的重要部分。

### 依恋：一笔长久的财富

也许小蕾和爸爸并不需要刻意互动，但是安全型依恋为人们带来的益处始终存在，对每个人来说都是如此。人生的第一段人际关系是如此亲密，以至于"两个人"变得和"一个人"没什么差别。与蝴蝶破茧而出、挣脱蝶蛹，此后便能一直快乐地生活下去不同，这段关系不是我们可以随意舍弃的，它会伴随我们所有的人际交往、工作以及交流过程。如果这段关系是安全型依恋，我们就很可能会"一直快乐地生活下去"。

几十年的研究表明，与一位主要抚养者建立安全型依恋，从各方面来看都能让孩子更加健康快乐，无论我们以什么指标来衡量都是如此（胜任力和自信心、共情和关怀能力、复原力和忍耐力；控制情绪的能力、学术潜力、保持健康体魄的能力；追求毕生的事业以及令人满意的个人生活）。

也许最重要的是，孩子在第一段人际关系中形成的安全型依恋可以为其此后一生良好的人际关系奠定坚实基础。我们现在可以确信，人际关系对于人生各方面的成功和满意度而言就像引擎和框架。研究表明，社会关系可以提升精神和机体的健康状况，甚至降低死亡的风险。许多国家的研究分析数据一次又一次地显示人们拥有越多的社会人际关系，早亡的可能

---

**50 年以来的研究表明，具备安全型依恋的孩子：**
- 和父母相处时更快乐。
- 对父母的愤怒和不满更少。
- 和朋友相处更融洽。
- 有更稳固的友谊。
- 可以同朋友一起解决问题。
- 和兄弟姐妹关系更融洽。
- 自尊心更强。
- 知道大部分问题都可以解决。
- 相信美好的事情总会到来。
- 相信他们所爱的人。
- 知道如何善待周围的人。

性就越小。事实上，那些最孤立的个体早亡的可能性是社会关系最多者的两倍。对于"和"的重要性，西方社会似乎正在改变他们的认识，人们越来越关注主题涉及脆弱的价值的图书以及 TED 演讲。人们开始意识到人际关系不只是"附带品"。那些和同事相处得最好的人总是最先升职（不只是因为他们做出了结盟的最佳选择，他们也总是生产力最高的员工）。尽管我们明白，过度地围着孩子转没有什么好处，但我们也意识到，一直陪伴着小宝宝、安抚他们的情绪并不等于围着他们转，也不会毁了他们的人生。人际关系支撑着我们（甚至定义了我们），因为比起独自一人时，每个我们建立的"和"都使得自己的存在更有意义。

> "我再三宽慰自己，儿子十分机敏、适应性强而且自信。两天后，他……给我打电话，和我分享获得的成就，听起来充满生气又兴高采烈。我告诉他，'祝你接下来的探索之旅一切顺利'，因为我知道这正是他想听到的。我可以在远方支持着他，因为凭借多年安全型依恋的经历，我知道他具备所有他需要的爱、技能、依恋以及才智。正因为他拥有安全型依恋，才能探索得越来越远。"
>
> ——海迪·S. 罗伊瓦尔（Heidi S. Roibal），阿尔伯克基，新墨西哥州，在她 23 岁的儿子开始独自横穿美国后

## 依恋：它真的很重要

凭借直觉，"和"的重要性你便了然于心。与他人相处时的信任和安全感可以让人际关系发生转变：如果你和朋友分享了令自己羞愧的童年秘密，你们的友谊便会加深；如果冒险求婚，你和另一半的亲密关系就会更加稳固；如果你应该得到升职机会并提出请求，你就会有机会和领导平起平坐并且互相尊重。即使最重要的成就看似没有其他人参与（创作出了最棒的画作；在工作中冒出了一个很棒的创新性或是变革性想法；写出了精彩的讲稿），却常常是具有安全感的人才能做到的。如果我们相信其他人普遍持开放性心态并且乐于接受信息，

我们便会更具创造性、竞争力以及清晰的思维，并可在遇到风险时做出明智选择，因为我们希望自己的想法能够得到理解、被大家接受，并处于稳定安全的环境。如果别人理解、接受我们的想法，我们便会获得成功，就在这个与他人分享实现愿望的喜悦的过程中，依恋的重要性又一次得到了强化。

安全型依恋就像一个存在于你内心的泰迪熊。如果你充满自信，坚信人们所具备的美好品质，那么在日常生活中，在遇到生活中重要的转折点时你便会对其他人充满信任。事实上，成年人通常都根据目前的人际关系好坏评判现在的生活状态。如果人际关系一切顺利，生活就一切顺利。如果感觉生活充满爱，我们就一切都好。

> 安全型依恋就是知道某个人一直支持着你，[一]
> 而知道某个人支持你，便开启了充满可能性的新世界。

如果体会过安全型依恋带来的益处，你肯定不会惊异于依恋彻底缺失会引发怎样的灾难性后果。早在13世纪，罗马皇帝弗雷德里克二世决定通过一个试验验证，如果新生儿所处的环境没有成人讲话，他们能否讲出人类的语言。他命令抚养者不能对受试婴儿讲话或做手势，结果这些孩子都日渐失去了活力。700年后，20世纪三四十年代的孤儿院儿童的死亡率高达30%，这样令人震惊又警醒的数字也显示了同样的关联。即使表面看起来有了生活必需品（食物、住所、衣物），没有主要抚养人提供依恋关系，许多孩子仍无法生存。

有着如此强有力的证据，为何过了这么久依恋才得到人们的重视？转变过程需要时间，以前也发生过很多类似的情况，接受一项新理论常常意味着另一项为大众所广泛接受的理论被取代。20世纪早期有关儿童成长发展的两大理论学派分别是西格蒙德·弗洛伊德（Sigmund Freud）及其追随者的精神分析理论，以及约翰·B.华生（John B.Watson）和B.F.斯金纳（B.F.Skinner）等人的行为主义理论。

弗洛伊德认为，他所诊治的成人病患的心理问题的根源也许植根于不同的

---

[一] 感谢祖德·卡西迪提供的想法。

无意识思维过程，此过程早在婴儿时期便有所显现，随着孩子成长不断产生影响。这些过程引导着婴儿和父母之间的互动，也驱使着婴儿产生除了食物和照料之外的其他需求。这些理论让一些发展心理学家（以及医治成人病患的精神分析学家）的研究集中在有关潜意识的概念上，这些概念晦涩难懂，也无法引起现实世界中人们的重视。

另一学派的行为学家相信，婴儿心里只想着一件事情：他们把自己独特的微笑只展现给妈妈；如果妈妈离开了他们的视线，他们就会大哭起来，即使周围有其他抚养者也没有用，而回到妈妈的怀抱却能让他们奇迹般地平静下来。他们牢记在心的事情其实是一种奖励式的行为：他们笑，妈妈看到便很开心，就会离得近一些；他们哭，妈妈通常会回到他们身边来；爬到妈妈怀抱中，妈妈就会让他们待在臂弯里。就华生的理解而言，婴儿明白妈妈在身边就能够给予他们所需的食物、温暖或者干净的纸尿裤，他们为了让妈妈待在自己身边才受到驱使产生依恋。现今大部分人都不会否认人类会对奖励做出积极回应。然而，严格遵循早期行为学的这些方式会遇到的问题是：华生建议妈妈们不要太过爱护孩子，否则孩子在成长的过程中就会期待其他人也这样对待自己，而这样的想法会使得他们变得羸弱。

**倾听理性的声音：英国心理学家约翰·鲍尔比**。第二次世界大战后，鲍尔比参与了世界卫生组织的研究，研究对象是第二次世界大战中进入孤儿院以及住院治疗的孩子们。这些孩子都得到了最好的照料：他们吃得很好，衣着合体，睡软软的床，对他们的医疗护理也十分到位，同战前的孤儿没什么差异。只是，孤儿没有爸爸妈妈。和几十年前的孤儿一样，他们都备受煎熬，没有主要抚养者的安抚、关爱与亲密关系。类似地，在20世纪50年代，鲍尔比和同事约翰·罗伯逊进行了一次记录拍摄，他们记录了一名住院10天的两岁小姑娘，住院期间她每天只能和父母相处半小时，结果这个活泼的小姑娘变得十分沮丧。

鲍尔比的观察实验使得医院调整了一直以来的探视规定，自此开始设立专业的儿童护理体系。接着鲍尔比和同事就致力于解决一个意义非凡的问题，这个问题早在人类出现的开端就应该提出：为什么尽管让孩子茁壮成长的所有需求都看似得到了满足，父母或其他抚养者的缺失影响会如此之大？

一如以往科学进步过程中常见的情况，问题的答案来自不同学科领域研究的相互印证，这些依据汇总为下面专栏"依恋理论的发展"中内容。

鲍尔比推测，婴儿可能会受到驱使依恋他们的主要抚养者，这是因为由进化所得的、深入骨髓的本能会驱使某一物种努力生存下来。不要小看婴儿的智慧；就不涉及语言的层面而言，婴儿可能比起成人更加了解依恋的重要性，这就是他们如此执着地渴求依恋的原因。鲍尔比和安斯沃思已经掌握了足够的证据证明幼年时期依恋缺失可以给儿童造成伤害，因此他们在20世纪后半叶致力于研究此专题。他们为依恋这一概念确立了三个子系统：

- 寻求关爱：受本能驱使，亲近可以安抚、保护自己并且帮助自己梳理情绪的人。
- 探索未知：受本能驱使，满足好奇心并且追求技艺的精进。
- 给予关爱：受本能驱使，为婴儿提供他们所需的关爱并与他们建立联结。

你会从本书第3章学习到，这三种本能的驱动力勾勒出安全感圆环的基本轮廓。这些驱动力解释了为什么婴儿需要安全型依恋帮助他们生存、成长，成为独立的个体，同时形成良好的人际关系。具有讽刺意味的是，可能因为父母只能看到孩子的行为，时至今日仍有许多人只关注孩子的行为管教问题。如果孩子的行为能够改变，我们就会感到十分自信，认为自己解决了所有出现的问题。然而，行为只是孩子表现需求的一种形式。行为是一种信息：隐藏的依恋需求。

---

### 依恋理论的发展

约翰·鲍尔比推测，如果婴儿得到了生活必需的、显而易见的各种要素却依然无法茁壮成长，可能就是深入骨髓的本能驱使着他们寻求依恋的：难道是进化驱动力的作用？是否有什么父母提供的生存所需之外的事物对于物种延续是必不可少的？

动物学研究给出的答案是肯定的。康拉德·劳伦兹（Konrad Lorenz）是动物行为研究的先驱，也是动物行为学专家。通过研究一种称为"印随"（imprinting）的现象，他发现小鹅会跟随第一眼看到的动物或物体。心理学家哈里·哈洛（Harry Harlow）通过研究幼猴的行为探究母亲和孩子之间的纽带。一开始他发现，在实验室独自长大的幼猴会受到其他猴子孤立，形单影只，无法像普通猴子一样合群，并且表现出不自然的恐惧和侵略性。在第二个实验中，他让幼猴在两个猴子之间做出选择，一个是会给予幼猴食物的金属丝猴子，另一个是不会给食物的布猴子。即使布猴子没有食物，幼猴们都出奇一致地选择了那个摸起来更像母猴皮毛手感的布猴子。一旦幼猴见到了某个替代母猴的布猴子，它们每次都会回来寻找同一个布猴子——这就是我们所了解的"依恋"的明显迹象。

接下来的几十年，鲍尔比创立了依恋理论，这一观点解释了同主要抚养者建立联系怎样帮助个体生存并且延续整个种群的生命力。印随是一种原始依恋行为，被人们视作一种新生动物了解其种群的方式。如此一来，新生动物不仅可以向有着同样需求和类似经历的同类学习如何生存，满足自身需求，也可以学会如何寻找交配的对象。

但是人类与之又有几分相似呢？人类物种的延续又能在多大程度上受到依恋的正面影响呢？最简单的答案就是，如果人类婴儿与具有保护意愿的、关心婴儿的成人待在一起，那么婴儿长时间存活的概率就会增大。越多的婴儿进入成年期，物种就能越长久地延续下去。显然，现在看来所谓的依恋有助成长，并不只是让更多的婴儿长成大人，同时也提升了成人的素质。显而易见的是，拥有安全型依恋的物种不仅存活了下来，而且还在不断进化。如果安全型依恋果真如此强大，那么我们要如何了解其形成过程以确保能够持续建立安全型依恋呢？

让我们回归人类实验。发展心理学家玛丽·安斯沃思是鲍尔比在伦敦的研究团队中的一员，她为证实依恋产生的特定方式做出了贡献。基于自己在乌干达以及

> 回到美国巴尔的摩后得出的开创性的实地考察结果，安斯沃思断定，妈妈（或其他主要抚养者）与孩子之间产生的依恋有多种模式。此后，安斯沃思也提出了研究确定特定亲子对（parent-child duos）的依恋模式的步骤，该想法意义十分重大。被安斯沃思称为陌生情境法（Strange Situation Procedure，SSP）的内容在本书第4章有详细介绍，这一实验成为现今评估依恋关系的黄金准则，也是我们进行家庭工作的核心。她的实验不仅帮助我们，也帮助依恋领域中的其他学者理解在什么情况下依恋可能不那么稳固，以及如何帮助父母同孩子建立依恋关系。

## 隐藏的需求：为什么行为管教是远远不够的

让我们回到现实：身为父母或者即将为人父母，我们所关心的事情都近在眼前，而非如何使人类物种进化得越来越好这种远在天边的事情。每个人都有许多事情要做，还要努力确保孩子可以健康茁壮地成长，这些事情已经够让人手忙脚乱的了。当然，这就是为什么那么多孩子的抚养者以及看护人都依赖行为管理来管教孩子，从而让孩子凡事做到最好，成长为最优秀的样子。正如我们所说，在抚养孩子的过程中奖励必不可少，其他过程也是如此。但是如果只是强调孩子在我们面前的行为，那么我们可能会一直习惯于用星级评价表以及"隔离法"（例如让孩子面壁思过）达到目的。（设想一下你每周不得不给30岁的女儿奖励10美金才能让她给你打电话这样的场景吧。）只关注行为就是治标不治本。

如果我们遇到一个孩子乱发脾气、行为出格或是表现得很苦恼，那么考虑这些行为背后隐藏的因素会有所帮助：孩子是否因为我们没能明白他需要安抚而感到沮丧？这个小姑娘"如此情绪化"是不是因为她没有学会如何调节情绪，没有成人那般的理解力以及自信地设置界限的能力呢？这个小男孩如此费力地学习字母表是不是因为他总是想着要表达做自己冒险之旅的缔造者的想法？你面前的这个孩子在交友方面遇到困难是不是因为她还没学会信任其他人善良的本性？

过去50年间，研究人员一直在大范围寻找隐藏因素。我们现在知道，依恋可以成为孩子在应对压力，管理情绪经历，培养学习能力，保持充沛体力，掌握社交能力以及其他能力获得过程中起决定性作用的关键因素。我们作为父母，了解越多隐藏在孩子行为背后的因素就会越强烈地感受到同孩子建立安全型依恋的必要性。

> 著名神经心理学研究者阿兰·肖勒（Allan Schore）发现，（在人类3岁以前占统治地位的）右脑中许多有关控制能力和生存能力的功能都有赖于婴儿的各种经历才能不断得以发育健全，其中同主要抚养者的依恋经历作用尤为突出。

### 安全型依恋可以帮助孩子远离毒性压力

如果依恋是一种持久的、重要的内驱力，你可以设想如果少了它，人们将会承受多少压力。未能满足的依恋需求造成的压力显然会在孩子的行为中表现出来（如果压力很大，你会有什么表现呢），而且我们通过大量研究获知，这样的压力会使孩子在心理和情感方面的成长和发展向着错误的方向前进，也会让身体发育受到影响，并给孩子的社交生活施以错误的引导。

这种压力在孩子还是婴儿且没有自理能力的时候就出现了，如果父母没能合理化解，便会产生"毒性压力"。这种压力会在孩子大脑内部建立神经传导，让孩子对危险一直保持高度警觉。孩子难以集中注意力学习，经常"先斩后奏"。婴儿感到饥饿、害怕或者有些湿乎乎的时候，这种压力带来的皮质醇激素就会冲向大脑；皮质醇会引发"黑洞"一般难以满足的渴望，婴儿无法表达感情，情绪却变得异常激动。（有关过量压力影响健康的详细内容请见下面专栏中的内容。）

---

**压力和健康**

人体出色的运行系统可以帮助我们有效对抗威胁，然而我们无法控制所面临的威胁——挥之不去的经济困扰、家庭纠纷、危险的生活环境，对婴儿而言，威胁就是能否有一位敏锐又负责的抚养人一直陪在身边——这些就是压力产生的时刻。

感知到威胁会激发一系列复杂的神经化学反应，其中之一就是压力荷尔蒙，也就是我们所说的皮质醇。皮质醇的主要功能是在人体受到压力侵扰后，使身体恢复到一个平衡且稳定的状态（体内平衡）。问题在于在承受压力后调节各个系统的过程中（主要是调节新陈代谢的过程）皮质醇会影响其他系统，免疫系统受到的影响尤为显著。在这个过程中，皮质醇会告诉身体停止抗争，使之恢复到稳定状态，因此免疫机能下降，机体更容易受到疾病侵扰。这就是长期生活在压力之下的人比其他人更容易得病的原因之一。不幸的是，由长期承受巨大压力导致的过量分泌的皮质醇会损害记忆能力、认知能力，甚至可能造成引发心血管疾病的腹部脂肪堆积。依恋需求未能得到满足的婴儿在生命之初就处于身体和心理健康状况的劣势中。

成人无法理解一些琐事会对婴儿造成多大压力，对于婴儿来说，任何未能满足的需求都会导致皮质醇大量分泌——"黑洞"不断扩大。幸运的是，我们有"特效药"：爸爸妈妈的安抚。在实验室研究中，无论婴儿遇到什么令其倍感压力的事情，只要被抱在怀中，其皮质醇数值便会骤降。

> 承受压力时身边有一位慈爱、可以依靠的抚养者，就如同
> 得到了保护我们的第二层皮肤，令人感到安心。

### 成长过程中，安全感可以保证孩子在健康的发展轨道上前进

未能满足的依恋需求不只会给襁褓中的婴儿带来压力，这种压力也会一直伴随他们的成长。尽管很难断言安全型依恋在多大程度上直接影响孩子在成长过程中取得的成就，明尼苏达大学在20世纪70年代中期开展的一项长达30年的重要研究发现，安全型依恋与特定发展方向间存在着长期的相关模式。设想一个9岁孩子的妈妈患上了乳腺癌，或是作为全家唯一经济来源的爸爸丢了工作等类似场景，生活就常常这样令人感到悲痛，给人们带来巨大的压力。这时候依恋产生的安全感就要"赶来救援"了。明尼苏达的研究人员发现，以四年级的学生为例，比起没有安全型依恋经历的学生，那些

拥有安全型依恋经历的学生在遇到家庭经受巨大压力的情况时，其行为问题更少。

他们还发现不安全感和此后的心理问题之间存在关联。安全感正如一个避风港，可以提供所需的安慰，也是人们探索世界所需的稳固基础。上文描述的小蕾和爸爸的场景中，爸爸既提供了避风港，也提供了她探索世界的基础。在明尼苏达进行的研究中，一些父母无法为孩子提供情感上的安慰，孩子在成人后行为失常的情况更常见；一些父母不让孩子探索世界，这些孩子青春期则更容易出现焦虑性精神障碍。研究还发现不安全感和低落情绪之间的联系（尽管联系不够紧密）：孩子要么觉得没有希望且受到孤立，要么觉得无助且焦虑。

> 在明尼苏达研究中，艾伦·斯劳夫（Alan Sroufe）、拜伦·埃格兰德（Byron Egeland）、伊丽莎白·卡尔森（Elizabeth Carlson）以及安德鲁·柯林斯（Andrew Collins）观察了180名孩子从孕期最后3个月到成年的成长过程，他们发现孩子从生命之初便具备的安全型依恋会保护孩子在整个成长过程中免受压力的摧残。

孩子成长的道路困难重重，他们要做的事情很多，要学习的技能很多，要掌握的能力很多。现在我们就要讲讲依恋是如何在孩子成长过程中起到至关重要的作用的。

### 学习调节情绪

小宝宝刚出生的几个月里，父母异常喜悦，但这些喜悦看起来更像是无尽的烦恼。发展心理学的专家大都认同婴儿寻求父母或其他可靠的主要抚养者（在心理学领域里称作"依恋对象"）的陪伴是为了在自己陷入焦虑时得到帮助。很显然，婴儿无法自己处理所有强烈且令其感到困惑的情感经历。一开始，爸爸妈妈从外部调节小宝宝的情绪：通过安抚、唱摇篮曲、温柔地对她微笑、摇一摇她的小床等做法使她不再哭泣。随着小宝宝逐渐明白有人可以帮助她接受并且处理好那些不适的感受，她就会开始在有需求的时候寻找那位抚养者的帮助，这一过程也可以帮助她学习安抚自己的情绪。最终，所有事情都按照发展轨迹前进，孩子便学会了调节自己的情绪。现在，如果在幼儿园被小朋友们冷落，这个孩子也已经初步具备了安抚自己的能力，而不是整个早晨都在角落里哭泣。有时，她也已经可以说服自己不再害怕床底的怪兽，而不是不停地寻求安抚，无法令自己平静下来。现在的她在遇到陌生人时已经学会先把头转过去，等自己平静下来再看回去。（重要的是她已经明白，在有需要的时候都可以寻求他人帮助，协助自己进行情绪的协同调节。）能够管理情绪波动不仅可以让孩子在学习和成长的过程中享受自由，同时也能防止有害的皮质醇激增，从而保护机体健康。近期仍在继续进行的研究表明调节情绪的能力带来诸多益处，因为这意味着一个人能够卸下长期经受过激情绪困扰的压力重担，可以毫无负担地活得尽兴。

> 明尼苏达研究表明，安全感可以在孩子遇到社交问题时减少挫败感，缓和激动的情绪，且让孩子直接放弃的情况更少。总体而言，这些孩子更加有毅力、灵活变通，不会暴躁易怒、抱怨不断。

情绪调节技巧让我们受用终生。除了让你在工作中提高生产力，让你与恼人的邻居和平相处并指引你按照想要的方式用热情"改变世界"，情绪管理对于人际关系也十分重要。这不仅仅是因为学会了管理情绪你就不会"想掐住"你那蹒跚学步的坏脾气宝宝，或者就不会被朋友的"不敏感"折磨得十分痛苦，而是因为协同调节情绪也是形成亲密感很重要的一部分。你预约了去看医生，感到十分害怕？只要叫上自己的配偶或是挚友一起去，就能在很大程度上帮你克服恐惧，将恐惧（以及皮质醇水平）约束在可控范围。你是否有过遭遇损失时找一个信任的人陪你哭一场，便发现自己的痛苦会比想象的消失得更快这样的经历？如果有，现在回想那些时刻，你对这个人感觉如何？

> **警告**：不要把"情绪调节"理解为拒绝接受或压制情绪。在安全型依恋的框架内，孩子明白了情绪是正常的、可以接受的，并且十分有

用。仅仅是从接受情绪到能够良好管理情绪、合理看待其用处就有很长的路要走。我们"陪伴"孩子体验各种经历,帮助他们学会这项重要的技能,是本书第 4 章的主题。

同时,切忌过分娇纵孩子的情绪,这一点也会在第 4 章的内容中有所提及。有时候父母想要对孩子的情绪需求敏感一些,反而会在不经意间让孩子以为他们所有的情绪都是首要的、"立刻"就要得到关注,而这实际上会让孩子失去对情绪变化的应变力。

### 成为独立个体但并不孤独

一个 6 岁的小姑娘用小手摆弄着绑在晾衣架中间的一根细细的灯芯,是爸爸帮她绑上的。她面前是熟悉的家用金属小锅,正温着水,水里还有一个容器盛着融化的蜡。小姑娘小心翼翼地、尽一个一年级孩子所能,慢慢地将灯芯浸入蜡中,蜡液温柔地吐着泡泡。她第一次拿起灯芯展示给爸爸妈妈看的时候,几乎看不到第一层蜡的存在。爸爸发现她满腹狐疑,于是安慰她并且保证多重复几次就一定会做成蜡烛。当她第二次、第三次拿起灯芯时,就有肉眼可见的变化了。她开始注意到面前这根摇摇晃晃的灯芯上包裹上了一层蜡,这便是发现惊喜的瞬间。她不断将灯芯浸入蜡中,随着蜡烛逐渐变大,她一次又一次地抬起头望向妈妈的眼睛,捕捉到了妈妈眼中的笑意。几分钟前她还需要爸爸的安慰保证,随着制作蜡烛过程的推进,现在这些安慰保证的话语已经和知识牢牢地绑定在一起并植入她的脑海了。即使在几个月后,甚至是几年后,当她每一次点燃这支蜡烛时,当初在制作过程中所体验到的安慰、自信、快乐以及愉悦的感受都会再现。

小时候学会的信任,其影响会在此后有所体现。这个 6 岁的小姑娘一直处于父母的关心与回应中,这是她一出生便获得的宝贵财富。早年的经历让她感到协调和睦,知道父母对自己的情绪很敏感,这让她对于自己的抚养环境十分有信心,可以稳定地置身其中。小孩子需要确定身边有能够满足且十分关注他们生理和心理需求的人。无论是对于自身的信任还是对于他人的信任,都建立在早年经历的基础上：知道至少有一位负责任的抚养人可以依赖，对自己的需求十分敏感还能够陪伴自己——这就是通过依恋建立的安全感。

在发展心理学领域中，形成连续的自我认知（个性、身份以及其他方面的认知）是主要目标。如果父母对孩子小时候的需求回应敏锐且积极，那么每一次交流互动的过程都是在帮助孩子建立自我认知，就像一次次把灯芯浸入蜡中，直至最后制作完成这根蜡烛。此处强调的是交流互动：正是小宝宝在人生中的第一段人际互动过程让他逐渐找到了自我，此后一生的人际关系都会不断提升其自我意识。如果孩子的依恋关系是安全型的，其成长过程中获得的所有心理层面的能力都会帮助他形成连续的自我认知——每个人的记忆以及自我形象都有在过往中存在的意义，因为它们都是自我认知形成的一砖一瓦。

只有与他人互动才能获得强烈的自我认知，这样的说法看起来自相矛盾，但也许并非完全如此：如果婴儿意识不到这个世界中存在的"我们"是"我"和"你"，他又怎么能意识到自己是独立的个体？与一位关心自己的成人建立安全型依恋可以给予小宝宝成为独立个体所需的帮助，避免小宝宝经历孤独无助带来的困惑和痛苦。孩子在自我意识逐渐显现的过程中，常常要经历一些困难且令人困惑的事情，小宝宝需要一个"他人"理解这些并且可以感同身受地帮助他调节情绪。孩子得到安抚、宽慰、耐心的鼓励以及平定情绪的经历正如将灯芯一次次地浸入蜡中一般，孩子的天性自我一次次地受到抚养环境的浸润。

对于新生儿而言，有人陪伴才能保证生命延续。依恋理论以及客体关系理论⊖的学者都强调生存不只是心脏跳动和果腹。婴儿都有促使自己同"他人"建立联系的内驱力，这个人可以帮助他们在纷乱的世界中找到自己存在的意义。如果无法建立这种联系就会留下可怕的空缺。精神分析学家唐纳德·温尼科特将这种孩子在甚至还不会说话时经历的孤独以及被遗弃的可怕感受称作"原始的痛苦"之一。想象从高架上下坠的感受——你伸出手来，松开了自己的横杠

---

⊖ 一个令人着迷的心理学研究领域，名称易于理解：这是一个复杂但是有启示意义的理论，有关我们如何发展出与他人（即"客体"）相关的自我意识以及我们如何将自己的和他人的形象带入日后的人际关系处理过程。

想抓住其他杂技演员……却发现没有人在自己的身边。如果我们一出生便在有他人存在的环境中寻找自我，却发现自己身边没有人，这肯定会威胁到我们的生存。现在设想这种被抛弃的感觉（下坠带来的恐惧）存在于你潜意识中，在此后一生中都挥之不去。这就是压力！

### 敞开心扉去学习

如果能让孩子感到安全，有人支持自己，那么学习就是自然而然的，这样的说法没有丝毫夸张。我们天生就充满好奇心，不需要别人教我们如何好奇。我们不必测试认知力（"这是什么颜色"）。要允许孩子运用天然的求知欲达到精通的程度，这种求知欲会自然而然地让孩子找到自己的兴趣所在，找到自己的节奏。对于雅各来说，他4岁时感兴趣的就是散落在客厅地板上的"塑料动物园"，到了7岁，他的兴趣点可能就会变成在iPad上玩《我的世界》[1]。而另一个7岁小男孩感兴趣的可能是练习画画或是上网玩《企鹅俱乐部》[2]。对于3岁的小蕾而言，如果她不在操场玩耍，她感兴趣的便是可以按照自己的设想进行角色扮演的任何小人儿。可能10年后，她的兴趣点就变成了世界上最高的建筑是如何建造出来的，也可能变成了那些她父母听都没听说过的数学题。

当然，孩子们的智力水平有所不同，但是有了安全型依恋，至少他们都能充

> 明尼苏达研究发现，有安全感的孩子在处理问题、应对新情况时思维更加开放、灵活，在处理困难的学习任务时更少出现情绪崩溃或焦虑情绪。这并不是什么出乎意料的结果。努力满足孩子的依恋需求，其核心观念是"我们要一起解决这个问题"，可以通过"和"这种关系战胜情绪上的挣扎。

分发挥自己的独特潜能。没有安全感的孩子缺乏沟通联系，会在未能得到满足的需求中痛苦挣扎，因此他们无法将精力集中在其他事情上，至少会效率低下。在和老师、父母谈论依恋以及认知时，我们总说：

---

[1] 一款风靡全球的沙盒游戏。——译者注
[2] 一款角色扮演游戏。——译者注

孩子们在头发着火的时候没法学习。

在巨大压力中成长的孩子由于缺少众多生存必需的条件之一——安抚，总是疲于处理不断出现的危险，无法集中精力。

在缺少社会联结的情况下，孩子们似乎也无法很好地学习。有谁会忽略学龄前儿童的父母培养孩子读写能力而做出的努力，或是真正的好老师的价值呢？安全型依恋是帮助孩子开始学习的第一份社会联结。其原理是：

（1）父母是提供安全感的基地，有了安全感孩子就能够探索世界——无论是在操场上（就像小蕾的事例），还是在做小型的化学实验时。

（2）具备安全感的孩子信任父母，在学习的过程中向父母求助就会更加顺畅自如。

（3）父母与孩子间愉悦的互动显然有助于信息交换。

（4）孩子通过依恋关系会发展出连续的自我及他人认知，能够清晰地思考要如何思考，并高效地调节思考过程。

观察蹒跚学步的孩子我们就会发现，如果他们具备安全型依恋关系，他们便更愿意探索世界，且注意力集中的时间更长。在一项研究中，具备安全型依恋关系的2岁孩子可以参与到更加抽象的游戏中，安全型依恋会助力孩子的想象力健康发展，让孩子变得富有创造力（请见第21页专栏内容）。研究人员科里尼·德鲁伊特（Corine de Ruiter）和马里纳斯·凡·埃申多尔（Marinus van IJzendoorn）绘制的图示表明，如果父母与孩子建立安全型依恋，在沟通过程中非常温柔、敏锐，给予孩子非惩罚性指示并搭建好框架，他们便能培养孩子的自尊心，教会孩子如何控制行动、注意力，培养孩子的持久力以及元认知技能。所有这些能力都有助于取得学术成就。

> 明尼苏达跟踪研究表明，非安全型依恋的学龄前儿童相比其他具备安全型依恋关系的同龄儿童更加依赖老师。观察夏令营中10岁的孩子会发现更加明显的差异。

### 安全感→自信→自立

身为人类,我们所说的独立不是指孤立或是完全的自给自足,但是如果不能相对独立就无法长久生存。正如我们需要通过"其他人"获得"自我"发展的说法从表面上看自相矛盾,那些一出生就会依恋成人的孩子长大后也能依靠自己,这正是因为他们知道什么时候要同自己信任的人进行商讨或是向其寻求安慰。当然,相反的情况也时常发生:没有安全型依恋的孩子长大后无法依靠自己(或者只能依靠自己,而不会寻求其他人的帮助)。

---

#### 依恋有助于孩子想象力的发展吗

我们都希望孩子能够在现实世界有坚定的追求,但是毫无疑问,健全的想象力十分有益。罗伯特·埃姆德(Robert Emde)博士是早期社会情感发展领域的专家,他将想象力称作"具有重要情感意义的适应性心理功能"。依恋研究人员及学者英奇·布雷瑟顿(Inge Bretherton)将创造力以及学习的益处归功于想象力:如果孩子能运用想象力讲述一个故事,他就可以将想象中的"如果"转换为认知中的"假设",并可以尝试和创造出无限的未来。这意味着创造力也可以提升社交互动能力,因为孩子会试着去设想小伙伴或者抚养者会怎么说、怎么做,并给予相应的回应。

大部分孩子在3或4岁时产生想象力,但是研究表明即使只有2岁的孩子也喜欢和父母一起异想天开,他们大部分时候都能够分辨出现实和幻想。有趣的是,在承受压力时,孩子在这方面的能力可能会受阻。在减轻孩子短期及长期压力的同时,安全型依恋可能也会帮助孩子在早期获得健全的想象力。

---

### 建立真正自尊的基础

如果父母投入大量的时间陪伴孩子(不是一直陪伴——这是我们本书要深入分析的一个重点),孩子就能明白一定是自己很棒才值得父母如此投入。这听起来可能有些蠢,爸爸妈妈的职责不就是如此吗?这样的投入不是什么奖励。但是,小宝宝的内心活动也许是这样的:"嗯,我哭了,妈妈就过来把我抱了起来。她看着我的眼睛,看起来有些悲伤,然后她轻柔地对我说'我知道,我知道,这对你来说有些困难……'她是怎么知道我的感受的呢?嗯,无论如何,她在这里陪着我,我感觉好多了。"然后,下一次类似的场景重现:"嗯,看吧!妈妈又回来了。她一直在忙手忙脚地在周围干着其他事儿,但是我一哭她就回来了。"再下一次:"看吧!她又回来了!我才刚开始有些忧虑,只是因为几分钟没看到妈妈也不知道她去哪儿了而已。但是我还没开始哭呢,她就回来了!"这就是小宝宝从这个模式中得出的结论:

妈妈说,"我一直在,你值得我的陪伴。"
我明白了,"你一直在,所以我肯定值得你的陪伴。"⊖

具备安全感的婴儿从生命之初就拥有巨大的优势:他们知道即使世界一片纷乱,痛苦、恐惧和悲伤凭空出现,总有人会认为无论发生了什么他们都值得自己的陪伴。

你一定知道"自尊"(self-esteem)一直以来都是一个颇具争议的概念。几年前,许多父母以及其他和孩子有接触的成人都认为,孩子的自尊源于让他们坚信自己不比别人差:只要来上课,每个人都有一朵小红花!不过看似相反的论据已经压倒了传统观点,即胜任力(competence)才是培育自尊的源泉。幸运的是,我们已经明白了安全型依恋也是自信心的基础,还是培养胜任力所需的其他特质的基础。自尊缺失会造成压力仿佛是一个显而易见的论断。我们希望孩子因为自己是什么样

> 明尼苏达长期研究的研究人员发现这也是在安全型依恋关系中习得的情绪调节的副产品:如果孩子相信父母一定会帮助他们调节痛苦情绪,他们对于自我情绪调节能力的自信心也会相应增强。这些都会在孩子学龄前直到10岁的阶段帮助他们获得更强的自信心和自尊。

的人或有能力做什么而感觉良好,而不希望他们迷失在嫉妒心或是无情的竞争中因此想要证明自己的价值。

---

⊖ 感谢祖德·卡西迪。

> **警告**：自尊来自依恋的安全感，而不是告诉孩子他们比别人强。一项跟踪型研究调查了 500 名处于小学年龄的孩子，其结果给予了我们一些启示。来自阿姆斯特丹大学的研究人员 2015 年在报告中称，一些孩子的父母会让孩子知道他们被深深地爱着，半年后的测试结果表明这些孩子具备更强的自尊，而另一些孩子的父母告诉孩子他们比别人更加独特，这些孩子却变得更加自恋，而不是获得更强的自尊。由此我们可以说，在这种情况下，自尊来自被人接受而不是过分吹捧。

### 培养社会胜任力

本书的前言部分已经提到，我们坚信人际关系（生命中的"和"）是所有可以衡量的健康和幸福的表现形式的关键。因此我们觉得"胜任力"这个概念看起来太过平淡乏味，然而其含义涵盖了我们能够从社交生活中获得的所有益处：在学校、公司、家庭、社区所经历的亲密关系，大家的相互支持、同情以及把生活的方方面面处理得井井有条。有一篇文章讲述了健康政策如何才能将社会关系助益身体健康的方法纳入考虑，其作者总结道："社会关系对于身体健康影响广泛，包括心理健康、身体健康、健康习惯以及死亡风险。"

> 明尼苏达研究中，具备安全型依恋的孩子"从他们对人际关系的期望及描述，到他们在群体中的参与度、沟通能力以及受欢迎程度"都展现出了其所具备的社会胜任力。斯劳夫和他的同事发现具有安全感的孩子无论是在学龄前期还是在童年中期，在同龄人的小组活动中都更加活跃，更有参与感，更少被孤立。具有安全感的学龄前孩子同情心更强，且有更加丰富的人际关系。到了 10 岁，他们的友谊更加亲密稳固，更加善于在规模更大的同龄人群体中维持这样的关系。在青少年阶段，这些具有安全感的孩子开始置身于社会竞技场，无论是在感受到自己的脆弱时还是作为学生领袖时都会有很好的表现。

### 更好的身体健康状况

说到健康，身体成长依赖多重复杂

因素，既有自然因素（基因和其他生物性影响，比如疾病），也有父母养育因素。安全型依恋已经与更好的身体健康状况产生了联系，但二者的作用方式还没有一个完善的定义。如果依恋正如我们认为的那样有助于社会关系的发展，且社会关系正如我们认为的那样可以改善身体健康状况，我们就能推测依恋也可能有益身体健康。我们已知的是安全型依恋产生的心理免疫系统能够减少导致各种疾病的机体损耗。

> 支持性的交流互动有益免疫系统、内分泌系统以及心血管系统的正常运转，还能减少某些情况下产生应激反应的生理系统因长期过度工作导致的机体损耗。这些经历会贯穿人的一生，对健康产生影响。童年时期来自他人（如主要抚养者）的情感支持有助于人体各个调节系统的健康发展，包括控制消化、情绪、体能以及应对压力的系统。对成人来说，社会支持可防止人们所承受的以及可以预见的压力对心脏产生负面影响。处于婚姻关系中的人患有心血管疾病的概率比离异或丧偶的人要低。

## 依恋：它是身为人类的意义的关键吗

依恋背后的驱动力可能不仅来自进化。有关依恋的事物会引起我们的强烈共鸣。也许因为父母和小宝宝之间的交流互动触及了孩子了解生命本质的开端，象征着我们在这世界闯荡时应对自然和抚养的两方面影响的过程。研究人员将妈妈和宝宝之间的关系称作"遗传因素与心理环境的第一次相遇"。依恋的产生提示我们骨子里就是关系型动物。

人类的第一次亲密关系经历是同第一位抚养者的接触过程，这段人际关系的质量将会影响我们未来对于人际关系的所有看法。艾伦·斯劳夫这样解释："婴儿与抚养者的依恋关系作为核心，无论其影响如何，其他一切经历均围绕着这个核心发展。因此，无论后期的发展经历多么大的转变，早期经历的影响永远不会消失。"

这就是说从出生到死亡，为了发展以及茁壮成长，孩子与抚养者双方都很重要。正如唐纳德·温尼科特所暗指的那样，这一切都关乎"和"这个字。这个"和"字影响深远且重大。罗伯特·凯伦（Robert Karen）1990 年在《大西洋月刊》(*The Atlantic*)上的文章《建立依恋关系》("Becoming Attached"）将依恋这一概念引入了大众视野，文章说到："依恋关系传递出的中心思想很简单并且传递了积极的人生态度，它告诉我们，想要孩子的情感健康发展，父母就得在情感上给予陪伴，并且对于情感问题给予回应。"

事实上，依恋关系传递的信息肯定了心理学家、哲学家以及神学家对于生命意义与目的的看法：许多人都认为人类的共同纽带便是渴望去爱与被爱。这种需求适用于所有人，其覆盖范围之广是科学手段所无法衡量的。尽管依恋以及亲密关系行为对于物种生存必不可少，可这并不能解释父母是如何产生对孩子那种深深的爱意的，当然这也无法解释孩子爱上父母的神奇过程。想要保护以及被保护的需求不能完全解释想要温柔地抚育以及被养育的需求。这也无法解释为什么孩子所需的人际关系是以双方的满足和快乐为核心的。

依恋告诉我们，爱不只是一种温暖的感受。发展领域研究人员科尔温·特里瓦森（Colwyn Trevarthen）说，每个婴儿来到世界都想要"体会自己的感受被了解的感觉"。带着处于依恋核心位置的强烈情感寻求帮助与接受帮助的过程，能帮助孩子明白这种人与人的联系比任何情感都强烈。这种信念不仅能成为贯穿一生的稳固人际关系的基础，从广义上讲，还能成为世界范围内建立稳固的社区和国家的基础。关于这种力量的源头可能仍有争论和推测，但是毫无疑问的是这种力量的确是人类获得的最好的礼物之一。

> 无论是什么问题，学习建立联系
> 都在答案中占有很大的比重。

"同他人建立亲密依恋关系是人们生活的核心所在，这不只是对于婴儿、蹒跚学步的孩子或是小学生来说的，对于青春期的少年以及成年人，甚至到了垂暮之年的老人都是如此。人们可以从亲密的依恋关系中获得力量,享受生活,同时也能用自己的行动给予他人力量,帮助他们享受生活。这些就是现今科学以及传统智慧的契合点。"

——约翰·鲍尔比,《依恋与丧失》(*Attachment and Loss*),第三卷[一]

现在我们就要解决这个无法回避又十分棘手的问题了:如果依恋是如此深入骨髓、如同天性,在人类机体运作系统中根深蒂固,我们又为何要谈论它呢?

---

[一] 本段引用经过修改,删除了性别特异性的语言。

# 2

## 安全感：
### 与不完美交朋友

小宝宝苏菲只有 6 周大。现在是凌晨 2 点，她又一次大哭起来。已经 6 周了，她的妈妈汉娜一直没能睡个超过 2 小时的觉。一天下午，当这位母亲走到药店⊖一角，拿起一包纸尿裤时，她感觉自己马上就要昏倒在过道上，而其他人都只会绕过她继续走路。不过，要是真的这样也好；她兴许还能睡上一小觉。现在，她的家人都在帮她：丈夫和婆婆在客厅轮流安抚苏菲。换一个人来安慰苏菲，她就会停止哭闹，但也就只有一小会儿。汉娜在床上辗转反侧，死死盯住天花板——没用，女儿痛哭使她怎么也睡不着。

她随意地披上睡袍，走进黑漆漆的客厅，示意婆婆把孩子交给自己。苏菲在感受到妈妈的手臂抱住自己的一瞬间就停止了哭闹。汉娜抱着她在屋子里慢慢地溜达，一圈又一圈，一如往常。

在接触到妈妈的一瞬间，苏菲就安静了，她的爸爸、奶奶（她也是五个孩子的妈妈呢）都十分吃惊，而苏菲的妈妈汉娜受到的震动尤其大。"从没人告诉过我！"多年后她仍如此惊呼到。那一晚，她虽然明白了只要自己出现就能消除孩子的痛苦——这让汉娜感到轻松不少，但是很快她就感受到随之而来的一

---

⊖ 美国的药店也售卖药妆、保健品、日用品等。——译者注

阵恐惧以及不小的怨气。自己可以支配孩子的幸福健康，如此强大的力量是一份极其重大的责任，不是吗？如果她能够缓解苏菲的痛苦，而其他人却不可以，那么当自己无法时刻待在孩子身边时可怎么办？如果自己出了什么差错可怎么办？

汉娜初尝了为人父母的不完美。如果你已经为人父母，可能会有同样矛盾的心理：发现仅仅待在孩子身边就能安抚他的情绪，这令你感到轻松，甚至有些敬畏（你这种能力来自哪里呢），同时心里也会抗拒，或者说是恐惧。自己怎么才能胜任这个如此重要的任务呢？自己怎么才能足够好、足够智慧、足够有耐心、足够有活力成为如此优秀的父母呢？如果即将迎来第一个孩子，你肯定对于自己是否能成为最棒的父母焦虑万分。

正因为很多人都有如何成为优秀父母的疑惑、忧虑以及事先形成的认识，我们才必须要谈一谈依恋以及安全感的重要性。父母所承担的压力既有自身的也有外部的，这些压力根植于父母的脑海，迫使他们在养育孩子的过程中成为完美的父母（或者至少避免犯下严重的错误），就像是善意的却压得人喘不过气的"房间里的大象"㊀。我们知道（也总有人告诉我们）为人父母是世界上最自然不过的事情了，所以应该不难，不是吗？知道怎么做对孩子才是最好的，这难道不是生来就有的能力吗？我们应该享受为人父母的每一分钟，不是吗？当然，我们知道事情没有这么简单、这么绝对。我们会和其他刚做父母的人拿抚养孩子开玩笑，也会和自己的父母或是祖父母这样经验丰富的家长开同样的玩笑。然而，在内心深处，我们依旧希望自己能尽力把父母的角色做到最好，因为父母对孩子固有的积极态度告诉我们，父母的角色就是如此重要。

本书的核心就是我们三位作者几十年来在与众多父母一起工作过程中得到的观察结论：每一对父母都希望给孩子最好的，我们相信所有父母都会本能地

---

㊀ 英语原文为 elephant in the room，是指一个房间里有一头大象，一群人进到这个房间，却没有人谈及有关这头大象的话题。现在用来比喻一个问题是每个人都无法忽略的，可是却没有人愿意去触碰。——译者注

给予孩子爱意和安全感。即使可能不是所有父母都如此，即使有些父母对待孩子的方式偏离本意、大错特错，我们却从没见过哪一对父母每天早晨醒来就想着要如何做坏爸爸、坏妈妈。

但是很多人仍旧担心自己可能不那么擅长教养孩子（或是真的做得很差劲）。为什么？

我们只是普通人，活在不完美的世界中。然而，想成为优秀抚养者的内驱力告诉我们，要竭尽全力做到最好。此外，社会环境也给家长设定了极高的标准。这两种驱动力共同驱使着我们追求完美。如果我们不是在每一件事上都为了成为优秀的父母而努力，就会觉得做错了什么，因此就会依据所谓的育儿守则或教养建议来衡量自己是否达标。于是我们开始将优秀的教养法视作一个目标、一项要达成的成就或是一件要完成的作品（完美的孩子？永远不会孤单的孩子？总是开心快乐的孩子？永远不会悲伤的孩子？），而不是让这个过程顺其自然地发展（前提是我们允许其自然发展）。我们将"犯错"视为退步，而非从中吸取教训并巩固同孩子的良好关系。

我们的嘴皮子都要磨破了，可是说多少遍都不算多：塑造完美和追求完美并不会有助于健康成长。家长会因为强迫自己不犯错或确保孩子不会经历自己成长过程中的痛苦而变得焦虑，也会不可避免地让孩子感受到这份焦虑。实际上，孩子需要相信家长对人际关系满怀信心，这种用力过猛的行为却会破坏孩子的这份信任，而且这份信任和安全感是贯穿孩子一生的重要基础。

我们一起把房间里的大象驱赶到宽敞的地方吧。本章内容涉及威胁安全型依恋的压力，它们潜藏各处且各不相同，包括想要做到"完美""绝对不犯错"或是"时刻都在身边"的想法。在与来自不同文化背景、不同年龄段的家长一同工作的过程中，我们多次发现，揭示出家长存在这些错误期望和教养习惯有助于家长以轻松的心态面对抚养孩子长大成人这件事。

正如本章所述，如果你能放松地与孩子建立纽带，沉着镇静、承担责任又充满自信，这样的教养方式便能够令孩子相信你会陪伴他、支持他，让他明白以后的生命中还会遇到可以如此信任的人。这就是安全感圆环法的全部精髓所在。家长可以通过学习安全感圆环法获得支持，增强对自己的信心，也可以更自信地处理与孩子的关系。接下来我们会讲解安全感圆环法如何提供这样的支持，并介绍本书其他章节的内容。

## 身处不完美世界的压力

让我们一起摆脱这种压力吧。教养孩子并非总是美好的。这是特权，令人愉悦，却也是一件麻烦事儿，有时候也会让人痛苦，还费力不讨好。有时候，无论你做什么，孩子就是不高兴，就是不健康或是孩子突然变得十分棘手，执意要做个扫把星，至少要当上一天。汉娜意识到女儿来到这个世界只有和妈妈待在一起的时候最舒服惬意，也就是这时她感到了一丝怨恨。

这样的反应十分正常。但是如果要把每件事情都做得百分之百正确，你可能就会不舒服了，到时候你脑子里想的全是怎么能摆脱这种不适感。有时你可能在心里默默地怪罪小宝宝，觉得他故意惹你生气。其实依赖父母的宝宝都拥有十分积极的意图，只是觉得父母的面庞令他无法抗拒，正如你对待宝宝的意图也是积极正面的一样。他不只是为了引起你的注意，也不是想把你们两个人的生活搅得一团糟。他只是不知道除了大哭还有什么方法能帮他获得帮助，找到他情感世界的依靠。虽然这是常识，但如果你无法接受这样的不完美以及教养孩子那些乱糟糟的事情（不可避免的愤怒、崩溃以及负面的欲望），常识可能就会离你而去。

我们有时会责备自己，否认愤怒的感受并斥责自己无法控制情绪。

教养孩子的矛盾心理就是房间里的大象：抚养孩子很困难，会令人十分不适，但许多父母认为自己不能承认这些想法。2015年德国的一项研究结果十分清楚地证明了抚养孩子的困难程度，研究人员发现人们在为人父母的前两年所承受的压力超过了离婚、丧偶以及失业带来的压力。研究人员知道这些父母害怕抱怨自己十分疲惫、情绪不稳定、亲密关系破裂以及其他教养孩子的问题会对自己产生不好的影响。毕竟，想要塑造完美父母的形象就不能对教养孩子有所不满。因此，研究人员没有直接询问他们感觉教养孩子对于健康有什么影响，而是让他们为自己在生孩子之前与孩子两岁时的幸福程度打分。有时候，想要揭露深深埋藏的事实就要耍点儿小手段。

**我们需要更多的帮助……**

不可否认的是，教养孩子需要付出努力并且耗费财力，也不总那么有趣。但是如果社会舆论表示家长应该能够在没有帮助的情况下处理一切问题，我们又会得到什么信息呢？在美国，大家都希望家长在孩子出生后尽快回到工作岗位。大量女性都处在贫困线水平艰难维生。大量信息整日轰炸，告诉我们如果孩子不能赢在起跑线上，就会落在其他孩子后面，因而被剥夺了他们美好未来的无限可能。无论你是否承受了这些舆论压力，在 21 世纪养育孩子都是一大挑战。社会的潜台词告诉我们：如果你需要别人帮助才能和孩子建立安全型依恋，哪怕只是需要一个喘息的空间，也一定是你有什么问题。

2015 年 8 月，《赫芬顿邮报》(*Huffington Post*) 的编辑艾米丽·派克 (Emily Peck) 写到，2012 年美国劳工部的调查显示，几乎有 1/4 的产妇在生产后两周内便回到了工作岗位，主要是因为如果她们赋闲在家，就会入不敷出。不出所料的是，母亲受教育程度越高（由此可以推测其工作待遇也就越好），其带薪产假的时间也就越长。一位服务员妈妈叙述到，自己把手放在几个月大的宝宝身上就会沉沉睡去，因为这是她和宝宝唯一的接触机会，但没有任何证据显示，高学历母亲的孩子的安全依恋程度比一周需要工作 60 个小时的服务员的孩子要好。

因为公众强烈的抗议（但愿也能成为大家的共识），一些大公司最近给年轻父母放育婴假的时间更长了，但值得注意的是这些年轻父母大多是白领，有大学及以上学历，工资都比较高。那么施莱弗报告（Schriver Report）所提及的 4200 万挣扎在贫困线的美国女性呢？超过半数的在 30 岁以下生子的单亲妈妈呢？她们都怎么办呢？几乎所有接受调查的单亲妈妈都表示，如果政府能够授权给她们带薪产假就是最大的帮助了。

无论做母亲的是否想在家和孩子待在一起，这个选择都由不得她们来做。对于抚养孩子的父亲们来说也是一样身不由己。依据以往经验，主要抚养人无论是爸爸还是妈妈、是男是女，还是祖父母或者叔叔都没太大影响。孩子会选择依恋那些陪伴他们的可靠成年人，即使父母不能在家陪伴孩子到他们应该上学的年纪，孩子依旧会依恋父母，且这份依恋通常都十分牢固。父母和孩子即使产生了依恋，社会舆论却说陪伴是非常重要的职责，所以父母会情不自禁地感觉被生生分离，可是这样的感受对于感情处理并没有帮助。

2015年9月，安妮-玛丽·斯洛特（Anne-Marie Slaughter）描述了一个"恶毒的劳作世界"，那里57%的女性都是劳动力，其中许多人都要忍受工作日每天12～16小时的工作，可是工资却只有男性做同样工作时的77%，最终她们都会精力耗尽、疾病缠身。肩负着如此多竞争压力来抚养孩子会导致焦虑忧愁、压力缠身，而这些做父母的人还需要长期照顾自己的长辈，帮助兄弟姐妹以及其他家庭成员。

斯洛特极力主张我们所有人都"为照顾他人的人战斗"，她警示我们只有当社会能为那些照顾别人的人提供必需品，并且为他们保留工作岗位时，家庭和社区才能和谐兴旺，我们的竞争力才能在世界范围保持领先。我们再加一句，如果父母不能按照他们的期望给孩子提供所需的照顾，依恋关系就会受损。

### 美国育儿阶段的父母承受了极大的压力

2013年美国心理学会报告称，如果用1分到10分来打分（1分代表没有压力，10分代表压力巨大），所谓的"千禧一代"（18～33岁）以及"X世代"（34～47岁）给自己的压力评分的平均数值是5.4分，而健康的压力值应低于3.8。尽管他们想要减压，但这个年龄段的成人认为自己不太会调节压力，担心忧虑以致失眠，还会因日常琐事而愤怒烦躁。压力是影响心理状态的一大主要因素，而且会影响教养孩子的过程。

### ……以及更少的建议

难怪我们想成为完美的父母。父母孤独无助时便会寻求法令、规则和承诺以获得帮助。由于有太多需要完成的事情，于是人们有时就想要跳过费时费力的问题解决过程，从专家那里寻求迅速解决的办法。2015年11月，《华盛顿邮报》报道，人们使用手机软件和网站学习心理学的热情持续增长，人们关注的都是能快速解决个人问题的办法。"千禧一代"和"X世代"所承受的压力都高于年龄更大的人，所以他们想要的解决方法抑制了长期的思考并且限制了现有的联结。但是依据我们的经验，就像教养孩子一样，精神疗法是基于联结而进行的。事实上，安全感圆环项目想要帮助父母创造唐纳德·温尼科特所说的"抱持性环境"（holding environment）——在这样的环境中，父母获得理解与接纳，因此他们能够完成检视自身教养方法这样困难的工作，以此决定是否想要改变选择。而父母带给宝宝安全感的关系纽带就是孩子的第一个抱持性环境，在这样的环境中，孩子能够明白有时解决问题很困难，但是有了"和"这层关系，总会成功解决问题，让过程变得更简单。

市面上有数以千计的辅助教养孩子的图书，许多都是基于亲自抚养孩子的经验编写而成，让我们注意到了教养过程的某些特殊方面，有的还提供了实用的原则及原理，作为我们成书的基础。如果你有信心以无论对你还是对家庭而言都是正确的方式来照顾孩子成长，那么你就一定会依据自身需求利用好这些资源。我们不是不让你听取别人的意见，然而，想要利用好这些资源，关键是要具备自己决定听取哪些意见以及如何实践的自信。想要成为完美的父母，你可能会了解最新的教养孩子的趋势，像遵守性命攸关的指示那样恪守其宗旨。可是如果之后你"失败"了呢？或是这些建议和技巧没能兑现承诺呢？或是有人想到了"更好的"方案呢？于是你又一次跟不上步伐了——这可能是你自己的想法，也可能是凌驾于你教养孩子的一切努力之上那无形的监督者告诉你的。然后你可能又要针对教养孩子做出巨大的改动，这样的模式循环往复。市场上的建议泛滥成灾，有数不清的方法等着你去尝试，这么多的建议仿佛暗示着只要你尽可能多地获取知识，就可以成为完美的父母。储备知识并且灵活运用并没有错，但为什么不从一些你已经知道的事情开始呢？安全感圆环就是帮助你触及自身的爱和智慧的本能。

> **过度教养、过分监管、过度参与**
>
> 这些都可能会发生。从某种意义来说，这些都是获取了"专家建议"的结果——专家总是列出长长的单子，告诉我们哪些要做和哪些不能做（所有这些都暗示着"要做对，否则……"）。
>
> 给父母的全是压力！压力！压力！

你可能听过蜈蚣的故事，有人告诉它要数清楚自己走了几步路，结果它根本就没法走路了。同样的情况也发生在教养孩子的情况中，现有环境对父母来说十分不友好，因为"下一步"（可能是错误的，甚至会毁了孩子）的这种暗示会让我们畏首畏尾，困在原地。"如果我做了 X，他就会这样；如果我没做 Y，他就会那样。"于是父母们既震惊又恼怒，不知所措，不知道应该相信什么。

幸运的是，以近半个世纪的发展研究作为基础，父母们渐渐接触到一种让人平心静气的思维方式。这种方式很少会提及要做什么，不要做什么；相反，面对那些要做和不要做的事情时，它让作为父母的我们开始意识到要自己做决定，最终付诸实践。依恋理论及其借助安全感圆环实现的应用实践给了父母选择的机会，而不是让他们跟着其他人所谓的"成功教养 10 步"走。

让孩子的情感健康发展可能听起来很困难，但实际上父母也的确需要做出正确的选择才能实现这一目标。但是比做出具体选择更重要的是，我们要搞清自己是谁以及做出选择时的感受是什么。即使是为了孩子好，如果父母仅仅依据固定程式或是书本来抚养孩子，孩子也可能会觉得自己受到了操控。

问题的关键在于，面对那些确实有益的教养法，我们要如何既学到其重点内容，又不会因为担心教养"对与错"的问题而焦虑。在阅读本书的过程中，如果你感到紧张，或是比起原有的状态更加紧张了，那么的确是我们伤害到了你。但是，如果你意识到了自己所做的事情的重要性，发现自己对于如何提供孩子想要的东西变得更加游刃有余，那我们便真正达成了希望的目标。

### 行为管理的误导

在本书第 1 章我们提到，在 20 世纪时，大家都关注行为主义，忽视了依恋的重要性。并非行为不重要，而是行为并不是问题所在——尽管当你把那个"极不情愿的孩子"弄上车、一起去超市或学前班时，行为看起来就是问题所在。行为只传递了信息，然而社会常常只强调孩子的行为。诚然，孩子一旦进入学校，有助于学习的行为就变得很重要。我们在实现目标时，虽然要保证自己不断前行，但也要尽力避免自己的行为妨碍他人或他人达成目标。但是对于年幼的孩子来说，行为不是教养中唯一的关注点。

行为规范若是起效，便是很棒的方法，但是这些方法通常只能短暂改变行为本身，却不能解决导致错误行为的实质问题。这是希望迅速解决问题或是解决表面问题的想法在作祟。如果孩子行为良好，这就是我们作为抚养者拥有良好教养能力的肉眼可见的证明，所以成功有效地管理孩子的行为会让我们感觉良好（如果我们总想做到完美，然后不可避免地未能如愿，就更加需要这样的结果让我们感觉好一些）。后文会详细谈及完美父母 - 完美孩子的思维模式。现在，我们可以肯定地说，比起"纠正"任何特定事件的错误行为，基于依恋经历形成的情感联结会给我们带来更好的体验。

为了让读者明白我们对于行为的准确理解，请在头脑中描绘出一座冰山。表面上，除了露出水面的巨大冰山，我们看不到其他东西。但是你所看不到的是冰山在水面之下 80% 的主体部分。那么现在设想你所看到的水面以上的冰山就是孩子的行为，而你所看不到的才是孩子真正的需求：孩子想得到我们的支持并且帮助他们管理这些需求。我们三个在工作中已经见识过各种情境下（学校、寄养家庭、家庭调解过程）面临潜在风险的孩子，并渐渐意识到对于抚养者来说能够认识到孩子真正的需求是多么重要，因为水面之下的冰山总是隐藏在某些特定的（不好的）行为之下。实际上，作为年轻的寄养父母，我们中的一人回想起自己以前试着用各种积极、消极刺激法（比如奖励星星贴纸、面壁、逻辑结果法等）却只能取得短期作用，直到和犯错的孩子一起坐下来，告诉这个孩子"我们要一起面对这个问题，直到解决它为止"才取得了真正的效果。如果和孩子关系的核心变成了父母与孩子分享感受，那么孩子的不当行为就会消失得无影无踪。我们三个人意识到，如果父母只是对行为做出反应而不是满足（表面上看不到的）需求，他们可能会得到孩子短期的顺从，却失去了让孩子做出本质性改变的机会。

在我们看来，没有被正确接纳的感受会转变为消极的行为卷土重来。

> 多年以来，我们见识了各种各样的孩子，所有孩子隐藏在水面之下的本性都是"机智并且耐心等待的"。仿佛本性一般，孩子们都知道自己最需要什么，也可以耐心等待。通常要等到多年之后，他们才会发现某个人能够认识到他们真正的需求并且对此做出回应。

### 做父母还是做朋友

想要找到快速解决办法、谨遵最新的指示步骤、治标不治本——所有这些教养过程做出的选择都是因为用力过猛。拼命想找到自己的方式，却达不到设立的标准，唯一能做的也只有尝试上述方式了。如果你把对孩子的关切看得比天高，还不允许自己犯错，你自然而然就会求助于身边任何看起来能有所帮助的选项。

依恋是情感纽带，这毋庸置疑。但陪伴孩子，满足他全部需求就不仅如此了。必要时掌管全局，乐于承担长者的责任，在父母与孩子的关系中扮演更智慧的一方。近几十年有许多关于教养风格的说法，既有自由放任式也有专制高压式，而大多数专家都建议我们采取居中的态度——面对特定情况，我们知道孩子做什么是正确的，也不畏惧遵照自己的信念行事。婴儿潮一代的"代沟"

逐渐消失可能会模糊父母角色与朋友角色的界限，"千禧一代"与"X世代"如今作为父母恰巧可能继承这种（错误的）认知。在我们看来，父母更希望自己像孩子的朋友是完美主义的另一种表现形式，他们害怕孩子产生不可避免的不悦情绪，也害怕孩子情绪崩溃留下烂摊子。当然我们都希望孩子快乐成长，能够与孩子做朋友的确十分美好，但是我们应该做一位年长且更加智慧的朋友，这就是父母。正常的教养方式不是彻底的民主。父母想要孩子感到安全，就要让他知道有些人即使在做决定时要面对许多反对声音，也仍旧足以胜任掌管全局的角色。

## 不完美的（一团糟的）自己带来的负担

力求完美的压力并不只来自外部世界或是社会舆论。父母在选择如何成为完美父母时同样受到自身影响。记忆一直陪伴着我们，无论是显性记忆还是隐性记忆，都会影响人际关系。于教养孩子而言，最重要的不是你的行为，而是你看待自身行为的视角。如果小时候别人期待你成长得"十分完美"，那么你就会把这种期望带入自己教养孩子的过程。如果你不希望孩子经历你曾承受过的痛苦，可能也会给你加上一副重担。从某种程度来说，你的所作所为与教养孩子息息相关，但是更重要的是这个过程中你扮演了什么角色。

其实你的心理状态传达给孩子的信息和实际行为相比，即使不多，也绝不会少。我们培养的孩子的过程中总是会让孩子解读潜台词。孩子注意父母的行为，但是可能孩子更关注的是父母行为背后的心理状态。因此，如果你想要安慰摔倒的孩子，还说出了正确的"台词"（"来吧，小家伙，我肯定你现在感觉很糟"），但是你在心里却想着"我不是一位好妈妈，真希望我能处理得当，但是我可能弄错了什么"，孩子可能就没有真正得到充分的安慰。

这种信息似乎很大程度上会限制住我们的手脚："无论多么努力，只要我的家庭背景不是那么理想，孩子就会延续我的不安全感。"幸运的是，事实并不是这样。孩子会感受到我们想要给予他们所需安全感的迫切之情。我们积极的态度是孩子最需要读出的潜台词：尽管总也做不到尽善尽美，父母却仍想给予孩子所需的一切美好事物。孩子不需要完美；他们需要相信父母会努力满足他们真正的需求，会尽可能搞清楚他们的需求，会和他们紧密相连。

### 过去的事情常常遮住我们的双眼

有时，即使我们有安全感圆环这样的指导法提供帮助，自身的童年经历仍会蒙蔽我们的双眼，以致我们忽视孩子的需求。如果我们在童年没有体验过安全型依恋带来的好处，那么在面对教养法时眼界更开阔一些便尤为重要，也尤为困难。你所想要实现的亲密关系是不是未能实现？是不是觉得有些东西总在拖你的后腿，以致你无法追求或实现想要的生活？当然如果说非安全型依恋是你生活一切不如意的来源就概括的太泛了，但是依恋对于我们生活的方方面面都能施加巨大影响，因此童年早期的不安全感很可能会成为成年后生活不如意的一大来源。如果你愿意，本书可以带领你探究自己的依恋方式以及给生活带来的影响。

### 完美的孩子→完美的父母？

完美主义教养的一大常见副作用就是想要塑造完美的孩子。这种现象与特定的依恋方式密不可分。在我们教养孩子的过程中，童年与父母有关的依恋纽带的内隐记忆驱动了这种现象的发生。在我们甚至没有意识到时这些记忆就成为我们的一部分并控制了我们的教养方法，这是怎么一回事呢？本书第 5 章会做出详细解释。先来看看我们身边完美孩子的教养模式吧。想想大家对蔡美儿（Amy Chua）2011 年出版的《虎妈战歌》（*Battle Hymn of the Tiger Mother*）一书所产生的反应，便可获知父母真的把孩子的成功与否视作妈妈完成"任务"的表现了。这本书是一本文化类个人传记，却成了"父母要求孩子完美是否正确"这一热点讨论的对象。一般人所认为的"成功的孩子就等于成功的父母"（无论是孩子的行为方式、体力、智力或是外貌）这一说法深入人心（并且具有说服力），其程度之深，没人愿意承认。

然后我们就要谈谈想让孩子"与众不同"的这种冲动了,这种冲动也源于本书第5章将要详细谈及的一种特定依恋方式。其表现形式正如第1章提到的,父母对孩子所有的情绪给予过分关注,自认为孩子无法承受挫折或低落的情绪。本书后文要澄清的问题是,给予孩子过分保护、努力把所有的困难帮孩子避开,会妨碍他们培养必备的抗压能力,这种能力只有孩子在不理想情况下,通过与父母共同解决问题并获得支持才能习得。这种依恋的表现形式也可能是过度称赞孩子,好像他独具天赋,天生就比同龄人都优秀。正如第1章指出的,告诉孩子他比别人好并不会增强自尊心;这只会让他更加自恋。基于孩子信任父母对于他们的爱而产生的安全型依恋则可以提升自尊心。

诚然,现今父母最大的担心之一就是孩子可能会"落在后面"。许多人甚至不知道"到底是什么落在了别人后面",但是会模模糊糊地感觉到有一个目标,如果我们不逼迫孩子进步就无法达到这个目标。这种担心忧虑的核心问题常常是认知发展。孩子会足够聪明、受到优良的教育、学术成绩足够好到未来可以上得了他们想上的(或者父母希望他们上的)学校吗?早期教育应该注重什么的讨论风靡一时:社会发展力、情商、想象力和创造力,还是智力方面的技能呢?在美国,我们仍旧给予了智力技能最多关注,然而被我国视作最具有竞争力的几个国家都倾向于强调校园生活前几年的玩耍与社交,在中学努力强化认知能力并取得成就。这些国家都意识到了玩耍对于孩子的认知、社交和情感发展的重要性。将你与孩子的关系视作她人生的第一个运动场:她在这里探索世界会非常安心,不必受到情感折磨或恐惧的制约。

担心孩子的认知能力很正常,但是过分关注评价认知能力的数值而不是这一刻到底发生了什么就产生问题了。对于孩子来说,这一刻发生的事情就是问题的全部,已经够他们受的了。本书通篇强调的就是这一明确的主题:父母如何才能将情感上的安全感视作首要考虑因素,视作孩子需要的"赢在当下,赢在未来"的方法呢?有经验法则可以作为捷径:孩子早期从重要的人际关系中获得越多安全感,他们长大后就越能放松地面对挑战和机遇,抗压能力就会越强。

## 如何确保孩子建立安全型依恋

对于家长来说,好消息就是知道教养孩子并不复杂。以内在固有的能力(这种能力已经深深植根于我们的头脑之中)作为指导,家长可以开始探索教养任务,把这个任务视作天赋以及特权,当然事实也的确是如此。如果家长意识到并相信自己本来就想给孩子最好的,并且相信自己实现这一点的能力,教养孩子就会变得非常简单。

可能你现在明白了,我们并不是说"教养孩子就如同睡懒觉那般轻松,从没有情感难以控制的时候,就像微风拂面"。相反,我们是指一旦家长相信自己拥有积极信念,能够将孩子的需求可视化为一份简明易懂的指示图,教养孩子这份"苦差事"就会变得不那么令人难受了。

回想第1章提到的小蕾和父亲的案例,想一想小宝宝苏菲和妈妈。这些简单而自然的互动可以显示出孩子想要寻求关怀的天然驱动力,你也可以看出家长想要给予呵护的内在动力。小宝宝刚出生的那段日子还不明显,但不久之后你就能感觉出他们开始探索世界了。随意到一座操场去看,你都会见到类似小蕾和爸爸之间的那种交流:小蕾想要跑开去探索自己的世界以及自己和世界互动的能力;爸爸陪着她,实现这一过程。下面这段文字描述的是苏菲5个月大时发生的事情:

汉娜正在餐桌上的电脑前工作,苏菲则站在儿童学步车里满屋子转悠。小姑娘小声怪叫或是自己嘟囔时汉娜就会抬头看她,两个人相视一笑。电话响起,是汉娜的一位重要客户,他想询问汉娜自己的项目进行得如何。汉娜详细汇报项目进程时,苏菲便不再小声咕哝而是尖叫了起来。小姑娘并没有哭,也不觉得伤心,但是她的声音对汉娜却有一种支配力量,汉娜立刻看向她,还得在客户怀疑地询问是不是她的狗在叫时努力憋着笑。

苏菲在这么小的年纪所获得的安全感足以让她明白汉娜是可以依靠的,知道她在屋子里面乱转时汉娜就在那里。这对于她探索世界来说至关重要,如果她觉得妈妈的注意力转移到其他地方去了,她就能用自己的"海豚音"把妈妈的注意力拉回来。如果不是一次又一次地证明这样的方法有效,苏菲也根本不会这样做。(一年后的某一天,苏菲的"海豚音"让一辆汽车的警报响起。汉娜知道苏菲是想要看看路过的陌生人会不会对自己的海豚音有着和父母一样的反应。当然,答案是肯定的。)

在知道自己的名字之前、在理解关心自己、安抚自己的家人使用的语言之前,苏菲便能认出妈妈。她可能早在妈妈还没意识到她们之间的纽带有多么重要之前就已经意识到了。这就是安全型依恋的萌芽,虽然并不总是美好的(我们会持续关注苏菲的新变化),但是这种联结带来的美好却是诗歌艺术所颂扬已久的。

对于我们来说,最好的消息就是依恋是自然产生的。所以问题不是孩子会不会形成依恋,而是形成的依恋质量如何;问题不在于家长是否想满足孩子的需求并且消除他的不适感,而是家长得知道怎么做(或者因为其他原因看不出孩子的需求,我们会在后面谈及这些原因)。我们已经发现,即使抚养者的依恋驱使受到干扰,孩子的依恋依旧十分紧密。

不可思议的是,只要给予家长一点点帮助,他们就能战胜最大的困难。安全感圆环小组最开始帮助的家长都有典型问题,他们与各种问题做斗争,有些是现有的问题,有些是既往的问题:贫穷、受教育程度不足、虐待史以及近期沉溺于毒品的情况。这些都是艾伦·斯劳夫所说的能够产生巨大影响且极具挑战性的背景环境:"婴儿的发展状况和给予他关爱的环境紧密相关。同样,抚养者给予的关爱与周围的压力和支持也是分不开的。"如果来自环境的压力巨大或给予的支持有些过度,正如年轻的单亲妈妈或是其他每天都艰难度日的人面对的那样(当然也包括现如今的"普通"家长),家长们就会难以敏锐地感知并满足孩子的需求,或是和从前一样理解孩子、回应孩子的需求。

20多年来,我们一直同青少年以及那些刚刚独立的年轻家长一起工作,这些家长看似很难应对抚养孩子的挑战。很多人在加入项目时都痛苦万分,他们都害怕自己的孩子经历自己曾经经受的虐待和忽视。我们鼓励家长建立健康的依恋关系,在这种"家长友好"的方法的帮助下,这些年轻人大都变成了十分成功的家长，能够让自己和孩子逐渐"获得安全感"。即使有时遇到困难，我们仍旧看到这些年轻的家长一次又一次地发挥爱与呵护孩子的本能，给予孩子真正且长久的安全感。

那么对于那些不用处理如此艰巨挑战的人们来说呢？如果爸爸不再和小蕾单独相处，而是为了给予她最好的教育、舒适的家还有最有营养的食物努力奋斗，让女儿和保姆或其他成年人单独相处，小蕾长大成人后还会度过健康长寿、十分快乐的一生吗？答案是，很有可能。许多不同的因素都会影响孩子的发展。如果小蕾从婴儿时期便开始和保姆、祖父母或是其他能够像爸爸那般照顾她的亲属相处很长一段时间，她可能仍旧会和这位主要抚养者建立安全型依恋，他为小蕾的健康发展打下了坚实的基础。而且，正如前文所述，她还会依恋自己的父母，但是很有可能这一依恋关系的稳固程度比主要看护人差一些。长期的亲密关系不会因为换了个人就受到影响。

无论抚养者是谁，如果缺少了小蕾和爸爸在公园的那种交流互动，小蕾最后可能就只会坐在角落里假装开心，看着其他小朋友玩耍。她交朋友时可能会遇到困难，因为她不知道如何安抚受伤的人，抑或不明白大家会有不同的意见。她逐渐成长，可能会觉得自己"太特殊以至于大家都不理自己"或是"太怪异以至于无法融入集体"。有了这些想法之后，她就会十分孤独。

幸运的是，在公园的场景大多都会自然发生。如果大部分情况下都是这样，孩子便可以健康成长，自我认知也会一步步正常发展。大部分情况下，和孩子建立安全型依恋不需要花费心思。罗伯特·凯伦的描述再合适不过了：

> 你不需要十分富有、非常聪明、独具天赋或是幽默风趣；你只需要陪伴孩子，但是要做到心灵和身体的双重陪伴。对于孩子来说，其他的都不重要，但如果你有上述优点，于自己而言也是有好处的。况且，你不需要成为一名非常出色的妈妈，只需要成为温尼科特所言的那个众人皆知的说法——"足够好的"妈妈就够了。

对于任何家长来说，一项可靠的经验法则就是：足够好就已经足够好了。让我们看看苏菲和汉娜 5 年后的样子：

苏菲放学后横冲直撞地回到家中，大喊着她也想要"贝拉的保姆那样的"小鸟文身图案！

汉娜轻轻地哼了一声，然后笑道："是啊，听起来可真不错。"苏菲就大哭了起来，扔下书包，跑回自己屋里。汉娜叹了一口气，捡起她的书包，却看见了露在书包外面的一幅画，上面画着繁复的（至少对于 5 岁的孩子来说是这样）拥有巨大翅膀的小鸟（或者是一条龙）。于是她来到女儿的房间，坐在床上对她说，"嘿，亲爱的，这真好看啊。"没有回应。"要不然咱俩一起看看身体绘画啊？"仍旧没有回应。"贝拉的保姆可真酷啊，对不对？"苏菲欢快地点着头，激动地讲起了故事，那位 25 岁的保姆告诉她，自己在胳膊上"养了"一只凤凰。

苏菲明白即使她无法表达，妈妈也能了解自己的需求。这就是为什么有时候妈妈没能正确理解她的意思就会令她感到如此受伤。幸运的是，妈妈一般都能领会她的意图，于是整个世界又变得美好了。

很多方法以及项目都是为了拉近父母和孩子的距离，使双方在这段关系中都更能体察对方的情绪，而且这些方法、项目都各有千秋。我们设计安全感圆环是为了将数十年的依恋研究讲述得尽可能通俗易懂，让父母与孩子能够建立安全型依恋。我们的方法提供了：

- 让你理解孩子合理需求的方法。
- 让你理解你如何看待这些需求的方法（为什么有些需求让人更容易接受）。
- 让你理解为什么你愿意满足一些需求，而对其他的需求很抗拒的方法。
- 帮你战胜内心的抵触，将孩子的需求摆在第一位的途径。

接下来的内容涉及更多有关如何建立安全型依恋以及为何要建立这种依恋

关系的原因。我们探讨的每一点都强化了深层的主题——让你相信自己，相信天生固有的智慧，相信自己想要做到最好的意图，并相信自己的好奇心，正是这份好奇促使你找到妨碍自己做到最好的障碍。事实一次又一次地告诉我们，父母的信任是孩子建立信任的基础——孩子要相信父母会陪伴他们，会帮助他们解决情绪问题，会在他们需要更加年长、更智慧的人介入时承担责任。我们设计安全感圆环是为了建立双向信任以及安全型依恋，下面详述的多种方法能够帮你建立上述的信任和依恋，这些方法也撑起了全书的内容框架。

### 和完美主义以及自责说再见

假设地球上所有父母都是一样的：都有 12 种缺陷，但每个人的缺陷并非都一样。我们都有着相似的构造，有相似的行为模式，但生活的糟糕程度却各不相同。

现在假设有人走过来告诉你这些不足之处都不是问题……因为你还有"教养孩子的第 13 种缺陷"，而这第 13 种缺陷会使得前 12 种缺陷几乎无法被弥补。那么这第 13 种缺陷是什么呢？这第 13 种缺陷便是认为自己不应该有其他 12 种缺陷。这第 13 种缺陷总是会引发责备。这种责备总是建立在虚幻的想法之上，认为作为父母的我们面对的不完美或困境是有"答案"的，而且我们应该已经知道答案是什么了。隐含的（也是诱人上当的）信息就是："不完美不属于教养孩子。"（祝你好运！）

想必大家都已经知道：父母都会遇到困境，对每个人来说都是如此。没有人是完美的。诚然，任何想要变得完美的想法都自然而然地显露出了我们的不完美。在对抗这些缺陷时，它们就变成巨石，压在父母身上，令人无法喘息。然后父母要么陷入羞愧与自责，继续生气地责备自己，要么假装没有犯错，然后就不可避免地把过错推到别人（孩子、伴侣或是自己的抚养者）身上。如果我们可以正视自己不可避免的缺陷，如果我们能够带着善意、接受和理解看待自己作为父母所犯的错误，有些事情就会发生改变。父母和孩子就会见证全新的可能性和非凡的惊喜逐渐显现的过程。

责备从未将父母塑造得更加优秀。对自己仁慈一些，便要理解教养孩子是

## 2 安全感：与不完美交朋友

一项极其困难的任务，我们都会犯错，而且我们想要为孩子做到最好的强烈意图才是最重要的事情。正如我们一直强调的，孩子善于解读潜台词。他们可以理解父母什么时候忧虑，什么时候自责。他们也能察觉出，父母遇到巨大困难并且尽力做到最好时就会感到自豪。

对自己仁慈一些，我们就会对自己最爱的人更加仁慈。如果我们更乐于接受自己的 12 种缺陷，可能孩子就会得到他们最需要的东西。这就是为什么本书要设定"抱持性环境"的原因（更多有关这部分的内容会在第 4 章进行详述）。在你探索教养驱动力的过程中，我们希望为你提供一个稳固的基础，让你战胜完美主义长久以来所设置的障碍。

### 放轻松，找回自信

一直纠结于自己教养孩子的方式是否正确带来的长期焦虑不太可能让孩子获得更多安全感。带来安全感的教养方式其实或多或少是放松的，放松地做出选择，相信我们自己足够优秀，而这样对孩子颇有好处。本书会帮助你养成习惯，让你向自己提出那些孩子往往会无意识地问出的问题："这到底是你想成为优秀父母的需求，还是孩子现在真正的需求呢？"我们不厌其烦地告诉父母，孩子总能知道事情的表象之下发生了什么："你这么焦虑到底是因为你想要保证自己没有做错事还是你的确关注了我真正需要什么呢？"或是"可以请你冷静下来，相信自己没问题吗？我们一起寻找解决方法渡过这个难关好吗？"这意味着孩子是在说，"如果你相信自己已经足够好，我就能冷静下来，找到安抚自己痛苦情绪最需要的东西了。"

德国目前的研究表明，比起那些过分警觉的父母，当父母心态放松时，婴儿的焦虑程度更低。过分关注、过度干涉实际上会让孩子吃不消。这传达出的信息就是：看起来孩子理解我们的行为所暗示的信息的能力与理解我们行为的能力是一样好的。如果我们很忧虑，他们就会以某种方式察觉到这一点。研究表明父母管理自己的情绪十分重要，甚至可以说是核心问题，因为这样他们就能充满自信且放松地面对孩子了。

因此，从我们的经验来看实现这点最好的方式就是帮助父母看清教养孩子的全景图，给他们一幅简明易懂的图示（我们会在下一章详尽地描述这幅"图示"——安全感圆环），并帮他们意识到需要辨识且做出回应的关键所在，而不需要因为没能把每件事"都做对"就感到恐惧、焦虑或是很有压力。"我如此回应是因为我相信这很重要，而不是感觉如果不这样做就会对孩子造成不可修复的伤害。"

### 留意安全感圆环

如果（接连不断的）日常琐事妨碍了我们自信且镇定地回应孩子，我们很容易受到影响，看不到此刻孩子需要自己做什么。他是否需要我们给予支持和安慰，哪怕只是一小会儿？他是否需要天马行空地想象，为生活增添一些色彩，并自信地探索外面的世界？他是否知道即使有什么可怕的事情发生也会有人在身后支持他？我们都急急忙忙地做事，想要成为"优秀的"父母，有时就会忽略"为什么儿子现在需要我的安慰呢"或是"为什么女儿一到睡觉时间就会到处乱跑"这样的问题。厘清某些需求背后的原因很有意义，这样我们便可以明确地解决问题。但是我们必须首先明确自己可以给这些需求设立定义。第3章会详细描述安全感圆环，只要我们将其深深地印在脑海之中，便能在不知道孩子需要什么时回想起安全感圆环的内容了。承认并接受这些需求会经历很长的一段路，只有这样我们才能更加深入地理解孩子的独特之处。

### 陪伴：与孩子的情绪、需求协调一致

对于很多人来说，想要"把事情做对"的压力会促使自己不断采取行动，这些行动可能是阅读最新的教养建议，可能是让孩子进入最好的学校，也可能是规范孩子的行为。我们所说的陪伴（"他现在需要什么？"）正是解决对未来的疑惑（"他需要什么才会成功？"）的妙方。我们可以与孩子步调一致、保持敏锐，分享孩子的情感经历（而非完全将这种情感当作自己的情感），帮助孩子理解、调节难以处理的感受，并在这个过程中一直陪伴着他。陪伴并不意味着试图改变孩子的经历，父母不应插手。我们要接受这种经历，体现出你就在那里

陪着他，作为一个独立个体也有着和他相似的感觉。许多学会陪伴的父母都经历了反复练习的过程，但是想要建立安全型依恋，即使学会了陪伴也还有很长的路要走。这是第 4 章谈论的主题。

### 保证我们的双手不要脱离圆环：敏感回应与掌管全局之间的平衡

实际上，这两者并不相互排斥。安全感圆环最重要的"规则"就是，无论何时，只要条件允许就要关注孩子的需求；只要有必要，就要掌管全局。为了在任何时刻都能找到最好的回应方式，父母需要陪伴孩子，也要记住作为父母的我们更加高大、强壮、智慧，并且能保持友善。我们的身份首先是父母，而非朋友。如果我们掌管全局，帮助孩子找到解决难题的方法，孩子在情感上的不适感便可以得到排解。如果我们一起努力，问题就可以得到解决；只要我们相互信任并且鼓励对方，问题就不复存在。将安全感圆环的指示图铭记在心，我们会更善于凭借直觉感知孩子的需求，通过陪伴协调我们与孩子的步调，由此进一步了解孩子在圆环上的位置。本书第 4 章会详述陪伴以及如何变得更加高大、强壮、智慧且友善等内容。

### 卸下包袱

父母常常会在辨识圆环中某个特定需求以及做出反应时遇到问题，这是我们工作过程中的一项重要发现。但是他们可能根本不会意识到自己的行为，因为这些反应都源自父母自身的抚养过程以及依恋经历。请注意这不是间接地责备你所犯的错都是因为你父母犯了错误。实际上，基于我们自己在生活中的观察，探索自己父母的依恋模式让我们开始了解他们的痛楚并理解他们所经历的挣扎，产生同情和怜悯之情。你觉得培养一个"完美的孩子"的内心驱使是因为你自己的父母很看重完美吗？你认为自己在孩子逐渐独立时感到不适是因为你父母在你小时候不愿让你脱离他们的控制范围吗？你有多么想探究自己的依恋模式全看自己，但是本书第 5 章依旧会介绍自身依恋模式如何操控了我们教养孩子的过程，其对我们产生的影响就如同操纵提线木偶一般。在第 6 章，我们会教会你如何发现传递有关孩子需求的信息，而孩子会避免提出令我们不适的需求，这种合作方式能够减轻我们的焦虑，让我们一直关注孩子，理解孩子如何掩藏令我们感到不适的需求，以此帮助我们战胜还没察觉到的内心活动，并建立我们想要的安全型依恋。

### 希望你在安全型依恋的旅途中一路顺风

撰写这本书是因为我们三个人了解为什么依恋如此重要。其中一部分知识是我们几十年临床工作的成果，我们在工作中接触的成年人常常是需要回溯童年并且逐渐改变早年对自己及他人看法的人。

但是这又变得有些过于关乎我们自身了。作为安全感圆环的创始人，有人问过我们自身的依恋经历如何，这些经历如何影响了我们的人生。我们的回答是，我们每一个人的家庭都遇到过大大小小的问题，而这些都是我们要帮助现在的家长搞明白的事情。这就是说，这项工作总是从自身经历出发，基于每个人对于健康依恋关系的理解，我们才能为现在的研究找到意义。

阅读本书时你会发现，全书重点都在强调安全型依恋的丰富内涵以及价值：这是一种从某一人际关系中习得的能力，它会在生活一切都好的时候助你享受生活，在生活变得艰难时为你提供适应力。安全型依恋本身就是一种回报：安全型依恋一旦建立起来，它就会为那些体验过这种依恋关系的人提供强烈的信任感，并且为取得情感、智力以及人际层面上的成功提供机会，其长久的成就感令人受用终身。

接下来就是一些振奋人心的好消息了。没有坏消息，但是这并不意味着通往安全型依恋之路是一帆风顺的。在进入探索依恋之旅的早期，当人们逐渐了解到安全型依恋需要什么并且意识到自己的成长过程缺失了什么，他们便常常会感觉自己面临着巨大的困难。尽管最终我们都会明白自己的父母已经尽力做到最好，但一开始想要厘清这些问题会有些困难。我们的父母只是意识不到怎么做效果不好，怎么做可能更有效。我们撰写这本书就是要帮助你认识到怎么做会效果显著，以及你要从真正意义上成为足够好的父母将遇到的困难。希望你在探索之旅中可以感受到我们为你提供的抱持性环境。

在工作过程中，我们会与露宿街头、无家可归以及遇到其他困难的父母进行沟通，有时我们无比绝望，却也会在某一刻看到一位年轻妈妈（她自己还是个孩子呢，就要抚养孩子了）轻抚孩子，或是满眼爱意地对着孩子灿烂微笑，而后也会换回孩子的笑脸。于是，这一刻我们就知道了至少父母与孩子间的依恋是真实的。

事实上，依恋研究给予我们的最棒的礼物之一便是让我们确认了这个世界是相互关联的。比复杂性（以及对于"过量的"生活产生的过激反应）要更加深刻的其实是彻底的简单性，我们相信的事实是：如果没有"和"，没人能生活得很好；每颗心都在寻求爱，这是从生命之初便根植于头脑的事实。

# 依恋图示：
## 安全感圆环

你抱着初生的宝宝轻轻地摇啊摇，他望着你的眼睛，想要找寻生命之初就开始渴求的关爱。他是那么脆弱，就好像把全部都托付给了你。你值得他这样做吗？宝宝认为的确值得。那么你知道他需要什么吗？

无论你相信与否，其实没什么可担心的。宝宝会告诉你他需要什么。作为父母，即使从未有过养育经验，你也会发现建立在安全型依恋基础上的学习过程是相互的。宝宝向我们学习，一直关注着父母，于是我们便能教会他们所需的知识，但是他们也教会父母一些道理，提醒我们，父母与孩子纽带中的"和"可以创造无限的美好与奇迹。

> 婴儿不只是学生，他们也是老师。

这种相互依存的关系在进化过程中起着至关重要的作用，对个人发展而言不可或缺。我们想更夸张一些，因为没人能说清孩子与家长之间的爱有多么深刻。但是，这种相互的亲密关系是如何让家长在没有经验而且孩子还不会说话的情况下理解对方的需求呢？让我们先从这一点开始吧。

## 婴儿在"和"的关系中如何学习

20世纪中期以来,我们便知道婴儿都是极其高效的学习者。几十年前,婴儿发展科学的先锋丹尼尔·斯特恩将婴儿称作这个星球上最棒的研究者。那时候想要观察婴儿的学习过程并不容易,但是现在的摄像技术让我们可以观察每秒28帧的暂停画面,从而看到孩子在语言表达以及动作行为中的变化,了解孩子和抚养者之间的交流互动。我们看到的每一次改变都是婴儿内心世界的一次变化(婴儿的感受、行为和经验都会产生变化),这个过程中婴儿接收外界信息后会在内心进行加工处理。就好像我们真的能看到他们内心中情感的齿轮转动起来了。啊,还有他们和其他人互动时会怎么变化!婴儿似乎天生就知道他们需要从他人那里获得帮助,而这个人要真正在乎他们的内心感受。幸运的是,这不意味着爸爸妈妈(或是任何起同样作用的人)是他们会接受或寻求帮助的唯一人选。婴儿在很小的时候就学会了辨识哪些人是微笑且关心他们的大人,这些大人愿意和他们互动、了解他们的世界。发展心理学家爱德华·特鲁尼克(Edward Tronick)指出,婴儿能快速学会分辨出"总会提供我想要的东西的妈妈"和"会陪我玩儿游戏可是一旦我受到惊吓就不管我的叔叔"。认识到这点的好处是,婴儿会明白谁才是那位足够好的"替补"抚养者。他们知道有个备选总比没有好,尽管研究人员不清楚婴儿是怎么了解到这一点的。

婴儿和其他人接触得越多,学到的知识就越多。事实上,成长发育中的婴儿既可以接收内部信息,也可以接收外部信息(婴儿便成了科学术语中的"开放系统"),这就意味着,在同许多人接触的环境中成长,婴儿拥有巨大潜能。苏菲一个月大时,她明白了自己可以依靠很多人——爸爸、奶奶、爷爷、利兹姨妈还有常来的那位保姆——他们都是可以依靠的,这给了她同陌生人互动交流的信心。她还不到一岁就开始说话了,一岁半就可以辨识出因为家住得很远而好几个月没见的奶奶,可一旦有陌生人接近,她便不说话,跑到妈妈身边寻求安慰以确认可以和这些人互动,在得到允许且有妈妈陪伴的情况下,她便会和这些陌生人互动。不到两岁时,她就有同情心了,会在操场上把自己的玩具小熊递给大哭的小孩，也会在家人悲伤的时候自己哭起来。汉娜明白她目睹了一个小姑娘的成长过程，看到她可以驾轻就熟地在这复杂世界探索。这些都是苏菲早期人际关系所产生的影响吗？可能不全是，但是至少这些人际关系为这个小姑娘的学习过程奠定了基础。

早期人际关系给了我们一个舞台，让我们试着了解自己是谁，另一个人是谁，以及我们一起做什么这三者之间不可分割的关系。爱德华·特鲁尼克说道，如果我们对于另一个人十分敏感又能给予回应，便建立了联系，并且"会经历成长、活力，可以感知到连续性，同时能够感觉到对方对于世界的感知如何"。婴儿在感知抚养者是谁的同时就会明白自己是谁。这样同他人建立联系是学习感知人际关系最好的课堂。好消息是：这样的课堂不收取学费，还随处可见。但是有时候这样的课堂也许会有些令人畏惧。

人际关系之所以会令人不安，是因为关系的质量至关重要。我们都经历过类似的场景。你坐在公交车上，想起自己刚刚失去的一位挚友，几乎要哭出来了，一位陌生人看到你发红的眼圈，便把自己的座位让给了你。你感受到了善意，感知到了别人的直觉，明白自己作为一位普通的乘客所具有的价值，即使是对于之前都没见过你的人，你的存在也是有价值的。一位正值青春期的小姑娘在派对结束回到家中，忍受着她喜欢的男生拒绝她带来的羞辱，却发现从来不等自己回家的妈妈坐在客厅。妈妈看了女儿一眼，只是温柔地微笑，什么都没说，一直等到女儿开口。小姑娘说着自己怎么受到冒犯，变得越来越愤怒，妈妈也燃起了同样的怒火，但是火气恰到好处地可以让女儿既发泄了心中的愤恨又能够从悲伤中走出来。小姑娘便明白了，如果自身的情绪受到了重视，就可以平复情绪继续生活。

和信任的人交流时，我们会进入两人关系的舒适区。汉娜意识到苏菲感到害怕，就把她抱起来，紧紧地搂着她。作为回应，苏菲会安静下来。这一时刻，汉娜获取了作为妈妈的自信，而苏菲也对于管理自己的恐惧建立了自信，于是二人之间爱的纽带因此更加牢固。如果我们正确

> 两个人依恋关系的舒适区被科学界称为"二元调节系统"，这里"二元"意指两个人之间的调节行为。

且敏锐地回应了对方的内在体验，相应地调整了自己的行为，我们就会获得对方的信任并从对方身上找到自己存在的意义，我们的心理复杂性也能提升到仅靠自己无法达到的水平。换句话来说，婴儿需要共情的联结才能茁壮成长，也需要靠这种联结不断学习。

很可悲的是，缺乏这种联结所造成的伤害显而易见。在某些孤儿院以及其他没有类似联结的环境中长大的孩子便无法学习并茁壮成长。甚至只是暂时地中断这种联结——例如某人摆出研究人员所谓的"冰山脸"（毫无表情、毫无反应）就足以使婴儿感到愤怒、崩溃或是退缩。如果持续缺失联结，孩子会变得悲伤，以致长期自闭。如果这种联结几近消失，婴儿就不只是抑郁、痛苦、无精打采了——他们会完全停止发展。

## 猜测 vs. 目睹

幸运的是，大部分家长多数时候的回应都是敏锐的（再次强调，超过半数的家长和孩子都会自然形成安全型依恋）。家长明白孩子的需求和表达想法的方式，大部分时候都会给予回应。但是即使不考虑诸多令人分心的因素可能形成的障碍，家长的内心世界（也就是我们的心理状态）有时也会让我们无视自己和孩子的需求。家长对自己和孩子之间的交流互动有着深刻复杂的理解，这在很大程度上解释了为什么家长可以敏锐地感知孩子的感受并且帮孩子在能够独立管理情绪前调节好情绪，但是由此也会产生一些假设：我们认为自己知道的比我们实际知道的更多。

如果你现在的视线范围之内还有其他人，就花点儿时间看看他们。你能立刻知道他们的心理状态吗？轻松还是不适？高兴还是难过？愤怒还是崩溃？充满活力还是十分疲惫？而且，对于某种心情，你能看出是因何而起的吗？如果你恰好很了解这些人的话，就很有可能会认为自己知道他们都在想着什么。

我们将这种常见的现象称作"猜测 vs. 目睹"。如果被其他事情分了心或是有任务要完成时，我们就会开始猜测孩子的心理状态。在我们疲惫、生病或感到恼怒时，我们也会这样猜测。（此外，一种被我们称作"核心敏感性"的根深蒂固的心理状态也会引发这种猜测，但是这是第 5 章要讲的内容，暂不进行解释。）而且在我们掌握了有关自己儿女的（或是从别人的孩子身上了解到的）信息后，这便是一种很自然的想法。

"猜测 vs. 目睹"让我们意识到精准地"目睹"孩子每时每刻的内心世界是二元调节或共同调节的关键。我们可能因为看到 3 岁的儿子哭个不停就猜测他生气了，我们表现得越崩溃，他的哭声就越大。但是如果细心探究发生了什么（可能只是因为他没能摆弄好手里的玩具），我们的反应可能就不尽相同了。如果我们认为 19 个月大的女儿一直指着厨房就是饿了，可能就会给她吃些东西，但她可能只是想要被抱到厨房，并给我们展示自己学会往水杯里倒水而已。

当然，如果孩子（以及所有其他人）没直接表达需求，我们就总要猜来猜去。大部分时候，想要达到良好的交流效果，我们就得犯错并改正。通过第一次就能做对的事情所习得的知识和通过犯错改正的过程习得的知识基本相同。这是十分幸运的，因为婴儿通常无法准确地告诉我们他们需要什么，所以我们常常要猜来猜去（可能你不认为自己只是常常需要猜测，而是时时刻刻都在猜！）。我们的目标是找到一种可以和孩子达成一致的方式，于是多数猜测便都是准确的了。（本书第 4 章会谈及如何在纷繁复杂的日常生活中同孩子步调一致。）我们工作的开展是基于以下理解：如果家长可以掌握孩子需求的指示图，那么无论是猜测还是目睹，他们都能做得更好。

让我们进入安全感圆环。

## 满足孩子在安全感圆环周围的需求

与许多家庭一起工作多年，我们发现生活琐事会以数量繁多的形式打破孩子和家长之间本能的协调一致。无论原因是什么，我们也相信孩子是受到本能驱使形成依恋的，并且其依恋体系内的需求几乎都藏在我们眼皮底下。作为家长，我们需要一种将这些需求显化的方式，尤其是在盛怒之下，我们会觉得无从下手或是被情绪冲昏了头脑。将安全感圆环设计为一个简单的指示图（见

图 3-1），可以帮助我们时刻快速准确地了解孩子所表现出的需求是什么。

图 3-1 安全感圆环

安全感圆环描述了约翰·鲍尔比和玛丽·安斯沃思定义的依恋体系中的三大主导或核心需求：寻求关爱、探索未知和给予关爱。寻求关爱位于圆环底部——对于避风港（safe haven）的需求（在孩子脆弱时的安抚），表示孩子可以求助于父母。探索未知处于圆环顶部——对于安全基地（secure base）的需求，孩子可以从这里开启对自主权的探索。托住圆环的双手象征着父母和他们给予的关爱。有趣的是，尽管依恋理论一直同时强调依恋行为（寻求关爱）以及探索行为（培养技能），但是我们最开始设想安全感圆环时却没有考虑用"需求"这个术语描述探索的过程——直到祖德·卡西迪提到，对于孩子来说，探索过程中对安全基地的需求和寻求安抚时对避风港的需求一样重要。同时满足两种需求对于安全型依恋以及孩子发展中的情绪调节技能至关重要。

安全感圆环向我们表明孩子的需求可以被看作不断"出去又回来"的过程。⊖

在本书第 1 章，我们描述了 3 岁的小蕾在操场游乐设施和爸爸之间跑来跑去的场景。这样的场景展示了孩子如何在短短几分钟之内不断地在圆环上跑来跑去。他们一整天都会不断重复同样的模式，探索世界后寻求安慰、肯定或安

---

⊖ 我们的网站提供了有关"出去又回来"过程的生动描述：www.circleofsecurity.com。

全感。此后，一旦他们给情感需求"加满了油"，就又会跑出去探索世界了——在家、在幼儿园或学前班、在亲戚朋友家里、在牙医的办公室、在购物途中以及在沙滩都是如此。这场旅途以及孩子和抚养者之间的交流互动因场景和孩子的年龄（以及其他因素）不同而有所差异。当一个两岁的孩子因为牙医做口腔检查而害怕得尖叫，父母就会立刻安抚孩子。当一个四岁的孩子同样因为检查牙齿感到害怕时，他就会寻求细微的提示，那么父母就会冲他点点头或是捏捏他的手，让他放心——仅仅这样就足以让他知道一切都没问题。这是教会孩子克服恐惧的机会，让他走出去"探索"更广阔的世界，即使这里说的"探索"只是意味着保持合作的态度坐在椅子上，看看接下来要发生什么而已。而在那些令孩子倍感兴奋的场所，比如海滩，就很难讲孩子跑向父母什么时候是在寻求避风港，什么时候是需要安全基地：他跑向爸爸是因为想要拿着五颜六色的贝壳和爸爸一起探索世界，还是因为海浪拍击沙滩有些吓人，所以才跑回来缓和一下呢？

如果你已经有孩子了（而不是还在期盼第一个孩子的降生），今天就花一点儿时间，从安全感圆环图示的视角观察自己的孩子。你能看出孩子什么时候处于圆环顶部，什么时候处于圆环底部吗？

> "分析女儿处于圆环的位置让我们能够辨别出她时时刻刻的需求。这让我们明白了艾米的每一个行为都是有目的的，圆环也让我们明白艾米在生活的方方面面都需要我们，无论我们在她身边还是身在远方。"
> ——埃里克和克劳迪娅，佛罗里达州

### 为什么选用圆环

我们选用圆环来描述安全型依恋是因为安全感很大程度上是关乎平衡感的。了解孩子对于自主权的需求和了解他们的脆弱之处同等重要，这些是我们希望家长学会的内容中最重要的部分。一旦家长能够辨识、尊重、认同并且平衡好这两个主题，孩子就更有可能体会到安全感：相信自己，并且相信那些他们最需要的人。

## 真实生活中的童话故事

很久以前,其实也是一直以来,在一个遥远的地方,当然也就在我们身边,每一个孩子都需要被环绕在安全感之中。有了安全感的包围,我们对于世界的好奇心便开始萌芽。因为我们确信有愿意帮助、陪伴自己的人,便可以去远方探索,学习令人惊叹的本领,掌握全新的技能。我们是如此热爱探索,因为我们内心深处一直都知道最在乎自己的人会欢迎我们归来。就像是从神奇的泉眼汲取泉水一般,我们从这位重要人士身上汲取了爱和鼓励。于是令人惊奇的世界便在我们面前展现了新的可能。尽管我们乐于探索这些新的可能性,但无论走得多远,我们都会回望,确保最重要的人一直都在,因为这是有关探险与爱的故事。

知道最重要的人一直展开双臂欢迎我们回去的安全感给了我们勇气和自信去闯荡世界。因为我们确信如果独自面对世界变得困难,深爱的人能够且欣然提供帮助。

在需要帮助时获得帮助令我们探索世界的过程变得有趣,我们便能学习在世界立足,所以我们便可以来去自由。我们知道有些人肯定会守望着我们,一直准备好迎接我们回家。这种联系教会了我们最重要的一课。

故事终了。

也许我们还可以说:"故事开始。"

## 互不相同却不会分离

如同苏菲所展示的那样,孩子在生命之初会通过寻求与其他人的联系发展出健康的自我认知。正如我们先前提到的,发展心理学家已经一次又一次地观察到,人类通过与他人之间的关系学习自己是谁,并通过理解"我们"和"他们"来加固未来的情感生活。这阐明了我们一生都试图平衡的一个问题:应该如何在拥有亲密关系的前提下不丧失自我呢?应该如何既保有自我又不会失去加入"和"的能力呢?怎么能知道什么时候要靠自己,什么时候要寻求他人帮助呢？当孩子同父母共处，他们便会开始学习这种平衡，因为他们需要接受父母的帮助来调节自己一直在变化的心理状态。孩子知道如果妈妈对于自己的心理状态转变足够敏感，妈妈就知道什么时候要给予安抚，什么时候要给予鼓励。这种转变从未间断，这就是为什么圆环或是椭圆那种连续的线条看上去如此适合我们。这也是我们第1章提及的小蕾那样年幼孩子的行为方式，他们会不断地在父母身边和自己的探索进程中循环往复。

孩子在探索时与坐在我们怀里时一样地需要我们。

### 情绪调节

情绪调节也一样。正如第1章所言，信任自己所依恋的人的经历有助于我们学习调节情绪，让他们帮助我们调节情绪，然后一起调节情绪（所谓的共同调节）的方法让我们最终学会如何自己调节情绪。贯穿童年（事实上也是贯穿一生）的依恋，很大程度上来讲就是辨别什么时候靠自己，什么时候寻求帮助。如果没人支持、激励我们对于世界燃起的强烈兴趣，我们又怎能管理好自己的热情和好奇心呢？如果没有其他人帮助我们理解痛苦的感受、给予我们关怀，我们又怎能在它们出现的时候理解好这些情绪呢？毕竟这些情绪每天都会无数次出现。正是处于圆环顶部和底部的这些时刻教会了孩子如何调节情绪，如何体验情绪，如何控制情绪。我们不知道如何独自面对自己的感受，尤其是难以对付的那些。我们置身人际关系中去学习面对这些感受。随着这一过程的推进，我们学会了相信自己的感受，并且在学习关心、尊重他人感受的同时，让自身能力也有所增长。

### 抱持性环境

圆形从古至今一直被人们作为出于共同的需求、庆祝盛典、表达同情等原因而彼此联结的象征——从异教徒的宗教仪式到现代的祷告会，从守卫边界到团结社区，无论是在美洲原住民文化、凯尔特文化、古代中国文化还是其他许多文化象征中都很常见。没有比圆更能完美展现依恋人际关系的图形了。儿科医生以及精神分析学家唐纳德·温尼科特将安全型依恋产生的环境称为"抱持性环境"。在这种环境之下，父母与孩子共同承担年幼的孩子内心世界产生的难以承受的感觉，以此提供帮助。我们的良师之一，丹尼尔·斯特恩将这种抱持的感觉描述为"陪伴"，这种方式尊重困难而非克服困难——这个过程可以让家长体验孩子的经历，使之成为生活状态中常见的一部分，让孩子明白我们可以成功克服困难。最重要的是：可以在需要帮助时求助他人。

对于反映父母和孩子之间关系的现象，圆形是非常好的图形比喻：父母都会偶尔无法识别并满足孩子的需求，这种情况会短时间打破圆环，虽然可以修复，但当时的关系会变得不完整。这也让我们意识到有时没能满足孩子围绕圆环产生的需求只是因为父母失去了平衡，并不是做了什么可怕的错事。减少自责有助提升对自己的信任度，让我们可以放松清醒地看待需求的圆环指示图，由此辨别出为了恢复平衡需要做什么。

总的来说，选择圆环来描述孩子的依恋需求是因为它可以简洁明了地展示我们想要表达的内容。

### 圆环顶部：孩子对于安全基地的需求

孩子感到安全，自然就会产生好奇心，想要探究这个世界的一切。但是开始探索之前，他们需要获得我们足够的支持来满足他们走出去探索新世界的渴望。获得了家长的支持，孩子们就开始了大冒险。我们将这种提供充足支持的行为称作"加点儿油"。就如同你出门之前给车加满了油，便可以去所有想去的地方了。

我们设计安全感圆环时，花了数千小时观察孩子和父母的沟通交流，既置身现实生活，也通过录像观看，为了让父母能够区分出孩子对于探索世界的四种需求以及对于安抚的四种需求，我们将这些需求制作成图示，在下面的安全感圆环图示（见图3-2）中进行了展示。其中的区别非常细微，但是如果可以以几分之一秒的间隔暂停孩子行为的画面，其中的差别就会十分明显。我们应不断优化自身观察能力，并且对于看到孩子需求的细微变化所产生的挑战保持敬畏。父母和孩子联系紧密，因此更加敏锐，但是即使有这层个人关系让事情看似明朗,父母也无法时刻看清孩子的需求。

**在旁边看着我**

有时候蹒跚学步的孩子只需要家长站在那里,扮演一个可以依靠的角色。想象你两岁的儿子坐在地板上,集中精力玩着搭积木游戏。无论相信与否,如果你离开房间,他可能会匆匆放下手中的玩具。你在旁边神态自若地待着并不是"无所事事"。你的存在让孩子学习并探索可能性。通常情况下,孩子看到、听到、接触新鲜事物时所需的鼓励无外乎家长的注视。经验更加丰富之后,家长学会辨识出孩子对于沟通交流的需求,孩子也明白自己有需求时可以求助于家长——于是他们就获得了进一步探索的勇气与信心。

图 3-2 安全感圆环展示孩子对于避风港和安全基地的需求

**难题**:只是站在旁边。对于美国成功人士的文化认知而言,让家长只站在一旁看着而不做其他事情简直比登天还难。家长很容易就会陷入创造"高质量时光"的任务陷阱中去,于是大部分家长都会加入孩子的活动,告诉他们怎么做才是正确的,全心全意地关注孩子的每一步动作。我们担起了培养、塑造、看护、哄骗、教导孩子的任务,想想这画面吧。如果孩子看起来玩儿得很开心,就等一等,不要立刻加入,等着有迹象显露——他久久地看着你、对着你伸出小手或是明确地要求你加入——在此之前我们都要假设他只是希望你站在那儿看着他。

**为我感到喜悦**

有时候，孩子的需求从"只想让我们看着他们"变成了"想要我们表示出自己因他们而喜悦"。如果孩子在玩耍过程中抬头看着你，你温暖地报以微笑，和他们眼神交流，孩子就会高兴地扭起来，或是也报以微笑然后更加兴致勃勃地玩了起来，你就知道她是想要你为她喜悦。孩子在越小的时候知道你因为她而感到喜悦，她就会越自信，自尊心就越强烈——因为她知道生命中最重要的人认为她很重要、很可爱，不为别的而只是因为她就是她。

**难题**：了解"因为孩子本身喜悦"和"因为她做的事而感到喜悦"之间的差别。这两者都重要，但是对于孩子的成长来说更重要的是知道自己不是因为得了小红花、打出本垒打或拿到 A+ 成绩才是好孩子。有时候"为我喜悦"的需求恰恰能够以非语言的方式获得最大的满足，要避免用"好孩子！"或"干得好！""积木搭得真好！"夸赞孩子的这种冲动。如果你想要通过语言表达自己对于孩子所做之事感到的兴奋激动，问问自己是不是因为孩子达成了你在心中设想的发展目标（"她学走路可真早啊！"）而感到自豪，然后要尽力把这样的想法抹掉，试着为了你面前这个令人欢愉的小生命本身感到喜悦。如果她回头看见你眼中闪烁的光，就明白她自己是多么的重要且优秀，这是把全世界的溢美之词拿来也无法比拟的。

**享受和我一起的时光**

无论孩子在做什么，你这时都要更充分地参与到孩子的活动中去。孩子有时候想要我们参与他们的活动和探险。也许三岁的孩子想让你和他一起用毛绒玩具来一场角色扮演游戏。也许两岁的孩子想让你描述她正在做的事情："我看到你把所有的动物都赶进了牲口棚。也许外面有点儿冷了呢。"一般类似场景都可以说类似的话，比如："哇！你画得可真好啊！"孩子需要享受自己取得的成就，通过承担风险获得成长并提升竞争力，此时家长的话语以及正面评价就能够让他们步入正轨。(然而,有时为了教养孩子而给予的赞扬可能有些过火,详见第 8 章。)

对于孩子来说,"享受和我一起的时光"常常意味着父母能通过他们的眼睛看世界,为他们讲述眼中的世界。这不仅能帮助他们提升自我价值认知以及成就感("对啊,我真的很擅长这个,而且他注意到了"),同时也促进了他们对于内心世界运转法则的理解。如果爸爸说,"这个小熊特别软,摸起来很舒服,对不对?"孩子就知道爸爸看到的就是她看到的,只不过她和爸爸的思想各自独立,所以有时候爸爸只能猜测她在想什么。孩子因此明白人们会有类似的想法,但是这些想法不完全相同。这样的"心理理论"对于构建自我意识至关重要,可以帮助孩子获知他们和别人之间的差异(以及相似之处)。能够通过他人的视角看待事情是产生共情的基础,能够将自己的语言和内心世界的体验契合便可以获得内心世界的健康发展。

> 如果看到孩子垂头丧气,你就要停止自己的行为,因为你已经过度干涉了孩子的行为;或者你应在注意到孩子情绪低落后及时退出,因为你已经开始要求孩子按照你说的去做了,这些都属于我们常说的"裂隙与修复"(如果圆环因为父母一些难以避免的小错误而破裂,那么父母就要靠敏锐的感知去修复,证明他们知道自己犯了错误)。即使年幼的孩子也会渐渐明白这些"错误"就是人类的一部分,没有人是完美的,而且最重要的是父母足够关心重视这件事,因而可以注意到并改变自己的行为。

**难题**:知道如何分享并享受参与孩子的活动,却不掌管全局。我们见过孩子玩到一半就灰心丧气的情况,因为他们本来玩得很尽兴,大人却不甘在一旁看着而是干脆直接加入或是不顾孩子的想法就问东问西。如果孩子变得安静或是不再参与,你就要意识到自己可能插手太多了,而且要向孩子表明你可能无法理解他们的所有想法,但是乐于了解实情。独立思维的益处会随着孩子长大逐渐显现。(为什么孩子在青春期会疏远家长,甚至逆反?其中一个原因就是他们真的需要自己的想法和思考得到别人的肯定。如果不能尽早具备独立思维能力,孩子就会在长大成人后遇到困难。)对孩子说"你想把下一块也搭上吗?"或是"你可能是想让我想看一会儿吧"传递了重要信息:你可以提供帮助但是不会插手。

**另一个难题**:要对过度刺激负责。对孩子来说,"享受和我一起的时光"会有过度刺激的风险。即使出发点是好的,家长给予的好意也可能超出孩子的承受范围。如果孩子本来和你玩捉迷藏或是玩其他游戏玩得很开心却突然开始看向其他地方,那么她便是在试图告诉你互动交流有些过度了,她要努力平定自己。这时候,满足孩子需求就变得十分重要了,因为这表明你认为她的一切情绪和需求都可以接受。想要通过摆弄手里的玩具拉回孩子的注意力则是表明你因为她内心的挣扎也感到不舒服。孩子需要你帮助她平定情绪,一定要给她时间和空间。

对大一点的孩子而言,如果他们刚刚还玩得好好的却突然开始敲敲打打或是把玩具都打翻,也是出于和上文所述同样的原因而如此表现。如果你曾见过孩子本来被逗得咯咯笑,却突然好像十分痛苦,那么你也就见识过过度刺激是什么样子了。我们安静地待在一旁而非更加积极参与就会有所不同。

### 帮助我

孩子在探险的过程中,有时会需要家长帮助。这种情况下,爸爸妈妈的帮助要十分恰当、不多不少,教会他们如何自己处理新难题。也可能他们一直需要激励,直到感觉熟练为止。设想一个自己无法长时间保持坐姿的小宝宝,妈妈可能就会坐在他身后,用一只手抵住他的后背提供稳定支撑,于是他就能探索其他技能,比如伸手够到面前的玩具。如果他够不到或是玩具总从他的手中滑脱,他肯定会感到崩溃。但是多给他一点儿时间,他可能也会发现只要再努力一点儿(现阶段,则是需要一些帮助)就能熟练地掌握这个动作了。再设想一个蹒跚学步的孩子,她的哥哥已经上幼儿园了。哥哥有一套拼插玩具,小姑娘很想拼好这套玩具。她是那么拼命地想要跟上哥哥的节奏,却因为没有控制木头插片的良好肢体控制能力变得愈发崩溃。你可以帮她拼进去或是找个适合她年龄的拼插玩具,让她自己拼,取得一点儿小成就。然后再让她尝试其他拼图,每次难度增加一点儿。青少年在试图解决生活中突然出现的挑战时,也需要家长采取这种愿意提供帮助却又十分尊重他们的立场。有时候，只要家长表明自己愿意同孩子讨论，也支持他们的选择，这些青春期的孩子也会寻求我们的帮助，这样谈话非常有帮助。

**难题：**在提供过多帮助和太少帮助之间取得平衡。如果不给年幼的孩子提供任何帮助，他们就会总是在失败后失去兴趣，也会失去自信。他们也无法明白其他人可以成为学习对象。但是如果给予过多帮助，孩子就会不信任自己的能力，也无法创造性地通过挫折学到新技能。孩子可能也会认为没有家长的指导，自己就无法完成重要任务。这些情况都会阻碍学习进程。孩子通过不断挑战能力的极限获得成长。但是对于家长来说，在某一时刻决定是在一旁等待、让年幼的孩子艰难挣扎还是提供帮助就很困难。（而且如果决定提供帮助，那么是替他完成还是帮助他找到自己解决问题的办法呢？）即使是世界上最有天赋的老师，即使他有着敏锐的观察力以及敏感的反应力也会犯这方面的错误。有时我们只是没有时间——既没有时间帮助孩子，也没有时间让孩子自己解决问题。我们都会犯错误。

对孩子来说，搭建平台（给予孩子充足的帮助，让他们学习如何自己完成任务）是"和"这层关系带来的重要益处：如果我们提供的帮助恰到好处，
　　他们会获得自信，并且意识到这是有了我们的支持才得以实现的。

### 圆环底部：孩子对于避风港的需求

孩子需要安抚这一观点看起来再清楚不过了。孩子大哭，妈妈就会一边轻柔地说道，"好啦，好啦"，一边把孩子抱在怀里、轻轻地摇。如果一个三岁的孩子被自己一直崇拜的哥哥大吼，让她离自己的玩具远一些，小姑娘一皱眉就哭了起来，爸爸就会说道，"没关系，亲爱的，他不是真的生气了；只是因为那是个新玩具卡车"，他一边说还一边轻拍着她的小脑瓜。但是孩子对于避风港的需求并不总是那么简单。正如圆环顶部的需求一样，圆环底部的需求也可能变化细微且迅速。

孩子会在疲惫、害怕、饥饿、不适或是情感油箱空了的时候来到圆环底部。

这时候，孩子就需要家长欢迎他们回来。我们需要给孩子情感的油箱加满油，提供全力支持，让他们回到探索世界的冒险旅途中去。

**保护我**

这样的需求看似十分明显，不需多言。但是事实上并不是这样，家长不是只需保护孩子不受到身体、精神以及情感上的伤害就够了；我们还需要向孩子传递出信息，告诉他们我们会努力保护他们，他们也可以依靠我们。设想你没有自我防卫能力，那个应该成为你抚养者的人只在某些时刻帮助你克服困难，其他时候都置之不顾，你感觉如何？或是那个人在你遇到了恶狗的时候保护你，却在你遇到了曾经欺负你的人因为害怕而退缩时嘲笑你，你感觉如何？或是他把保护你表现得像是令人生厌的琐事一般，你感觉如何？如果你的抚养者是这样，即使坐在自家温暖舒适的客厅，你可能仍会觉得自己受到了威胁，因为你知道一些不好的事情随时可能降临。结果你只得一直保持高度警惕，让皮质醇在血管中快速流动，因为承受过度压力而受到身体的损害（正如我们在第1章所言）。

面对这个全新的、复杂的、有时还会有些吓人的世界，即使孩子所展现出的恐惧不是那么明显，也一定需要别人陪伴她、保护她，因为她还没明白那种叫作恐惧的感觉是什么。如果抚养者能够察觉到孩子对于外界帮助的细微暗示，能够在她面对危险时陪伴她，就能带来她所需的抚慰，而这份抚慰正是建立安全感的基础。

**难题：**还要重申的就是平衡。在孩子恐惧时给予他们帮助十分重要，哪怕家长知道其实没什么可害怕的。因此，无论是孩子没有能力保护自己还是没意识到危险的存在，家长除了需要保护孩子免受伤害，还要帮助他们在恐惧侵占内心时调节情绪。有时候孩子面对新鲜且/或是可怕的事物时（比如在操场上遇到好争吵的大孩子、家里来了从没见过的大人、上学前班的第一天、第一次在没有爸爸妈妈的看护下玩耍、做身体检查），只需拉近距离或是把一只手放在孩子的肩头就能够给予他所需的保护，而且这样做也没有传递出令孩子感到恐惧的警示，否则他可能一生都会对新奇事物感到恐惧。家长要避免自身的恐惧影响到孩子，因为这等于告诉孩子他的亲身体会是错误的，这和嘲笑他所恐惧的事物有一样的效果。婴儿大哭不是因为需要更换纸尿裤或是因为饥饿，而是因为害怕才哭，如果你能明白这一点，孩子就具备了足够的信心，知道在他需要的时候你就会在身边保护他。

### 安慰我

孩子面对各种忧虑时都需要得到安抚。他们在面对这个令人迷茫的世界时会疲惫、饥饿、受伤、害怕、孤独、气馁或是困惑，因此每天都需要家长多次给予温柔的安抚。无论是给孩子喂饭还是帮他们清理伤口，孩子年龄越小就越需要家长充满同情心的安抚。发自内心的动作会告诉孩子，你不只是帮助他们缓解身体上的伤痛，还会接受他们的情绪，帮助他们调整感受。这就是为什么许多抚养孩子的专家都强烈建议在喂饭时将孩子抱在怀中，和他们亲热地进行眼神交流，而不是在另一边看电视或是查看邮件。再次重申，孩子是在他人的照顾下学会克服痛苦感受的，因此她要冒险进入那个有时势必会让她感到不适的世界中，但同时她也懂得了自己可以寻求他人的安慰，这会让她在建立良好的互惠人际关系方面受益终身。

**难题**：在"我们"中保持"自我"。这里想说的是，家长要理解孩子的情感经历并与其产生共鸣，但是不要把这个当作自己的情感经历。很多时候家长为了传递自己和孩子之间的共情联系而会深陷其中，尤其是身为家长，本能会让你去体会孩子的感受。非常重要的一点是让孩子明白情绪是他自己的，但也可以从关心自己的人那里得到帮助。家长要按照丹尼尔·斯特恩所说的那样表现出和孩子类似的"情感状况"——我们的面部表情、声音、肢体语言、触摸都要依据孩子的感受做出调整，也要避免将自己因为孩子的感受而产生的痛苦强加在孩子身上。因为痛苦而大哭的婴儿不需要家长也跟着痛哭作为回应，只需要你表现出悲伤，温柔地抚摸她，轻声细语地诉说你很理解她的感受，这样孩子就会认为："嗯，你的确理解我的感受，我不是一个人在承受。我也明白了这种感受可以传递，也可以信任。"

**为我感到喜悦**

圆环底部有两种喜悦。第一种是孩子觉得需要给情感油箱加点油，于是找到你或是跑向你，而非因为她感到痛苦。这看起来像是一种重新加油的过程。她可能会浅笑着飞快地跑来，2秒之后就又回到圆环顶部，准备好探索世界了。

处于圆环底部的第二种喜悦是孩子感到沮丧或是情绪失控时，家长悉心地帮他们减轻痛苦。痛苦尖叫的小宝宝耗尽体力，不知道如何让自己放松下来，想要为他感到喜悦可不容易；因身体控制能力不够好而无法操控玩具或学习骑车的3岁孩子感到崩溃挣扎，想要为他感到喜悦也不容易。但是即使他们陷于痛苦之中，孩子仍需要我们为他们感到喜悦，可能尤其是在痛苦挣扎时，他们才更需要我们替他们感到喜悦，但并不是非常喜悦的那种程度（因为会有嘲笑他们的嫌疑），而只是"即使事情

> **喜悦→积极的人际关系→爱**
>
> "为我感到喜悦"是唯一一种既在圆环顶部又在底部存在的需求。无论孩子正在探索世界还是需要家长靠近，真的为孩子高兴的家长都会和孩子生发出积极的人际关系，于是孩子的安全感就会增强，同时也会播撒下与情感伴侣发展亲密关系这项能力的种子。理解积极情绪可以和至爱的人分享，并且让这种感受可以持续下去的开端便是看着爸爸妈妈的眼睛时所体验的快乐、好奇、喜悦。有些人将此称作"坠入爱河"。

看起来不那么顺利，我依旧非常爱你"这样的喜悦。你可能会想起某几次当你非常沮丧时，给你安慰的人（伴侣、挚友或是兄弟姐妹）不仅会理解你的情感状况，也会报以淡淡的微笑，让你明白即使你很痛苦，他也仍然很爱你。在这样的时刻，你的身心便一下子放松了。面对孩子的痛苦时，有时你需要非常镇静，但是能够在孩子痛苦或需要帮助的情况下感到喜悦，表现出慈爱（即使不那么显而易见），那就是给孩子最棒的礼物了。这样做隐藏的信息是"我知道你很沮丧，但我很爱你，这些都会过去"。如此炙热而有信心的样子对于孩子来说便是极大的安慰。

**难题**：重申，不可过度。面对易怒或是乱发脾气、行为失常的孩子，家长展现出喜悦的前提是展现自己理解孩子的感受。如果我们对着难过的小宝宝低

语时咧着嘴笑个不停，或是想要戏谑地逗笑沮丧的孩子，孩子很可能会认为我们不理解他们的感受，或是我们根本就不想理解；孩子会认为我们只想让他们赶快停止现在的状态，而且对他们不了解、不关心。令人难过的是，基于我们三人的临床经验，家长常常会将太过强烈的或是难以理解的感受同孩子隔开。我们想要"快乐的宝宝"这种需求可能会暂时将孩子从悲伤中拉出来，但是这也等同于告诉她有些感受不能分享。

**帮我管理情绪**

正如第 1 章所述，情绪管理是人类需要学习的一项重要技能，由安全型依恋（在圆环范围内）孕育而出。情绪于我们而言价值巨大，可以作为展现需求、期望、价值标准的信号，因此具备体验、理解、相信、分享情绪的能力十分重要，管理情绪的能力也十分重要。如果情绪完全控制了身心，整个人的状态也会变差。如果表达情绪不当，我们可能难以达成目标，将情绪强加于他人，缺乏理解他人情绪的能力，难以保持人际关系稳定。在早期人际关系中，学习管理感受并且接受他人的理解同情会对日后体验正常人际关系产生显著影响。

孩子带着与情绪相关的诸多技能来到这个世界，但是他们却不太能理解这些情绪意味着什么或是如何控制情绪。这便解释了为什么孩子需要家长帮助他们调节情绪，然后逐渐教会他们如何自行调节。尽早开始这一过程很重要。设想一个受到惊吓的婴儿，她的父母却认为孩子"哭闹"可以通过逗逗孩子得到解决，于是就把她抛到空中然后接住，还发出"呜哦"的叫声，认为这样孩子就会觉得有趣并且兴奋起来。可是孩子内心却会说，"嘿，你怎么了？你怎么就不懂呢？你为什么让我更害怕呢？"而且随着家长一次又一次地如此应对，孩子就会觉得一定是自己的感受"有问题"或是"令人厌

> "行为出格"（acting out）是指通过我们能看到的行为方式向外表达痛苦，如尖叫、打人、发脾气等。"向内表达"（acting in）是将痛苦向内表达——退缩、抑郁，以及在青少年时期，以外界不易察觉但明显有问题的方式将痛苦发泄到自己身上（对自我的否定和自我伤害）。

恶"才导致她的需求无法得到满足。她会做何反应呢？随着时间流逝，她会学着麻木自己对于伤痛和恐惧的感受，再也感受不到丰富情感所传达的内容及指示意义。或者她可能会把这些感情都推开，但她心中会积累形成慢性焦虑或是难以察觉的孤独感。她的记忆中不会有任何关于自己曾经学习如何回应这些感受的内容；这一学习过程成了"程序性记忆"的一部分（请见第70页专栏中的内容）。

而且，你不是必须要"喜欢"孩子的情绪。你不必享受他们的表达方式。但是你需要表明整体而言你能够接受孩子的感受，以此让年幼的孩子明白，和在乎他们的人分享感受是安全的。这也会有助于孩子学习有关情感的词汇。对于所有人来说，说出情绪的名称十分重要，这样我们才能够辨识出要如何回应、如何表达。没有学习如何通过语言描述分辨情绪的孩子（和成人）常常会在分辨负面情绪方面遇到问题，如无法分清悲伤和愤怒，而且会将所有的不适感都表达为愤怒。你可以想见这是一番什么场景。

> 人体是十分精密的仪器，想要按照设计正确操作，就要调节好体内不同的系统和机能，还要调整好心态（例如体温保持正常；身体依据特定功能分泌荷尔蒙，然后荷尔蒙分泌减少；饥饿感告知我们应该吃饭了）。情绪也应该得到调节，这意味着它们应该作为告诉我们要进行某些行为的信号，此后情绪的强度便会减弱。情绪（或行为）失调时，感受情绪的方式、时间点以及程度就会偏离正常值。

**难题**：猜测与陈述之间的较量。此前我们谈过看清孩子需求的重要性，而非只是猜测他们的需求。对于情绪来说也是一样的，但是在我们和孩子谈论情绪时，家长一定要表达出自己的确在努力猜测孩子经历着什么样的情绪。再次重申，让孩子知道内心的想法可以分享，对于发育中的孩子而言有至关重要的暗示意义。如果你对年幼的孩子说"我知道你生我的气了"（而不是说"我在猜你是生我的气了呢，还是对我失望了呢"），你的孩子就不会明白人们依靠猜测来尝试描述感受、讨论感受有多么重要，因而只是肯定你对于他感受的猜测。让孩子将他自己体会到的情绪以及你替他搭建起的对于情绪的理解组合在一起，可以培养孩子理解他人感受的能力。

## 为孩子建立程序性记忆

如果你能满足孩子在安全感圆环中的早期基本需求，相关记忆好像就变成了一套运转的系统，这套系统会在孩子成长过程中所做的每一件事背后不知不觉地影响着孩子。这种学习方式叫作"程序性记忆"，就像学习骑车的过程。我们可能不会记得学习骑车时的细节，但想要骑车上路时，不必每次都回忆每一步需要做什么。我们只需骑上车，就知道如何踏动脚踏板、保持平衡，然后就骑走了。年幼的孩子也会经历无数次让你安抚她情绪的过程，然后渐渐地她就会平息自己的恐惧或是慢慢不再哭泣，因为她也拥有程序性记忆的正向基础："你的安抚行为被我纳入了自我安慰的学习成果之中。"如果你对自己九个月大、红着脸哭泣的孩子说，"你生气了，一定感觉很糟糕……让我抱着你走走吧，你现在一定很伤心"，于是孩子就会程序性地学习到在她痛苦时有人会陪伴她。随着她长大，你依旧陪伴她，她看不到你，却学会了在没有你在场的情况下如何控制自己的情绪。

通过程序性记忆学习正如编辑一本书。如果这本书的内容是充满同情关切的一段人际关系，那么你在此后遇到诸多其他情况时就能拿出这本书，翻开书页，自信地找到事情的原因以及解决方法。但是如果"书"中的很多书页都烧焦了或是撕碎了怎么办呢？之后在某些情况下你想拿出这本书来提醒自己应该做什么，或某些事情是怎么回事，而那些有问题或不完整的书页恰好就是你要看的内容。于是你就只能自己填补空白，结果事情就做得不够好。你游移不定，总把困惑和不适带给自己以及其他人。这就是无法管理好情绪导致行为出格或者退缩抑郁的过程。

家长要让孩子明白，每个人都有自己内心世界的不同经历，然而在分享类似的情绪时，我们可以从其他人那里获得支持自己情感经历的力量。人类任何时刻的感受都是自己独一无二的经历，我们可以使用并管理这些感受。

学习管理情绪有多重要？心理学家所说的"行为出格"或者"退缩抑郁"是在维持健康的人际关系以及运用健康的情绪表达方式的

能力有限时想要控制情绪的努力。

情绪调节失调→行为管理失调。

## 成人的安全感圆环

自我调节以及自我安抚对于建立亲密感来说至关重要。但是不同于一般人的理解，这些并不是我们天生就拥有的能力，而是在与其他关心自己的人相处过程中习得的。所以如果我们希望孩子成长为善于处理亲密关系的个体，就要看我们如何教会孩子管理自己的情绪以及自我安抚了。心理学家以及人际关系学家约翰·戈特曼（John Gottman）说，沟通协商使得人际关系得以运转。如果我们不肯沟通协商，建立亲密关系或是合作的能力就大大削弱。沟通协商需要人们能够辨识并说出感受的名称，还需要管理以及平复情绪的能力（体验以及控制复杂情绪的能力），同时还要充满同情心地考虑别人的感受。当我们逐渐教会年幼的孩子如何理解感受、自我管理情绪、自我安抚，他们一生的道路就会越来越平坦，因为他们学会了如何沟通交流，这就是家长满足孩子在圆环四周需求的本能。

安全感圆环的图解描述了孩子幼年的情况，但是实际上我们一生都会在安全感圆环上循环往复。这个过程会越来越复杂，但是对于自主权和人际关系的渴求是人类的本性。我们常常会寻求他人的帮助来开启生命中新的探索之旅，但也需要一个让我们可以从探索中抽身的避风港，通过"和"的亲密关系，为感情油箱加点儿油。有时候我们在圆环上循环往复的轨迹很明显。可能在你要和老板面谈提出全新商业计划或者要求升职加薪之前，你会和配偶或是家庭成员打个电话，让他们给你加油打气。如果你的提议被拒绝了，没有什么比愿意聆听你的双耳以及张开的双臂更令你感到安慰的了。有时候因为我们已经明白安全基地和避风港有多么重要，所以想要同时满足自己的这两种需求。可能你不得不出席心爱之人的葬礼，明白伴侣或是挚友安静的陪伴是让你鼓起勇气探知难以接受的感受，同时也是想让你从失去挚爱的痛苦中缓和过来。建立安全型依恋的美好之处就在于，我们从圆环顶部移动到底部的过程有时可以无缝衔接。从人际关系中得到了最需要的支持之后，作为独立个体的我们就可以做真实的自己。

如果有压力，试着问问自己：
"我现在处在圆环的什么位置呢？"

## 接受孩子的需求

要清楚一件事：试着解读并且敏锐地回应孩子的要求十分重要。我们坚信这是将孩子健康快乐地抚养成人的最佳（也可能是唯一）途径。但是，正如我们一再强调的，没有谁可以做得尽善尽美。没有人能够对于圆环顶部和底部的所有需求都感到很舒服，主要是因为我们都从自己的父母那里了解到有些需求就是比其他的要求更加容易接受，而父母对待我们的意图其实和我们对待孩子的意图是一样好的。有些人会更容易接纳孩子的探索以及成就；有些人会对亲密关系以及安抚行为更加适应；比起站在旁边看着孩子，有些人也许会更加享受和孩子一同置身于圆环顶部的旅程；有些人可以很好地保护孩子，但不太会安抚陷于痛苦的孩子。大家的情况都各不相同。你可能已经知道这个过程中自己所擅长的内容是什么了，如果你想进一步了解，本书第二部分的自我探索内容会为你提供更多帮助。

现在，我们先谈谈别的。没有谁能够时刻满足孩子的一切需求。有关文化的一些标准也会掺杂其中。在强调独立的文化中（如果可以这样概括的话），家长可能会不太擅长为处于圆环底部的孩子提供帮助。在更加闭塞的社会环境中（再次强调，我们不确定可以如此为整个社会定性，但是可能某些区域、部族、村落、少数民族等会有某种特定的趋向），家长在遇到孩子在圆环顶部的情况时可能会感到棘手。

"有时候会觉得使用安全感圆环的特定说法还要全家人一起做有些怪怪的，而且还需要反复练习才可以，但是我们对于采用圆环越来越坚定了，因为真的有效。现在可能换了其他说法会显得很奇怪。目前我已经和孩子使用圆环的说法交流了（而我之前只有和其他学者交谈时才会使用）。现在我和孩子一起时，我会说出我看到的东西的名字，而且尤其爱说'很高兴你回来看我啦'。

我仍在继续练习，但是有时候仍会觉得少了点儿什么，直到发现我面临的最大的挑战之一（但也是回报最大的事情）就是弄明白自己处于圆环什么位置。"

——蒂娜·默里，澳大利亚

想一想你会在什么位置感到困难。什么情况下，你不想和孩子一起经历某件事？什么可能是你会觉得尴尬的情形？或是"无语"的情形？如果你将这些视作在安全感圆环周围发生的情况，你会对自身依恋倾向有更好的理解吗？比如，我们发现有些家长常常难以理解孩子回头望向他们是在寻求探索世界和自主权的许可。孩子想要探索世界的需求需要在一开始得到家长支持，这个过程只有百万分之一秒，我们很可能会错过。等到我们允许的时候，孩子可能会犹豫很久，然后决定不再继续探索。在圆环底部最常见的问题是孩子置身一些社交场景时的恐惧会给家长带来不适。你是否见到过家长带着孩子参加其他孩子的生日宴会时，孩子没有加入其中而是紧紧地抱着家长的大腿不放那种仿佛很丢脸的情形呢？遇到这种情况，家长可能会想要让孩子快速融入而把他推开，而未能辨识出孩子需要保护、安抚以及再多出一两分钟做出情绪上调整的需求。如果事情按照后一种情况发展，孩子最终就会融入其中；如果我们不给予安抚，他可能在整场聚会中都很煎熬。辨识出孩子的需求也可以帮助家长了解孩子独特的个性，帮助家长预知某些需求。例如，慢热的孩子和大胆且适应性强的孩子需要的关心就不一样，但是如果家长很外向而且善于社交，就会觉得沉默寡言的性格十分陌生，不知道如何采取行动。或者，如果家长很安静又内向，孩子的个性却十分强硬，家长可能会觉得不知所措或是难以招架。圆环可以帮助我们找到一种理解孩子独特需求的方式，同时还能理解自己的需求，也能帮助我们恰当地回应。

在圆环任何部分都能够得到家长帮助的孩子会更加稳定地与家长建立依恋关系，并且在面对生活中的挑战时适应力更强。

通过我们对于孩子在圆环顶部和底部需求的描述，你可能发觉总想把所有事都做对并不是我们的目标，你可能也发现了我们在满足这些需求时面临的挑战。我们寻求的是平衡。下一章的主题就是如何以此为目标。

# 成为圆环上的双手

九个月大的马克斯坐在妈妈面前的婴儿椅上,开心地玩着撒在托板周围的麦片,他偶尔会用小手抓起几片,往嘴上拍去,却只有少得可怜的几片进到嘴里,其他的还是散落四周。无论麦片最终吃没吃进嘴里,达娜都高兴地对他微笑着,并且配合着小家伙成功时睁得大大的眼睛、咧着嘴笑的表情。达娜基本上只是在一旁看着,偶尔低语"哦,真好吃啊,对不对"以及"真美味啊"或是"嘎嘣脆"!

有时候小宝宝会扭个不停,对着托板敲敲打打,以至于要把麦片撒到地上了。然后他就好像受到了惊吓,不再看向妈妈。他第一次如此表现的时候,达娜试着把他哄回来继续吃饭,就说道:"嘿,亲爱的,怎么了?还有好多麦片没吃完呢!"马克斯会扭来扭去地看向其他地方,就是不看妈妈。达娜就停下来,压低了声音,然后说:"好吧好吧,没关系。吃得开心了对不对?"然后她就这样等着。

几秒钟之后,马克斯就转回了头,看着妈妈柔和的目光还有浅浅的微笑。于是他也报以微笑,继续吃麦片。达娜今天很闲,所以她陪着儿子吃麦片吃了半小时,看着他在屋里看这儿看那儿,观察自己的手指,把她放在托板上的玩具拿来玩耍。她时而享受和儿子一起玩耍，时而给他提供一点儿帮助，比如在他想要抓住麦片却够不到时轻轻地把麦片推得离他手近一些。渐渐地，马克斯看起来玩腻了麦片，就开始把玩具扔出托板。达娜也陪他玩，嘴里说着"哦呼"，然后去把掉落的玩具捡起来。很快，马克斯就越玩越疯，开始一会儿大喊大叫，一会儿哼哼唧唧。达娜也越玩越夸张，把玩具扔起来接住再放回托板。马克斯哭了起来。最终妈妈说道："好吧，我的宝贝，对不起。我玩儿得太过了，是不是？我想你现在应该是玩儿够了。"她抱起儿子摇着他，看着他的眼睛低语道："宝宝你是不是困了？困了，对吧？"于是她轻柔地摇着手臂。马克斯在妈妈的怀抱里放松下来，眼睛也慢慢闭上了。

在这种典型的母子相处的场景中，达娜看似没有采取过多的行动，但是实际上她一直密切关注着自己的儿子，注意到了他想探索摆弄麦片的需求以及想要静下来得到妈妈安抚的需求。她让自己的行为和儿子的体验协调一致，满足他的需求，但是在必要的时候也会掌控全局。她向我们展示了成为圆环上的双手的含义。

想要成为圆环上的双手就要从敏感细腻的回应开始，和孩子建立一种牢固的、共情的联系，也就是我们所说的"陪伴"。陪伴是建立安全型依恋最重要的几个方面之一，也是我们可以送给孩子的最强大的礼物之一。在我们试图满足孩子的依恋需求时，陪伴就是时刻为我们指明方向的指南针。当家长了解自身的首要目标是圆环上的陪伴需求，就能避免对孩子想要从自己这里得到什么猜来猜去的过程。这将指导家长提供孩子在圆环底部所需的接纳和安抚以及在圆环顶部所需的支持和鼓励，让家长明白何时需要掌管全局。

我们都听说过那些指导家长成为敏感细腻的抚养者的专有名词："宝贵时光""步调一致""全神贯注"（每个词本身都意义重大）。然而，多年后我们发现"陪伴"这个简单的名词在家长想要满足孩子在圆环上的需求时，为他们提供了简单易行的关注点，让家长的精力得以集中。陪伴是在实际生活中了解他人的方式，也是守护爱的直接方式，这等于是在说"我很在乎你的需求，我尊重这些在圆环上的需求，而且，我还想了解你正经历着什么，我关心你的感受，我时时依据你的不同需求和感受给予你陪伴才是最重要的"。

在达娜和小家伙每天的沟通交流过程中,她都会努力协调自己和孩子对话互动时的情绪以及能量水平,获得与孩子的契合。普通一天的普通半小时,达娜和儿子建立的联系因母亲切身体会了儿子的需求和感受而产生了勃勃的生机,有助于孩子的情感发展。这种一对一的联系,即陪伴,让孩子第一次有了归属感,不仅仅是对于挚爱的父母有了归属感,也在这友好开放的世界中找到了归属。对于在生命之初便感受到自己置身于友善世界中的孩子来说,随着每一次人际交往,他们获得快乐与成功的概率便随之增加。

## 人际关系的质量关乎一切

我们相信,我们通过安全感圆环描述的依恋以及孩子的健康发展都取决于人际关系的质量。人际关系的质量涉及很多方面。正如我们强调过的,**情绪调节**是核心问题。达娜向我们展示了家长帮助孩子掌握情绪调节技能的过程。马克斯发脾气时,她就安抚孩子,以此告诉孩子这样的感受完全没问题,只要妈妈提供一些帮助,这些痛苦就会过去。即使孩子只有九个月大,达娜也已经帮助儿子调节了情绪,允许他在玩得太兴奋时转过身去让自己平静下来。家长通过陪伴提升孩子的情绪调节技能,陪着孩子经历圆环上的每个位置。扮演圆环上的双手这一角色时,陪伴处于核心地位,是陪伴令这一角色的其他作用得以实现。这便是本章所要讨论的核心主题。

> 孩子知道有情感需要时,全情投入的父母或是抚养者
> 能够在情绪层面一直陪伴着自己,这便是安全型依恋的核心。

人际关系质量的另一个方面便是**掌管全局**。家长对于安全感圆环上的双手的理解应该再加上一条格言:"只要可能,就要满足孩子的需求;如果必要,就要掌管全局。"圆环上的双手肯定是要满足需求,并且对需求有敏锐的感知。我

们强调自己一直都在，强调自己感知敏锐是想努力成为孩子可以依靠的人，可以掌管全局。对于孩子来说，家长具备敏锐的感知力十分重要，但是陪伴并不意味着在孩子年龄太小而无法处理事态时家长不予介入。大声啼哭的小宝宝不会仅仅因为抚养者坐在一旁充满同情心地低语就不再大哭，也不再痛苦。我们需要介入，运用成人的技巧以及经验来掌管全局，把孩子从失控的局面中拉回来。家长还要辨识出孩子什么时候跨越了界限（或是想要跨越界限），什么时候想要我们通过掌控全局展现出自己能够保证他安全的能力。达娜在她认为抛接游戏该结束了，而且马克斯需要休息一会儿的时候就做到了这一点。陪伴孩子让她理解了孩子的感受；通过陪伴，她向孩子传达的信息是：他的感受完全正常，他身边有人愿意且能够帮助他。我们告诉家长，他们作为圆环上的双手就要更加高大、强壮、智慧且友善。家长和孩子相处的每时每刻都提供了在满足孩子需求与掌管全局之间做出微妙调整的机会。陪伴并建立安全型依恋不意味着总要做"老好人"，不是没有理由的温柔，而是告诉孩子"我会满足你的需求，也会掌管全局，同时保证你的安全，你可以依靠我"。作为圆环上的双手，陪伴和掌管全局对于孩子来说同等重要。关于更高大、强壮、智慧且友善的内容会在本章后半部分介绍。

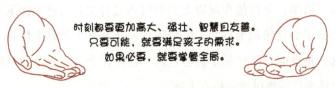

**图 4-1　作为圆环上双手的父母**

影响人际关系质量的第三个重要的方面就是**反思**。我们是人类，这句话翻译一下就是：我们都会犯错。想要一生都享受持久且令人满意的人际关系，就要能辨识出错误，承认自己犯了错误，并且抚平这些错误带来的伤害或消除它们带来的误解。完美不仅仅无法实现，还会妨碍我们同自己爱的人建立紧密联系。设想一下：两个渴求完美的个体可能永远都无法完全结合在一起，因为只要两个人距离太近就会不可避免地显露出人性的某些缺点。不承认自己的错误且无法消除误解、修补情感的人会让另一半觉得自己不被理解又孤独。孩子需要看到那些抚养自己的人就是简简单单的普通人，会犯错，愿意反思自己犯下的错误。那些能够接受自己不完美的家长给孩子上了最重要的一课。因此，作为圆环上的双手很大程度上是家长向孩子展示反思自身错误并改正的能力。

作为家长，无论是有意的（因为我们真的要接重要的电话，所以让孩子自己哭的时间更长一些）还是无意的（我们太累了或是压力太大了，因此感知不那么敏锐了——这时常发生），我们常常会脱离圆环的轨迹。这就是我们所说的**裂隙**，也伴随着**修复**，这并非可有可无，反而对孩子十分有益。有时候孩子想要寻求联系，你却厉声斥责孩子或是忽视她，之后你意识到了自己已脱离圆环，便说道，"哦，对不起，亲爱的，我今天脾气有点儿不好，"说着就把她抱起来然后亲亲她，你便是在向她展示人们都会犯错误，这并不是世界末日——对于年幼的孩子来说，世界就是她与你建立的关系。你建立的裂隙与修复模式能够提升孩子的自我反思能力，为她此后一生建立良好的人际关系铺平道路。

> "以圆环的方式进行思考的优势便是你一旦进入圆环轨迹，即使脱离了轨迹，也总能找到回归正轨的方式。无论回到的是哪个位置，只需找到一个突破口，直接进入就好。如果你准备好了'成为提供支持的双手'，便可以直接回到起点并重新开始。"
>
> ——蒂娜·默里，澳大利亚

陪伴孩子并不意味着步调绝对一致；掌管全局不意味着你永远都不能说对不起。承认即使是家长也会犯错误，而且要为了修复裂隙做出必要的努力，都是作为圆环上的双手必须要做的，如此才能够陪伴孩子并掌管全局，这些内容也是本章的第三个话题。

如果我们可以从教养孩子的词典中删除一个词语，
那这个词就是"完美"。

## 陪伴孩子

陪伴孩子十分简单却又影响深远。这是全世界最简单的一件事，可有时也是最难的一件事。陪伴孩子其实很可能是你大部分时间都在做的事情，因为陪伴是自然而然的，正如孩子饿了你就会给她喂饭一样。达娜全身心地陪伴马克斯在宝宝椅上玩耍向我们展示了陪伴的场景。她（大部分时间都）没有指示孩子应该做什么，她坐在那儿的时候没有一直看手机，没有忽视马克斯情绪的转变。也许最重要的是她没有拒绝马克斯的感受，让他做了自己想做的事情，也没有以任何方式惩罚他（哪怕仅仅是翻个白眼或是无奈崩溃的叹息——宝宝会注意到这些，因为他们的感知十分敏锐）。

还记得在第 2 章我们描述的苏菲在学步车里面歪歪扭扭地走路时，她和汉娜相视一笑的场景吗？这就是陪伴。汉娜满足了小宝宝在探索如何行走、探索周围环境时产生的"为我感到喜悦"的需求。她们二人协调一致，因喜悦产生的共鸣十分明显。相信你已经在很多场景中见识过这种共享的喜悦（一种父母可以毫不费力地感受到孩子的惊异与快乐的方式，并将其回馈给孩子），如果你已经为人父母，那么你也体验过了。

> 不要拒绝和孩子一起感受快乐。研究表明快乐的婴儿在两岁时会更加乐于合作。神经心理学家阿兰·肖勒指出共享快乐也会加速婴儿的大脑发育，是自尊产生的基础。

但是，陪伴也会变得困难：如果孩子生气、沮丧或是悲伤，我们要做何反应呢？劝阻孩子不要做出某些行为以避免她产生难过的感受，于是我们也不会感到失落无助，我们能这样做吗？我们能否确定这些不好的感受不会伤害孩子（或我们），而且这样的情感经历会让孩子受益良多吗？如果我们疲惫、压力大、完全失去耐性怎么办呢？我们能够一直了解他们的情绪吗？

当然不能。没有人能够时刻陪伴，并且陪伴得永远恰到好处，大家也不用去尝试。**欢迎加入我们的行列。**

我们能做的就是在和孩子相处的时刻尽力实现最好的陪伴。尽管有时候很困难，但是知道孩子经受了多少困难才得到家长的陪伴实在是偌大的激励。陪伴是满足孩子在圆环上全部需求的渠道。孩子从圆环顶部来到底部，然后又很快回到顶部，一天当中会反复多次，所以有时你根本不会注意到，也没能跟上孩子的步调。在孩子感受失落时陪伴他，告诉他有人陪伴着他，体会着他的感受，他就能摆脱坏情绪。孩子能够通过长时间的体验明白这种坏情绪是什么，是什么触发了它，甚至懂得其对于生存而言的重要性。最重要的是，他明白了自己情绪不好时也有人陪他："我可能不喜欢这样的感觉，但是我之前体会过，还是我信任且深爱的人陪着我共同经历的。"如此，坏情绪也不是那么势不可挡，也不是必须避免的。每种感受，甚至是带来痛苦的感受，都形成了分享相伴的过程和信任的回忆。

> 管理情绪的能力有助孩子管理他们的行为。

从孩子一出生便形成且贯穿童年的陪伴模式为孩子建立了受用一生的坚实情感基础（请见第 82 页专栏中的内容）。陪伴孩子时，家长为孩子树立了同情他人的榜样，因此帮助孩子提升了此项技能，而这项技能对于处理人际关系至关重要。拥有强烈同情心的孩子长大成人，别人会更喜欢和他们在一起，因为他们能够带着理解迅速回应他人，而这种理解来自相同经历的分享。这样的理解促成了稳固的人际关系。家长陪伴孩子产生的影响的确会在后代身上有所体现。

每个人都遇见过保罗那样的人。他就是那种从陌生人中走过就能认识很多新朋友的人。如果你问这些人，只是和他们打了个照面的保罗哪里如此吸引人，大部分人都会说，"他看起来就是对我十分感兴趣"或是"当我们介绍自己的时候，他没有越过我的肩头看向下一个人，就好像他根本不需要记住我的名字或是我的长相，反正我们以后也不会再见了"或是"看起来他对于自己的成就是那么谦虚，而这恰恰让我更想继续听他讲下去，不像那些一见面就好像一边脸上印着简历，另一边脸上印着自己的人脉关系网的家伙"。对于保罗而言，这种建立联系的能力就好像是天生的。他说："我不知道，我真没思考过这些。我觉得和人相处就应该这样啊。"

在保罗还是个婴儿的时候，抚养他长大的奶奶就已经为他建立联系的能力播撒下种子。正是在他生命的前几年，奶奶为他创造了抱持性的环境，而这正是他现在处理其他人际关系时为别人创建的抱持性环境。事实上，那些有机会见到保罗三岁儿子的人也不会惊讶于为何小男孩即使在爸爸和其他大人说话、注意力不在他身上时，却也没有感到不满，仍然表现得很友善。

### 再怎么样也不会宠坏一个婴儿

有时候家长害怕过多关注孩子的情绪会让他们变得脆弱、以自我为中心或是提出过多要求。如果你告诉孩子他感觉不好的时候整个世界都要停止运转了，这样的确会宠坏他。但是婴儿却需要有人这样。在他们生命开始的第一年，每天都需要父母无数次安抚他们的情绪、逗他们开心、用行动告诉这些小家伙他们的重要性，尤其是对于某些人来说他们非常重要。这样他们就会明白每一种感受都可以分享，明白他们不需要一个人经历任何感受。一旦建立了这种认识，在此后生活中他们就会明白只要时机正确，他们的感受仍旧很重要，情感需求也会尽快得到满足。只要他们明白这个道理，哪怕日常生活中有些事情需要我们马上完成，暂时转移或是分散孩子的注意力也没问题。你会发现当这种信任扎根在孩子的心里，他们就会更加配合你。研究人员发现在孩子一岁之前，和抚养者的情绪越一致，他们在两岁时就会越听从抚养者的指示，也不会急于采取行动。

保罗认为自己和其他人接触时没有意识到自己的某些行为，这并非谦虚的说法，也不是因为他从自我提升的书中学来了结交朋友以及影响他人的秘诀而不想告诉别人。陪伴的力量体现在，它早在婴儿学会说话之前就能帮助他们学习情绪以及人际关系的知识（请见第84页专栏中的内容）。

### 陪伴的机制

英国儿科医生兼精神分析专家唐纳德·温尼科特将任何可以让人体验真实且稳固的亲密关系的抚养关系称作抱持性环境。换句话来说，抱持性环境中，父母或其他抚养者能够陪伴孩子经历她所有内心世界的体验（至少有时候可以），并且在孩子学习有关情绪的指示时令她感到安心，让她知道自己与别人相互联结。安全感圆环实质上就是一个抱持性的环境，这个概念非常强大。一些家长试着学习如何与孩子建立安全型依恋时，治疗师会为其建立抱持性的环境，如此才能进行安全感圆环干预。处于抱持性的环境让难以实现的事情产生可能。

说得简单一些：陪伴孩子就意味着满足他的需求。达娜的表现正是如此，这看似是一个十分顺畅的过程。她看着并感受着孩子的感受，据此做出反应，然后继续观察有什么变化，因此她几乎能做到时刻迎接另一种需求的转变。没有什么"第一步、第二步"这种步骤。然而，如果我们认真观察，会发现陪伴也是由几个元素组成的：

- 协调一致。
- 共鸣。
- 接受。
- 抱持。
- 对于需求的恰当回应。

陪伴不是技巧，而是一种心理状态。

**协调一致**说起来容易做起来难。当孩子太小，甚至还说不出那些感受的名字时你能明白孩子当时的具体感受吗？除了立刻跑来孩子身边，你可能还要习惯她发出的独一无二的信号，告诉你她是伤心还是生气，开心还是好奇，或是产生了其他情绪。虽然总要猜测，但是随着不断练习，家长读懂孩子情绪的能力就会提升。我们都见过初为人母的妈妈看着自己三个月大的孩子就知道孩子是崩溃恼怒，而非恐惧。我们也见过初为人父的爸爸说道，"哦，她现在就想让我抱着她，如果我把她放在床上，她会伤心的。"他已经同孩子的需求协调一致了，所以能够看到其他人所看不到的细节。当然相反的情况也会发生。大多数时候都能精准解读孩子感受的家长有时也会因为自己陷于某种情绪而对孩子感到愤怒，并说道，"你为什么这么伤心？你想要我做什么啊？"而孩子只是想看看平时会让自己觉得安心的面庞而已。

### 婴儿是如何学会陪伴的

很难想象来到这个世界只有几个月甚至只有几周的小宝宝能够仅凭爸爸妈妈对他的伤心、生气、害怕、喜悦或其他情绪做出的反应就理解情绪这种无形的概念。妈妈咕哝着："哦，好伤心，好伤心……可怜的小丫头。"或是爸爸低语道："哎，刚刚有没有吓到你？太大太吓人了吧？"小宝宝可能甚至还不懂这些词语的含义，他们却能够学习有关情绪的词汇，并且了解如何管理情绪，甚至是非常强烈的情绪，这些孩子是怎么做到的？孩子们只有置身人际关系之中才能学习管理情绪，他们无法自己学习。通过陪伴，家长可以用行动教会他们这项重要的技能。

你有没有过凭着直觉做一些事情或做出回应，却有人问你"你怎么知道该怎么做的"类似的经历呢？如果你回答说"我不知道啊，我都没多想"，那么你就明白小宝宝是如何通过陪伴学习有关情绪的知识的了。卡伦·莱昂斯 – 露丝（Karlen Lyons-Ruth）以及"波士顿改变过程学习小组"所创建的术语"隐性关系认知"描述了小宝宝如何在不使用语言符号的情况下获知怎样同他人合作。早期同抚养者的沟通交流教会他们如何就依恋需求进行协商以及如何依靠他人帮助自己调节情绪（如第 3 章所述）。这种隐性关系认知也叫作程序性记忆，这种记忆早在小宝宝学会说话之前便已经存在，在他们学会说话之后表现得像是本能。正如我们第 3 章所言，这个过程就像骑车——感觉就是"事情本应如此"。精神分析学家克里斯托弗·博拉斯（Christopher Bollas）30 年前曾说道，"我们在学会说话之前就先学习了语法。"博拉斯使用了"未加思考的习得"这一术语来描述隐性关系认知或是程序性记忆这一过程。陪伴是我们保证人际关系质量足够好的方法，并由此教会小宝宝有关情绪的知识（这些情绪都是什么，它们各自的含义是什么，以及如何管理这些情绪）。

诚然，并非所有隐性关系认知都是有益的。若是婴儿认为有些感受不被接受、有些情绪会让人崩溃，或是让别人发现自己的情绪没什么好处，他们长大后就会认为"事情本来就是这样"。你是否认识某些人，他们没有情绪波动，一向只靠自己做到最好而从不依靠他人？或是那些深陷情绪泥沼还总要依赖他人却不靠自己的人？他们的亲密关系情况如何？如果说这是因为早在学会说话之前他们就认为应该如此，是不是有些道理呢？

尤兰达带着她 9 个月大的宝宝来看儿科医生，小家伙在打针之后就大哭了起来。尤兰达觉得很苦恼就说道，"哦，不疼！一点儿都不疼！"见过很多类似场景的护士大声且坚定地说道，"不，这的确很疼！"她走出屋子时重重地关上了门。尤兰达说自己站在那里觉得很羞愧而且也很震惊：她一次又一次地质问自己，自己活了这么多年，到底为什么当时却会认为打针不疼呢？㊀

> 精神病学教授丹尼尔·西格尔这样解释道："被观察者将观察者带入自己的感受，于是二者融为一体。"听起来可能有些抽象，但是这就是人与人之间最亲密的场景。西格尔也将此描述为"感觉他人对自己感同身受"（feeling felt）。

**共鸣**是心与心的碰撞，是感觉到别人能理解我们的感受，这是陪伴最强大的一面。我们在这个过程中体会到从本书一开始就反复提及的"和"的关系。你有没有经历过和其他人目光接触，然后仿佛一瞬间你就知道对方当时的感受呢？

凯拉 16 岁时，祖父去世。在她第一次守灵时，突然有一小群亲戚在敞开的

---

㊀ 我们鼓励尤兰达自我反思，但是她质问自己的方式太过严厉。你也知道，家长都会对自己极其严苛；他们根本不需要别人来告诉他们，身为父母，他们做得还不够好。

棺材旁边说说笑笑，这看起来是那么的不真实，她觉得自己也要大笑起来。她对自己如此麻木不仁感到震惊，于是她坐得离棺材远远的，紧张又躁动不安，觉得自己近乎歇斯底里了。然后她瞥见了屋子另一头的父亲，悲伤又好笑地看着她，仿佛一下子就让她明白爸爸知道她心里是怎么想的。她看着爸爸笑了笑，觉得立刻就镇静下来了。现在40岁的凯拉说，自己这辈子都没再觉得谁能够如此理解自己的感受。

于是，这为我们带来了接受。

**接受**是协调和共鸣的产物，表示理解和同情的微笑或是反映孩子感受的面部表情，比起爸爸妈妈直接说理解孩子或表示一切正常会更加直接。根本不需要说话，即使年龄很小的孩子也能理解父母很乐意参与到她当时的感受之中。接受意味着理解孩子的感受，与之产生共鸣，并且承认这样的感受"没问题"，当然我们也的确是这样认为的。再次重申，即使是很小的孩子也会觉察出我们是否真的认为这种感受没问题，还是我们希望孩子情绪尽快恢复正常或是我们想让孩子摆脱这种感受，好让自己觉得舒服一些。

陪伴意味着体会孩子的部分感受，而非全部。陪伴不意味着我们要对孩子的感受完全感同身受，而是要帮助孩子理解我们作为人类的许多体验都是一样的，但我们仍然各自独立。我们必须强调"部分感受"中的"部分"二字。陪伴孩子的家长可能会看着小宝宝伤心的面庞，于是自己也表现得有些悲伤，默默说着自己的猜测："哦，你看起来不开心啊。不开心，我想你一定很伤心，是不是？你在这坐了太久了吗？可能你想出去待会了。你想要我抱着你吗？嗯，我知道你想。"与之形成对比的是，那些模仿孩子悲伤表情的家长可能有些太过夸张又滑稽，好像希望自己比孩子更加悲伤。你觉得孩子会如何反应？我们见过许多家长的此番表现使得孩子更加悲伤，甚至是恐惧。因为孩子会立刻认为："这个大人比我还要担忧。肯定哪里出了大问题！我被抛弃了，连这个大人都不能帮我了！"现在再来对比那些面对孩子的痛苦表现得"过分喜悦"的家长。这些家长没能让自己和孩子的感受契合，反而表现得好像什么都没发生。这样的做法就是在告诉孩子："你的感受大错特错。看到了吗？我在微笑！现在应该开心起来！对我起效的感受就是喜悦。"在这样的情况下，孩子可能就会尖叫得声音更大，想立刻远离没有解决问题能力的父母，或是越来越自闭、陷入自己的世界，因为她觉得自己得不到理解。最终她可能会学着用微笑来产生某些不十分紧密的联系，但这是装出来的。可悲的是，多年之后她可能会忘记自己伪装出的微笑。

这就带来了抱持。

**抱持**就如同它的名字：在孩子过分紧张忧虑时，带给她安全、让她得到保护。抱持可以是机体上的，但是从根本上而言是有关情绪的。抱持是协调、共鸣和接受的总和。这样看来，陪伴就意味着有人在你产生不好的感受时陪伴左右，于是你就有办法摆脱这种坏情绪。能够听到、看到、感受到这种理解和同情的小宝宝就知道她生命中至少有人在乎她，并且接受她的每一种感受；这个人会掌管全局并且帮助她找到克服不适感的方法。

感受到抱持的婴儿可以冷静地看着突然出现的陌生人拿着拨浪鼓在她面前逗她笑。感受到抱持的幼童在爸爸的陪伴下检查身体时，知道打针的时候如果感觉疼可以大叫，但是不疼之后也可以很快平静下来。再大一点儿的孩子如果看到坐在观众席的妈妈能感受到他的恐惧并且点头告诉他"我就在这里，无论发生什么，一切都会没问题的"，他就能够克服对于舞台的恐惧，在学校演出中唱好自己的部分。下面的例子可能会让你对抱持了解一二。

阿莉莎告诉我们，她的女儿出生时让她印象最深刻的交流互动过程就是医院里不同的医生对待她的不同方式。据她回忆，在分娩前的宫缩期间，医生会进入房间、戴上手套，说出自己的名字并表明检查的意图，然后为她进行内检。后来进来一位医生（她说这位医生的名字她永远也不会忘记），目光带着暖意和她对视了一下，然后轻柔地把一只手放在她大腿上。阿莉莎记得她呼吸平稳了很多，这位年轻的医生等到他认为阿莉莎放松了才开始进行下一步。有些人总会选女医生，因为他们认为女性才会理解女性的感受。阿莉莎周围这么多医护人员中，只有这一位是男性，但是他却能安抚阿莉莎的情绪，这让她感到很震惊。显然这种共情能力不是医生在医学院所学的知识，对于这位年轻的男医生来说就好像是天生的能力一般。

有大量数据表明，产妇在生产过程中的压力会使得这个过程变得复杂，而且会对孩子产生不利影响。这位年轻医生陪伴病人的能力对于经他的双手来到这个世界的小生命来说是个良好的开端。我们很感谢他的爸爸妈妈或是任何一位抚养者，能够使他不知不觉地认知到陪伴这一概念。

**对于需求的恰当回应**意味着友善地回应孩子发出的信号。用丹尼尔·西格尔的话来说就是将孩子发出信号的"质量、强度以及时间点"同你自身的信号联系起来。我们刚刚提及的产科医生就对阿莉莎未说出的需求予以了恰当回应，树立了典范。真正陪伴孩子令你不仅能辨识出孩子处于圆环的位置以及他需要从你这里得到什么，还能够辨识出其需求有多迫切、多么强烈。孩子需要你的安抚和鼓励吗？他想让你在他接触没见过、没听过、没触摸过的事物时看着他吗？当他爱上你的面庞时，想让你为他高兴吗？无论孩子的需求是出于圆环的顶部还是底部，他的需求有多迫切呢？需要多迅速地去满足他的需求呢？陪伴孩子，你便能够将他的情绪同你的声音、面部表情以及触摸相契合。你可以通过接受、分享他的情绪，叫出这些情绪的名字来帮助他明白自己情绪存在的意义。尤其是对于小宝宝来说，你用语言表达出他们的情绪信号尤为重要，因为这样他们就能够理解轻轻地哭泣就是在告诉别人他可能有些孤独悲伤，他们皱起的面庞告诉我们"刚刚发生的事情真的、真的很让我生气，我需要你帮助我！"（请见下面专栏中的内容）。第1章内容探讨了安全型依恋如何强化连续的自我认知。通过陪伴对孩子的需求恰当回应正是使连续的自我认知得到强化的途径。

### 家长乐于沟通，孩子才能表达顺畅

对于如何陪伴他人的隐性关系认知，以及随之而来的值得信任、令人满意的人际关系不依赖于语言。但是这不意味着我们不用同孩子谈论他们的体验。同他们交谈不仅可以让他们学习有关情绪和内心体验的词汇，还能够促进语言能力以及综合智力的发展。1995年，堪萨斯州大学的研究人员在进行了10年之久的研究后，发现孩子 3 岁时父母同他们交谈的多少直接关系到孩子 9 岁时在学术上取得的成就。近期的研究显示，这种差异早在孩子 18 个月大的时候就有所体现，并且科学家认为同孩子的交流可能从他们出生那一刻就开始产生影响了。有趣的是，不是孩子听到的字词的数量（比如看电视或是听其他大孩子或成人交谈的过程）产生影响，而是与孩子交谈的多少才意义重大。换句话来说，正是置身于人际关系之中才使得孩子的语言能力与智力蓬勃发展。

因此，你的孩子"出去"探索世界时，你要不断地和他谈论有关这个世界的话题："这些沙子又软又凉，是不是？""哇哦！今天真晴朗，阳光真好啊。蓝天可真美啊，对不对？""你抛那个球的力气可真大，看看它滚出去多远呀！""好多孩子今天都出来玩了，可能我们要结交到新朋友啦！"即使你觉得对着无法用语言回应你的婴儿喋喋不休有些蠢，或是孩子正忙着做其他的事，没工夫听你讲话，而再大一些的孩子根本不想听你说，但是你都是在教会孩子如何（精准地）掌握语言。只要你的话语没有妨碍孩子的活动，就一直说下去。小提示：如果你说的话突然变成了提问或是想要得到"正确答案"，你可能就妨碍了孩子的活动。经验法则：将注意力集中在孩子每时每刻的体验上，而不是希望培养他未来"无比闪耀"的能力。

你也要询问孩子是想要出去（位于圆环顶部："想去草坪上看看吗"），还是想要回来（处于底部："想回来躺会儿吗"），是感觉很好（"这很棒，不是吗"），还是不太好（"这稍微有些吓人，是不是"）。年幼的孩子已经能够出去探索，但是短短的几秒后就会跑回来给他的情感油箱"加点儿油"了。和孩子谈论这些转变不仅可以磨炼你敏锐且精准地察觉、回应孩子需求的能力，还能帮助孩子理解她自己的个人体验以及自身需求。理解自身需求的孩子能够在所有人际关系中协商达成他们的依恋需求。

### 挑战

正如我们强调的那样，陪伴孩子是最自然的事情，同时也会是最困难的事情。无论你的孩子是昨天才出生还是已经十岁了，都是你要珍惜的人，都是你会牺牲一切去保护的人。如果孩子陷入痛苦，你能坐视不管吗？你当然做不到。这没问题：陪伴不只是坐在那里。我们希望本书的解释和描述可以让你看清这点。但是这不意味着陪伴孩子就很容易，不需要你采取更多行动了：通过否认或忽视孩子不适感的存在来让孩子摆脱它……分散孩子的注意力所以他就不会去想自己的感受了……通过操控局面或活动过程来让孩子的结局"变得更好"……动用你更聪明、更有智慧的大脑，毕竟你才是大人。事实虽然如此，但是在陪伴的大背景下，我们想要"采取更多行动"却常常并不是在陪伴孩子（而且将孩子的感受摆在过分重要的位置时也会导致父母采取过多行动；请见下面专栏中的内容）。

### 误解陪伴的危险

心理学家之间流传着一句老话：无意识的行为无法消化，我们强行吞下去的东西迟早还会回来。这就是说如果我们否认了某种感觉，它并不会消失，之后（几个小时、几星期抑或几年之后）它一定会再次出现，而且它的再次出现通常会给我们的生活带来灾难性的后果。但是在我们理解了陪伴的重要性后，也有恰恰相反的问题会出现。我们会来个 180 度大转弯，让自己过分关注孩子的感受。问题就在于孩子会认为她的所有情绪都非常重要，世界会因为她有了情绪而停止运转，会认为她的感觉任何时候都需要百分之百的关注。

陪伴是一个平衡，要让每个孩子都明白其感受影响深远、意义重大且值得我们付出所有……当然只是有时候如此。如果每当孩子有情绪的时候，抚养者便停下手头的事情，全心全意地倾尽一切，这个孩子的情绪就会以一种非常不正常的方式控制着整个家庭。

孩子要明白他们的感受对于某些人来说有时就是一切的中心，他们还要明白其他人的感受对于这些人来说也是一切的中心。人们都会有情绪，但是我们生活的世界还有其他人存在，还有许多事情要完成。

平衡。平衡。平衡。

为了孩子，我们可以将很多事情改进得更好。有了陪伴模式，我们甚至可以在有现实必要需求出现时让孩子从不好的情绪中脱离出来或是转变方向。但是这些提升改进对孩子的依恋需求影响却不明显，可能对于孩子体验情绪没有什么帮助。家长可以用多种方式让孩子的生活变得更轻松、更美好，但是我们不能设计或控制他们最终如何看待自己以及如何处理人际关系。我们不能阻止或妨碍孩子探索世界并寻求人与人之间联系的内驱力。我们是孩子在这条无法改变的路上的赞助人、保护者、引导者。

现代生活也让陪伴孩子成为一大挑战。我们如此忙碌，有太多事情要做，太害怕完不成任务。有时我们可能无法以这种非常安静的方式满足孩子朝着最好的方向健康发展的需求。但是有时候将注意力放在看似不太需要采取行动的事情上是我们掌管全局的最佳方式。

> "想象一下，你不必表演、不用保持微笑……你不必被别人逗笑或是大笑让父母感受到你的陪伴给他们带来欢乐。你不必做任何事，你本身就足够了。仅仅是在你身边，看着你做出选择，就让父母欢欣鼓舞又心满意足。设想这样的场景能够给孩子带来的自信和自我慰藉。"
>
> ——珍妮特·兰斯伯里，《改善亲子教育》㊀

> "无论我什么时候离开，我都知道回家的时候你会在那儿张开双臂欢迎我。"
>
> ——一个15岁男孩在母亲节发送的短信片段

---

㊀ 兰斯伯里在 Resources for Infant Education（RIE）教家长使用由玛格达·格伯（Magda Gerber）建立的幼儿教育法。RIE 帮助家长从孩子一出生就将其作为独立个体对待，让孩子做自己。RIE 所信奉的理念同我们的陪伴法十分相似。本段摘录自其网站上于 2010 年 6 月 8 日发表的文章，网址为 janetlansbury.com。

## 掌管全局：
## 更加高大、强壮、智慧且友善

陪伴能够帮助我们了解孩子处于圆环之中每时每刻的需求，这当然也包括他们需要家长掌管全局的需求。作为圆环上的双手就要做到面对孩子时表现得"更加高大、强壮、智慧且友善"。幸运的是，人类本性就倾向于采取这种均衡、负责且富于同情心的立场。多年以来的观察告诉我们，能够平衡这四个方面的家长都能为孩子创造出我们所希望建立的安全感。可以想见，许多人在此都会遇到不同程度的困难。我们发现大部分家长要么对于掌管全局过分热情，要么就过分强调这四个方面的其中之一而忽视了其他。

### 过分热情的双手

如何参与到孩子的情感体验中却并不将孩子的情感等同于自身情感是家长都会遇到的难题。我们都为孩子牺牲了很多，如果有时能将孩子的痛苦转移到自己的身上而让孩子好受一些，家长都会欣然承受这份痛苦。不幸的是，这会让孩子认为自己从一开始就不应该产生这样的感受。这会妨碍他学习如何应对这种感受，致使他余生不断与情绪做斗争。

我们想要介入、援助孩子的本能反应来自作为圆环上的双手更加高大、强壮、智慧且友善的一面。只要有可能，家长就应该满足孩子的需求。但是必要时，也应该掌管全局。对于许多人来说，掌管全局看起来更像是教养孩子应该做的。爸爸认为："我才是大人。我能够替乔伊解决这件事。如果解决不了，我就没有尽到保护他的义务。"奶奶会说："亲爱的，你不必为了那些自私的孩子哭泣。咱们回家吃点饼干吧。"妈妈会告诉自己："等到儿子能处理好这种失望情绪的时候我便自然可以感觉到。不应该让3岁的孩子觉得自己没有自主权。"上述的三位抚养者的想法可能是正确的，但是要看是什么样的情形，要看他们是否已经与产生问题的孩子建立了陪伴模式。他们是否先试着满足孩子的需求了呢？有没有可能乔伊只是需要爸爸默默地支持便可以自己处理好这种令人不适的感受呢？面对刚刚在操场上被其他孩子拒绝的孙女，奶奶是不是应该抱着她让她哭出来，然后告诉孙女自己很理解她现在的糟糕感受呢？妈妈是不是应该让儿子打头阵，自己陪着他处理失望情绪，只在孩子真的无法解决时才介入其中呢？这些都是棘手的问题。想要看清何时掌管全局而非满足孩子的需求并不总是那么容易。遇到令孩子痛苦的情绪时，许多家长都会选择掌管全局，因为家长本能的保护欲促使我们做出反应，或是因为这些情绪也让我们感到不适。

在满足孩子的需求时，家长会发现当自己处于圆环的某部分陪伴孩子时会感到更加舒适。欢迎加入我们的行列。正如第 5 章讨论的内容，所有人都会把自己成长的经历带入教养孩子的过程中，可能置身于自己的父母曾经感到不适的圆环某处时也会令我们有些不舒服。因此成为圆环上双手的首要任务就是做自己的主人，还要接纳、承受这些不适感足够长的时间，以满足那些对我们而言不是那么容易满足的圆环上的需求，并且在这个过程中乐于发现自己在何处会感到不适。2 岁的小女儿毫无畏惧地从滑梯上滑下去时，你可能会带着自豪与欣喜望着她，但是如果她想要坐在你腿上让你搂着她待 20 分钟，就会令你有些焦虑不安；有些人就仿佛本性使然，孩子希望你抱着他你就会抱着他，但是如果他转身跑开，和在操场上认识的新朋友玩耍，你却会焦虑不安、感到为难。上述这些不同的倾向对孩子都没有伤害，只要这些想法不极端，孩子仍旧可以探索世界或得到安抚就没有问题。

了解家长会在圆环什么位置感到不适会有所帮助，因为①孩子会（出乎意料地）同家长协调一致，他们会注意到圆环中的需求给家长带来的哪怕是非常细微的焦虑感，并且②我们对于自身产生焦虑感位置的察觉会消除孩子对我们的焦虑感的反应，同时给予我们全新的回应方式，这反过来也会促进孩子的健康发育。

"我们在分配安全感圆环小组时，把孩子和父母分开，让他们加入协作游戏治疗小组。一天晚上，3 岁的贾娜娅从她的小组'脱离'了出来，来到我们组开始不断问爸爸妈妈问题。'我们今晚要去哪儿吃饭啊？''我会和谁坐在一起呢？''我们之后做什么？'爸爸妈妈就很从容又镇定地回答了每个问题，一直到后来我把贾娜娅带出这个屋子，这个问答过程才结束。我问这对夫妇，'贾娜娅总是这样，你们是什么感觉？'他们回答，'如果我们能让贾娜娅做出任何一点改变，那就是要改掉她总是问太多问题的习惯吧！'"

"贾娜娅喜欢仰着她那快乐的小脸问问题，但是表面现象之下其实是她在努力控制自己激动的情绪。她其实正处于圆环底部，想要爸爸妈妈掌管全局，但是他们总是脱离圆环的轨道，看不见她的痛苦，让她自己主导这个交流过程。我们用来描述依恋的一个说法就是'我明白你是什么意思'或是'我明白了'，而且贾娜娅的爸爸表示自己真的很喜欢这样的表达方式。当天晚上他们回到家中，贾娜娅又开始了她的睡前仪式，开始问起有关睡眠、起床、怪物等数不清的问题。爸爸开始在女儿问问题时掌控全局，每当女儿问了一个问题，爸爸都会说'别担心，我明白你的意思'。这对夫妻在一周内都坚持在孩子开始问问题时加上这句话。大约一周后，爸爸给贾娜娅盖被子的时候，也正是小姑娘要开始问问题的时候，她睁着可爱的大眼睛抬头看着爸爸，带着笑容和爸爸说，'你知道我要说什么了'，然后就入睡了。"

——乔安妮·布朗（Joanne Brown），温尼伯，加拿大

### 在更加高大、强壮、智慧且友善的某一方面做得有些过度

我们告诉家长，尤其是那些有自律问题以及问题行为的家长，作为圆环上的双手始终都意味着要更加高大、强壮、智慧且友善。但是正如家长通常只会在圆环顶部或底部其中一部分感到更加自在，或是更容易满足某些需求，一些人会倾向于更加高大、强壮的教养方式，另一些人会倾向于更加智慧、友善的教养方式。当然家长会在这个过程中随着孩子需求的改变像钟摆一样不断来回摆动，但是试着成为摆动的固定点才是最好的选择。

## 4 成为圆环上的双手

> 成为圆环上的双手就意味着要谨记自己扮演的角色，
> 要更加高大、强壮、智慧且友善——或是更加高大、强壮且友善，
> 还要足够智慧，让自己从中抽身并注意到其中的区别。

罗莎推着手推车穿过超市过道里熙熙攘攘的人群，两岁的卡门坐在推车的座椅上，身上绑着安全带。因为妈妈来买东西，卡门小睡的时间不得不推迟，由此产生的影响显而易见。她不停地咕咕哝哝，大喊大叫，拉着推车座位上的安全带，想要站起来，以此显示她已经受够了，不想继续买东西了。罗莎低声说着，"我明白，我明白"，一边试图让女儿坐下去，同时还看采买清单，把商品从货架上拿下来，扔进购物车，不让卡门够到。小丫头的声音越来越大以示抗议，把购物车里任何她能够到的东西开始往地上扔。罗莎紧张地环顾四周，说道："亲爱的，我的宝贝，你能帮帮妈咪吗？你能为了妈咪再乖乖地待一会儿吗？"结果又是三声尖叫作为回应。这次卡门趁着妈妈看标签的时候挣脱了安全带。罗莎回身看到这个场景满是惊恐，于是恳求道，"卡门，你再多坐几分钟好吗？妈妈求求你，亲爱的好吗？"罗莎又转过去继续看标签，而卡门探着身子从货架上抓了一盒饼干。罗莎及时地转身防止女儿大头朝下摔到地上。卡门大声尖叫，满脸通红，又抓了一盒茶包往前扔去，结果打到了一位老先生的后脑勺。"哦，十分抱歉，"罗莎对着那位受到惊吓的顾客说道，"卡门，你要道个歉吧？卡门？你不感到抱歉吗，亲爱的？"这位顾客嫌弃地摇摇头，走向了下一个过道，而此时卡门拿了一袋葡萄干，把包装撕开后将葡萄干撒了一车一地。

如果你家里也有这么大的孩子，听了这个故事可能会叹息，也可能会大笑。我们都经历过类似的事情，但是对于罗莎来说事情都是有关联的。她想比自己的妈妈"做得更好"，她总是让小女儿掌管全局，很少表现出自己才是那个更加高大、强壮的角色。她只做到了友善。结果就是，遇到在超市的这种情形，罗莎没能满足卡门需要妈妈来管教自己坏脾气的需求。她对于掌管全局感到局促不安，而且可悲的是，罗莎的不适感使得女儿认为自己的父母是软弱无能的。

孩子需要更加高大且强壮的家长给予他们安全感，这样他们就知道有人乐

于且能够保护他们。这不仅仅是出于安全考虑。孩子了解自己能够依靠家长这一事实十分重要——这意味着家长不会让坏事降临到他们身上，家长会尽力如此，就如坚定的磐石一般为他们稳住阵脚。现实世界中，总有很多事情要做，留给家长的时间很短，所以不可能总是满足孩子的需求。比如，孩子想探究新玩具的玩法，但是可能会和家长赴约的时间冲突。或是我们要去工作时孩子却需要安慰，便只能将孩子交给保姆。尽管孩子可能会抗议，但是只要知道我们掌管全局就会带给他们安全感，这正是孩子想要的。

当然，掌管全局并不意味着成为独裁主义的暴君，介入也不必表现得残酷严苛。以友善温柔的方式掌管全局既是明示也是暗示，"我会一直陪伴你，但不意味着我总是老好人，因为有时候必须要让你知道事情是有限度的，你一旦跨越限制就要把你拽回来。"卡门早在打到了顾客的头部之前就已经跨越了限度，但是因为罗莎没能在合适的时机将卡门拉回来，卡门就只能继续尝试才能知道底线是什么。

想要家长掌管全局的孩子总会试着去触及底线。

更加高大、强壮、智慧且友善会让孩子感到合情合理的温柔，因此带来安全感。这是坚定与慈爱的平衡，而非时而高大、强壮，时而变得友善。每时每刻都要将二者融合，这就是其中的智慧所在。陪伴帮了大忙，因为家长不声不响的、协调一致的体察能力让他们能够做出微调，恰好找到了坚定与慈爱的平衡点做出回应。

> 更加高大、强壮、智慧且友善的反面就是十分严苛、软弱无能或是不负责任。父母有时会呵斥孩子、崩溃或是不再采取行动。父母只要意识到双手已经脱离圆环，便有机会修复裂隙。

约翰·鲍尔比早在1988年就使用术语"更加高大、强壮、智慧"来形容家长的角色了。我们添加了"友善"一词，因为有时（不得不说这要看抚养者自己是如何长大成人的）抚养者会忘记教养孩子不仅是扮演权威的角色。可悲的是，有些家长认为要想孩子听话，就要让孩子恐惧抚养者。表现友善指的是家长能够辨识出（比如）年幼的孩子发了一阵脾气可能是因为他的确遇到了困难，他的感情油箱需要加点儿油。所以家长既没有搞个"暂停"（比如让孩子面壁思过），也没有施以其他惩罚，而是会减慢速度，把他抱到大腿上，找到帮助他厘清感受的方法（更多有关"坐下谈心"的内容请见第8章）。一旦找到了"关键环节"，陪伴就常常会有奇效。

> 家长常常会因个人偏好而在更加高大、强壮、智慧且友善四个方面表现得有所差异，而且显然这些差异会引起冲突。有关这一棘手问题的更多信息请见本书第二部分。

如果你更加高大、强壮、智慧且友善，孩子就会感受到你的自信。无论他是1岁还是21岁，都会明白你对于自己可以友善地掌管全局的能力充满自信，而且孩子会感受到你在尽最大努力地陪伴他。这样孩子就会信任你以及你们之间的关系，而这是大喊大叫、发号施令、胆战心惊、拜托恳求或是过分娇纵无法做到的。

杰伊陪着3岁的阿比坐在地板上，玩着过家家。阿比认为杰伊应该扮演小宝宝，而她自己应该假装是妈妈。杰伊温柔且带着幽默感顺着阿比设计的故事演下去，让女儿引导着他按时上床睡觉或是乖乖吃饭，而女儿则帮他掖被子或是准备饭食。阿比对杰伊很信任。她明白杰伊是爸爸，会一直陪着她、保护她。她也知道爸爸喜欢陪她玩，如果她自己的想象力开始天马行空，爸爸的眼中就会闪烁星光。如果杰伊建议阿比做妈妈，而自己做宝宝，并且在相处的大部分时间里不表现得那么自信，那么阿比很可能就会被掌管全局的责任给压垮。因此，杰伊选择展现自信并且告诉女儿，"我引导你形成这种体验，你很安全，我依旧掌管全局。"在爸爸的掌控之下，即使女儿置身想象之旅，爸爸也保证了阿比的安全。

### 挑战

说得简单一些，困难就在于要意识到更加高大、强壮、智慧且友善这四个方面你更偏向于哪个，然后试着平衡这四个方面。我们都会犹豫不前，想要认清自己平时扮演的通常是哪种角色是很大的挑战。人们都会自然而然地通过隐性关系认知延续父母的习惯，让我们觉得"事情就该如此。"为了帮助你看清事实，试着问问自己你的父母在你的成长过程是更多扮演更加高大强壮的角色还是更加智慧且友善的角色。帮助你深入探索这一领域的内容请见本书第二部分。现在，问问自己：如果孩子看起来脱离了你的控制时，你是更有可能介入其中并且发挥自己的权威性，还是默许，抑或支持并安抚？一旦你知道了答案就可以问问自己，和孩子之间的沟通交流是否满足了孩子那一刻的需求。

请你将"更加高大、强壮、智慧且友善"作为箴言，或是选择你一般不会偏好的那一方面，使之不断提醒自己要扮演好圆环上双手的角色。

一天，蒂娜带着年幼的儿子和女儿乘坐公交车，孩子们在过道里跑来跑去，挡住了其他乘客的路，还扰乱了秩序。蒂娜无可奈何地看着他俩，突然一个念头蹦到她脑海中："等等。我要更加高大强壮！"于是她把孩子拉回到手边，一边一个让他俩坐好，直到他们下了公交车。

## 帮孩子建立自我反思机制：
## 裂隙与修复

　　　　世界让人饱受打击，人会在受伤的地方，长出结实的翅膀。
　　　　　　　　　　——欧内斯特·海明威，《永别了，武器》

如果我们三位作者说得还不够频繁，那就要再强调一次，每个人都会犯错误。孩子要想健康发展，家长就要犯下错误并恰当地纠正。这不意味着口头上的忏悔，请求原谅，多行善事，自我责罚或是用礼物、特权来"补偿"孩子。安全感圆环的裂隙仅仅意味着脱离圆环，而不是以不断重复老问题的方式陪伴孩子，致使其需求得不到满足。修复仅仅意味着家长承认自己犯了错误并且再次实现足够好的教养（请见第99页专栏中的内容）。

裂隙可能是对着脾气古怪的孩子大喊大叫，把她关进自己房间，而非找出困扰她的问题，这是因为家长辛苦工作了一天之后神经紧绷又焦虑，所以没有精力也不够耐心。才会导致丢下孩子一个人思考为什么他觉得害怕，可是某些程序性记忆告诉家长如果"溺爱"孩子，他以后就会十分软弱，所以最好忽视他的一些小畏惧。家长不得不离开一整天，孩子十分想念爸爸妈妈就会（并非故意地）造成圆环上的裂隙。我们和朋友聊天时甚至会脱离圆环，结果孩子拿着刚刚完成的艺术创作跑向我们，我们只能尴尬地笑笑（毕竟，有多少狗是紫色的，还长着比腿要长四倍的耳朵呢）。

---

### 说到依恋，怎样才是真的"足够好"

　　这是家长常常会提及的一个问题。我们常说想要陪伴孩子并且大部分时间都回应他们的需求。我们习惯说"大部分时间"，但是对于那些"优等生"来说，这个说法回避了百分比的问题。(什么才是"大部分"——是51%？是75%？还是99%？)

　　因为家庭情况、需求以及文化都有着巨大差异，所以建议每一位家长针对情况A做出回应B从而成为足够好的父母的这种想法十分愚蠢。我们三位作者十分自信地建议各位家长：做个更加高大、强壮、智慧且友善的家长，保持住这种意图，将其视作首要的核心观点。如果孩子知道家长一直尽力满足他们的需求并且友善地掌管全局，他们就会感到（足够）安全。孩子会相信"美好的可能性"，这意味着他们明白坏事之后会有好事发生；裂隙出现之后家长也会尽力修复。

　　将注意力集中在成为"足够好的"父母的含义上，家长便会遇到问题：想要更加高大、强壮、智慧且友善的意图被削弱，转而开始关注自身的一些成就。如我们在第2章所述，孩子会不自觉地质问："这是你想要成为优秀父母的需求还是这一刻我的需求？"

　　　　谈及"足够好"这个问题时，
　　　　我们的意图才是首要的。

我们会为了补偿孩子而来到她的房间，为自己太过严厉而真诚地道歉，在她的床边坐下，搂着她读一会儿书。如果我们告诉儿子自己因为不够敏感而对他感到抱歉，并且询问是什么吓到他了，裂隙就会得到修复。我们就在儿子解释的时候陪伴着他就好，表明我们理解他，而非试着"纠正"或是驱除他的恐惧。我们修复了因为工作而不得不离开产生的裂隙，让孩子明白分离的确不易，我们也不喜欢分离。家长还要承诺晚上会多花时间陪伴孩子，也要信守承诺。家长因为不够敏感地大笑给孩子带来了痛苦，则要告诉孩子"我明白那肯定很难过"而且有时父母的想象力的确不如孩子那般强大，如此便可修复裂隙、缓解孩子的痛苦。类似的情况中，如果家长抽出时间问问孩子画的什么（并且认真听孩子讲解）也会有所帮助。

每个家庭每天都会有类似的交流过程，次数还都不少。裂隙时常出现，修复也常常伴随左右。这是一个十分积极的过程，因为孩子明白坏事之后会有好事发生，这样他们便会觉得更加安全。大家都不完美，如果我们十分完美，孩子就会在这个不完美的世界里感到十分失望。孩子的适应力也无法得到发展，他们需要明白在处理真正的人际关系中犯错误很正常（甚至是有益的）。

正如我们在上一章所讲，婴儿出生后心理发展进程的主要目标就是要明白自己是独一无二的、同他人是各自独立的。客体关系理论学家认为，婴儿生命的前几年必定会经历一个叫作分离的过程。新生儿不明白其他人是由个性、动机、行为以及能力混合而成的复杂个体。就好像每次他们见到的人都是不同的个体。如果她大哭，妈妈跑来给她喂吃的、抱着她，那么这就是"好妈妈"。如果她半夜大哭，这位女士看起来疲惫且头脑不清醒，一脸呆滞地满足她的需求，那么小宝宝就会认为这完全是另一个人。就让咱们管这个人叫"坏妈妈"吧。因为小宝宝有强烈的自我保护意识以及直觉，但是没有能力照顾自己，所以她会本能地明白"好妈妈"常伴左右而避免见到"坏妈妈"对自己有好处。

与此同时，让婴儿明白妈妈其实有很多面也十分重要。

如果婴儿和妈妈沟通感觉很好，她就会以积极的视角看待自己和妈妈。如果沟通过程是消极的，这种消极态度就会转移到她看待妈妈和自己的视角之中。

通过裂隙和修复过程的不断累加，婴儿交流的次数足够多，便能理解同一个人做出了不好的事情（裂隙）之后会有好事（修复）相随。婴儿会自行评判后得出结论："好妈妈"和"坏妈妈"是既可以表现得"好"又可以表现得"坏"的同一个人！这一定意味着每个人都既有好的一面，也有坏的一面。这就是为什么大部分裂隙都会得到修复的重要原因之一了。如果裂隙得不到修复，小宝宝就会继续将妈妈（或爸爸）视作一好一坏的两个个体。于是婴儿会将这种分离延续到以后的生活中（尤其是压力巨大时），令他很难建立亲密人际关系。如果总是把人们看的非黑即白，又如何能和其他人建立长期的人际关系呢？如何能明白身为人类就意味着不完美，如何能理解在所有人际关系中都会出现的裂隙呢？你又如何能明白自己既可以好也可以坏，还能在犯错后予以弥补？如果你不理解我们都可以犯错，之后能够解决问题即可，又如何能在婚姻、工作、与邻居相处以及抚养孩子的过程中协商沟通呢？

> 并不是避免裂隙就能促进心理的健康发展，
> 而是需要确保修复过程得以实现。

意识到自己有时与妈妈交流感觉很好，但是有时就不那么好，会帮助小宝宝加强对于妈妈作为独立个体的认识：她有着自己的情感、想法、动机、信仰以及行为。你有没有见过对他人的反对意见表现得极其愤怒的人呢？或是见过那些认为别人每时每刻都和自己有一样感受的人呢？我们无法和那些认为大家想法都一样的人交流，而且你肯定也无法和那些不能感知并分享其他人感受的人建立正常的关系。

那些认为每个人不是好人就是坏人的孩子会建立起各种防御措施以避免接触到那些他想象中的坏人，也会致使他认定自己会成为彻底的好人或是坏人。将自己的形象认定为彻底的好人或是故意不去关注自己不好的方面是一种让人筋疲力竭的努力，让成长中的孩子（及其日后成为的大人）失去健全完整、有好有坏的个体所具备的学习能力。这些学习能力可能是下列能力：

- 经历各种各样情绪，以及掌控力和愉悦感。
- 独自一人却不觉得受到抛弃，同他人亲近却没有压迫感。
- 能时刻保持对自己的连续认知。
- 安抚自己。
- 富有创造力。
- 解决问题。

如果孩子逐渐理解人们都是各自分离的个体，意识到并懂得自身和他人具有不同心理状态（如感受、信仰、意图以及欲望），他便具备了发展心理学家称作反思功能的能力。如果你能够真正陪伴孩子，能够相对准确地理解孩子可能正在经历的事情，还能够传达出你们各自独立的含义，你就能够帮助孩子建立自我反思的过程。你的反思功能赋予了你辨识出裂隙的能力（还知道孩子会产生何种感受），因此也能够辨识出需要修复的需求以及需要做出什么样的回应，便能够修复当下情境中的裂隙。

第1章提到了陌生情境法（SSP）的研究手段，意图帮助科学家观察特定抚养者和孩子之间的依恋类型。实质上来看，该过程进行的方式就是让大人和孩子待在一个有座位和与孩子年龄相配的玩具的房间里。设定的情景是抚养者短暂地离开房间，而一旦孩子独处一室时研究人员就会派一位陌生人进入房间。研究人员观察抚养者出去后会发生什么，尤其仔细观察的是抚养者回来后和孩子团聚的场景。孩子会做何反应？大体来讲，拥有安全依恋关系的一岁孩子会在抚养者离开后感到失落，在抚养者返回后（假设一开始情绪低落）负面情绪减缓，重聚时寻求抚慰。

陌生情境法实质上就是设计好的裂隙与修复过程。基于过去的经验，抚养者返回后孩子的反应表明了他们期望抚养者给予什么类型的修复行为。研究人员从抚养者的行为中获知的信息包括了抚养者的反思能力。一些家长对孩子的痛苦很抵触（"是他们让我把你自己留在那里的！"）或是否认孩子的痛苦（"你没事，我只是走了几分钟而已"），这样的家长可能没有良好的反思能力，不善于修复裂隙，没能同孩子建立安全型依恋。能够提供安全感的家长关注的不是让自己感受更好，而更加关注如何让孩子感受更好。有效的修复过程中，能给予安全感的抚养者返回房间会表示自己感受到了孩子的痛苦，为自己的离开道歉，并且为孩子提供获得安抚的避风港，直到孩子再次准备好走出去探索世界。

对一些家长来说，可能会在圆环顶部或底部遇到裂隙比修复多的情况。

梅丽莎带着4岁的儿子参加家庭聚会，她拿着食物或是新买的小玩具，或是通过挠儿子痒痒肉的方式努力将他的注意力吸引回自己这边，这时他们所处的圆环顶端就出现了裂隙。如果她能够把防备心放下来，就会发现儿子其实想和兄弟姐妹玩耍，她便会停下自己的动作，和孩子说"嘿，去玩儿吧！我会一直坐在这里"，然后一咬牙，抑制住自己想跟着孩子过去的冲动。

要是阿敏6个月大的女儿大哭，她就会很明显地动作僵硬起来。她不看女儿的眼睛，不去尝试找出哪里出了问题，而说道，"我现在很忙！"然后就赶紧找点儿事让自己忙碌起来；或是拽出一个玩具扔到孩子面前，就转身走开。但是最近，她开始努力修复类似场景中的裂隙了，努力陪着女儿说话，一直说到自己因孩子大哭而产生的痛苦稍有减少，就会把孩子抱起来。

本书第5章会更多谈及为什么我们都会在圆环的某个部分感觉比其他部分稍微舒服一些，以及孩子对于这些敏感表现是如何反应的？

### 挑战

事实上，有效修复对许多人来说都是相当难以把握的一个平衡，因为这个过程中家长要面临的不只有一个挑战，而是有很多挑战。

- **承认自己做错了且真正这样想是裂隙与修复过程的重要环节**。如果你总期望自己不犯错误，孩子将无法相信自己的想法。如果你武断地给出结论（比如认为孩子可能在某场景中和你有同样的感受），一次次地误解孩子的感受，那么孩子也无法学习相信自己的想法。孩子寻求家长帮助是为了获得指导的（毕竟，家长更加高大、强壮、智慧且友善），不是吗？这是一把双刃剑，要善加使用。最终，如果家长未能树立健全反思能力的典范，孩子就会认为自己和别人的想法没有区别，也不需要替他人着想。他会在培养共情能力的过程中遇到困难，也难以理解自己内心世界的体验。

- **责备给有效修复又设置了一大障碍。** 许多裂隙都是因为家长指责孩子是问题之源，而没能看到孩子因为遇到问题而需要帮助的需求。如果你一直认为是孩子的错，就很难修复因为指责而产生的裂隙。有时候孩子想要的其实是和家人的沟通交流，可我们总听到家长说"他就是想吸引我们的注意力而已！"于是结果就是，大部分人都把这种想法从自己的家长那里继承下来了。

- **下面就要说自责了。** 如果你认为自己就是不好，无法成为优秀的父母，于是就会不去承担任何责任，放弃一切可能的修复机会。或是你每天常常觉得自己需要道歉，导致孩子认为你觉得自己不能胜任扮演父母的角色。

- **如果家长总是扮演更加高大强壮的角色，就可能会在几乎所有的修复过程中遇到困难，因为如果道了歉，那感觉就好像你放弃了自己的权威，承认自己的弱势。** 你告诉自己，毕竟你才是大人。如果你开始道歉，孩子就不会认为你对所有事情都比他们了解得更多了。即使只是从行为学角度来看，我们都知道独裁主义和权威性的巨大差别。权威性来自作为更加自信的存在，表现得更加高大、强壮、智慧且友善，来自把帮助孩子而非自己获得更好的感受放在第一位。

- **有效修复的另一难题来自过度修复行为。** 一些家长认为孩子的所有感受和需求是一切的中心。如果你也这样认为，就可能为自己所做的每件事都感到抱歉。如果你身边有人不断道歉，那种无力感你一定了解。如果家长过于关注孩子的感受，反应过于敏感，可能也会在掌管全局方面遇到困难。

- **请牢记，如果反思过后没有想出解决办法，反思的效果就不明显。** 反思至关重要，如果不进行反思就无法修复裂隙。但是也要确保反思不仅仅停留在思维层面。有时候人们会为刚刚发生的事情"推脱责任"。对孩子讲"我一直都不喜欢你对待姐姐的方式，所以才会对着你大喊大叫"并不是修复，这只是推脱责任的另一种方式。相反，如果换一种说法就会得到解决方法："我知道刚刚那样大喊大叫让你感到很受伤。我对于自己的行为感到很抱歉。我现在想让你告诉我你的感受，而且要找一种方法让你生气的时候不再推搡她。"表达对于对方感受的尊重并表示要一同寻找解决问题的方法可以达到修复的效果。

如果你很疑惑家长怎么竟然可以陷入如此多的陷阱，导致无法修复裂隙，那么请牢记在心，人们很脆弱，因为许多难题都在程序性记忆中根深蒂固，人们不会"故意"做这些事情。我们经常做的事情大多通过成长过程每天的交流习得。这个过程无须多言，人们小时候就明白生活要如何继续。正如刚刚所说，有时候人们知道自己应该修复裂隙，但表象之下，家长其实希望可以给孩子上一课。你还是孩子的时候会受到指责吗？如果有过这样的经历，即使指责孩子是你最不想做的事情，你的程序性记忆也会驱使你通过这样的方法来"扯平局面"。你的隐性关系认知能力会影响你，让你希望自己的孩子也体会一下你作为孩子时的感受（揭露这样的想法可能会让你觉得痛苦）。从某种程度来说，这样的行为会让你觉得这种心境之下的自己就不那么孤独了，这种感受在你的意识表象之下仍时不时泛起涟漪。此外，你潜意识仍保存着很久以前交流过程中受到不公正指责的记忆，因此（尽管可能看似很奇怪）指责孩子会让你感受到自己的权威，终于完成了复仇的任务。

这也可能重演了某个未完结的、未修复的场景，你无意识地完成了角色的转换：你现在成了羞愧的家长，而孩子正在经历你多年前所经历的一切。没有家长喜欢意识到这些事实的感觉，但是这样的场景却比想象的要常见得多。基于我们三人的经验，几乎每个家庭都时不时发生点这样的事情。

你可能会发现仅仅明白如何成为圆环上的双手就足以让你成功地扮演好这

个角色。尽管很多人明白应该怎么做，却仍旧无法将想要更加高大、强壮、智慧且友善的意图一直视为核心内容，无法将它们置于最优先的位置（至少没能达到期望的频率）。人人都想成为优秀的父母，为什么却会在圆环的某部分更加挣扎？为什么想成为最好的父母，却会在履行抚养孩子的某些职责时感到不舒服呢？是什么样的力量在起作用，让我们有时会觉得自己深爱的孩子和我们的步调无法取得一致？

我们将此称为"鲨鱼音乐"，你会在下一章读到更多内容。

## "鲨鱼音乐":
## 我们的童年如何在教养孩子的过程中产生回响

今天是亨利三岁生日,学前班的同学都受邀来到他的生日会。孩子们由家长或保姆陪同陆续到来,亨利的妈妈苏珊给所有人都报以灿烂的微笑,还指给他们看其他孩子簇拥在一起玩耍的地方。房间内很快就挤满了人,十分嘈杂,大人孩子一起挤在一间没有学前班教室那般大的屋子里。

威尔的爸爸亲切地拍着儿子的后背,高兴地说道,"你肯定会玩儿得很开心的,儿子!"于是他转身出了门。威尔自己坐在一处,背对着其他孩子,安静地玩着 Tonka 牌⊖卡车。苏珊蹲下来,温柔地询问威尔想不想和亨利玩耍,这个三岁半的孩子抬头看看苏珊,一脸严肃地回答他必须"先完成这项工作",然后便开始用力推着卡车在地毯上穿行。她犹豫了一下,耸耸肩,然后说:"好吧,但是你完成了工作后要过来和其他小朋友一起玩耍哦。"威尔却没有来到房间中央。

贝拉是班里最高的女孩,有些尴尬地和妈妈挤坐在沙发上,双腿耷拉在沙发外。每次有人蹭着她的脚试着挤过去的时候,她都会小声咕哝一句,扭扭身子,抬头看看妈妈。妈妈轻抚她的肩膀,把女儿拉得离自己更近一些。苏珊在客人中穿来穿去,告诉贝拉那些玩儿得正欢的孩子们其实可以替换一个小朋友

---

⊖ 玩具卡车的品牌名——译者注。

上场。贝拉的眼睛一下子就亮了，妈妈说道，"当然，那一定很有趣，对不对，亲爱的？"于是贝拉身体逐渐前倾滑下沙发。但是妈妈还有一只手紧握着女儿的胳膊，她轻轻地捏了女儿一下，女儿抬头看看妈妈，便坐回了沙发。贝拉的眼睛直勾勾地盯着屋子那头欢快的场景。

考利和其他小朋友扭打在一起，她因为赢了比赛而拒绝让下一个小朋友来玩。她的妈妈见状立刻上前，说道，"考利你做得真棒！做得真的很棒！你成功了！你做的和我教你的一模一样！哦，哦，但是现在要换其他小朋友了……我知道，你不想……嘿，小朋友，你不介意考利再玩一轮吧？就一分钟。考利练习这个的时候真的很努力。看看她——她真的很棒对不对！"小寿星亨利在屋里走来走去，看看玩儿卡车的威尔要干什么，引得几个孩子都跟在身后。

这是十分常见的3岁孩子生日聚会的场景。孩子们一起玩耍或是自娱自乐，也可能在二者之间不停转变。有的家长紧跟在孩子身边，有的离得不远。气氛快乐又喧闹，时不时还会有点儿小麻烦。亨利很激动，难以控制情绪，于是在某一刻，他因为一位小朋友不肯把手里的玩具给他玩儿，就重重地打了那位小朋友，小朋友大哭起来。赠送礼物之后，一位家长大笑着建议大家来一场"狂欢"，一起吃蛋糕，喝果汁，于是整间屋子的人都挤作一团，苏珊看起来有点儿像《科学怪人的新娘》里的角色<sup>⊖</sup>。

她说，总体来说这个聚会办得非常成功，但是为什么威尔从来都不和别人一起玩儿呢？为什么贝拉很少从沙发上站起来走动呢？为什么考利的妈妈就不能别再为女儿加油喝彩了呢？

也许鲨鱼音乐在幕后起着作用。

有时候，家长会对孩子在圆环上的某些需求感到不适，也并非总能够意识到自身的这种不适感，但是家长的反应却驱使着他们以某种方式极力避免这种需求——让原本置身于圆环顶部（表达想要探索的需求）的孩子来到圆环底部（表达需要安抚的需求），或是恰好反过来……让事情无论从情感上还是行为上都朝着令你满意的方向发展……可能是让孩子分心，好让她不再有现在的感受。

---

⊖ 女主角发型是爆炸头。——译者注

即使家长没有意识到，孩子也会得到我们发出的显而易见的讯息：威尔"不用想就知道"在陌生环境里不可以需要爸爸给予安全感与安抚。贝拉的隐性关系认知能力告诉她比起体验新游戏，更应该表现出对妈妈的需要。考利的妈妈告诉她要成为每个班里的领头羊，让考利认为这就是她自己的需求。

为了解释家长是如何从一些无害的事物之中（比如孩子的某种依恋需求）产生逃离危险一般的感受，我们为家长展示了美丽海滩的场景短片，首先将《帕赫贝尔的 D 大调卡农》(*Pachelbel's Canon in D*) 作为背景音乐，然后将低音部分旋律调整为电影《大白鲨》(*Jaws*) 的旋律线。其传递的信息是无法抗拒的：心理层面的关联可以令某些无害的东西感觉很危险。在安全感圆环初始研究阶段（20 世纪 90 年代），一位家长曾将这种急于避免圆环上某些需求的感觉描述为就像听到"鲨鱼音乐"，于是此后我们三位作者在同家长的小组会议中就一直延用了这个隐喻。

所有孩子都有处于圆环顶部和底部的真实需求，而孩子的健康发展取决于大多数场景是否都满足了两种需求。然而，现实情况中貌似大部分家长都对于其中一种需求感到更加惬意舒适。对于特定需求产生的不适感因人而异，但是家长的确有时会因为圆环上的某些需求而感到痛苦。关键是那些特定需求会让人的感觉从不适变为危险，因为这个过程反映了我们童年播撒下的种子。现在当孩子表达这些需求，家长内心的警报就会拉响，"鲨鱼音乐"由此产生。家长可能不会意识到这种背景音的存在，可能不会意识到为什么后来我们以那种方式行事，但的确做出了反应，暗示了孩子需要隐藏这些需求，不能如此行事，或是不要表现出来。

如果家长只是偶尔传递出信息告诉孩子有些需求要避免，而且家长还能修复没能满足孩子需求而产生的裂隙，孩子（在所有其他的因素都相同的情况下）仍会以设定的方式发育成长。然而，如果家长避免某种需求的要求成了固定模式，这种敏感的特性往往也会转化到孩子身上。

这是什么大问题吗？并非如此。我们都会有敏感的一面：大脑还未发育成熟时都会接受早期信任的保护者所传递的信息，这些信息通常都会含有父母自身敏感的一面。无论这种敏感性最终是否为孩子同化成其自身的障碍,其同化程度才是最重要的。此外,童年的依恋也不是注定的。有了新的安全型依恋的帮助和健全的反思能力,人们便能在任何时刻获取安全感(更多相关内容请见第126页的"事情总是会发生改变的")。

  当然,没人能预见孩子的人生轨迹。如果威尔、贝拉以及考利的家长听到了自身的鲨鱼音乐,无意识地告诉孩子要意识到这种警告的存在,威尔可能最终成年后就会非常独立,但是缺少与人亲密相处的能力。贝拉可能会恐惧"自由飞翔"(既是字面意思,又是比喻说法),在人际关系方面遇到困难,因为她成年后很难相信自己以及自己的能力。考利可能会缺少对他人需求的准确感知,总是认为自己的需求最重要;在亲密人际关系方面,许多人可能会开始意识到考利因为共情能力有限,对别人觉得她没什么与众不同,也并非天赋异禀的想法格外敏感。

  现在看起来这些孩子一切都挺好。威尔的学前班老师写给家长的报告中提及在他这个年龄的孩子中,威尔显得成熟又独立,不过老师还是希望能看到威尔更合群一些。老师说贝拉看起来对一切都很满意,愿意将她的玩具让给想玩的孩子。但私下里老师会好奇为什么贝拉的妈妈来接孩子回家时,小姑娘会跑过去,搂着妈妈的腿,就好像她整天都过得很痛苦一般。考利在学校十分优秀,老师向她笑容满面的父母描述到他们的孩子是一位"非常能干而且有进取心的"孩子(但是私下里老师有些不那么喜欢考利的爸爸在学校的活动中和其他家长不停地夸耀自己的孩子)。

  这些孩子身上没有什么特别不常见的(或是"错误的")事情。人们自身童年的回响会在成年后的生活中以各种方式出现(有的明显,有的难以察觉),"就像爸爸一样"或是"妈妈的影子"并不是一件坏事。但是我们在研究过程中发现"鲨鱼音乐"极其普遍,是一套警告我们圆环上的某种真实需求有些危险的系统。(尽管并非有意识地)意识到了这种危险,"鲨鱼音乐"常常阻碍我们注意或满足孩子那一刻的需求。随着时间推移,如果相信且听取了这些警告,某种防御性机制便得以建立。

在教养过程中"有所防备"对于许多人来说都不是什么好听的话，这是旁观者眼中没能做到看似"正确"事情的标签（通常会被说成家长将自身需求看得比孩子的还重要），就好像我们对于某些感受或需求感到紧张是有意识的决定一般。然而，并不是。看待这种常见的事情还有更加准确（且更加友好）的方式：这是家长为避免人际关系中令人不安的感受而建立的一种机制。想象一下孩子每次感到悲伤的时候，爸爸看起来都很沮丧或是妈妈紧张起来并且告诉孩子"看看事情积极的一面"，就可以理解为什么孩子长大后每次开始觉得有些沮丧的时候就会感到不舒服（而且孤独）了。现在"悲伤"便和"你重视的人感到不舒服或焦虑"画上了等号，和"未能满足的感受以及孤独"画上了等号。所以我们十分理解为什么你会得出"远离悲伤是智慧的选择"此类结论了。"鲨鱼音乐"由此形成早期觉察机制并发出警告，"哦，不，又来了，保持距离！"如果你将自身反应的预警机制转换到孩子身上，这便是你关心孩子的一个标志，希望孩子可以避免经历家长经受的痛苦，以此保护她。

威尔的爸爸看不出小家伙为自己被单独留在聚会感到担心；贝拉的妈妈看不出女儿其实想和其他孩子一起玩耍；考利的妈妈没能察觉到女儿在游戏中感到焦虑不安，并且在发现其他孩子纷纷离开时感到沮丧。如果他们看到这些需求可能就会做出不同的反应了。威尔的爸爸可能会留在聚会现场，直到威尔融入大家，那么结果可能就是威尔能和其他孩子打成一片。贝拉的妈妈可能意识到女儿想和其他小朋友一起玩的需求，于是抑制住自己将她拉回来的想法。考利的妈妈可能看到女儿有些过于兴奋（部分原因是想要做得比其他人好），于是温柔地让女儿退出游戏，不再作为众人的关注点，女儿便能够平静下来，然后再投身到游戏之中。

这些慈爱的家长本意是好的，却可能因为"鲨鱼音乐"阻碍了他们的视线而没有看到孩子的特定需求。这就是为什么探索自身"鲨鱼音乐"如此重要了。警报会一次又一次地被一些平常看似无害的事情拉响，可能只是因为孩子需要一个拥抱或是家长的鼓励以获得潜意识中的安慰，理解了其中的缘由，长久以来的防御性机制突然就变得不那么必要了。理解上述缘由且拥有安全感圆环的指示图可以为我们打开全新的可能性,无论是对于家长、孩子还是人际关系而言。

　　　了解自身"鲨鱼音乐"提供了一个巩固家长和孩子关系的机会,
这令人兴奋,也为孩子一生建立正常人际关系提供了更大的可能性。

### 我们不要忘记"和"

"鲨鱼音乐"可能会模糊孩子的需求,但我们很少提及一个重要影响因素。你的潜意识并非遮蔽孩子当下需求的唯一因素。依恋表现的是人与人的互动过程;这个过程涉及两个人,也就是说,可能不只是你在回避孩子的需求,孩子可能会无意识地和你一起回避"鲨鱼音乐"。如果孩子明白家长对于某些需求会感到不适(这个过程从他们很小就开始,远在他们学习语言、明白其含义之前),他们就会(同样无意识地)和我们一起避免表达这些需求。如果孩子感知到家长对于他们的需求感到不适,他们就会学习各种策略来隐藏这方面的需求,因为孩子的首要任务是让爸爸妈妈能够一直待在自己身边并且尽可能地感到舒适……怎样都可以,就是不要焦虑。为了让家长和自己保持紧密的接触,尽可能地保持好心情,孩子会做任何事情。如果这意味着不能再出去和操场上新结识的小男孩玩耍,或是不能在自己感情受到伤害的时候大哭,那么这就会成为孩子的策略。这些无意识的策略是本书第 6 章的主题。

现在你可能在思考,如果"鲨鱼音乐"遮蔽了自己的视线而孩子配合了你潜意识的这种小伎俩,你又如何能够辨识出孩子每时每刻的真实需求呢?我们会在下一章内容中解释你应该如何解决上述问题,但是现在,请牢记孩子并非魔术师。他们真的有这些需求,所以不可能将这些需求一直完全隐藏起来。

形成依恋的过程中却有一位魔术师的参与,让我们一起揭开他的弥天大谎。

## 请注意窗帘后的那个人

"哦！你可真是一个大坏蛋！
"哦，不，亲爱的。我是一个好人。
我只是一位很坏的巫师。"

在弗兰克·鲍姆的电影《绿野仙踪》(The Wonderful Wizard of Oz)中，那位满口胡言的骗子假装自己是巫师，在窗帘后的男人突然现身时，力劝多萝西和朋友不要在意那个人的存在。这很像程序性记忆引发鲨鱼音乐的操作。大脑会储存内隐记忆，以便在需要的时候调动出来，而不会干扰到有意识的思维帮助我们完成一天的工作。这些内隐记忆也会指导我们的行为，但是更像是神经系统确保我们不断呼吸的那种方式。如同我们不必考虑一呼一吸的动作，家长面对孩子需要自己安抚或鼓励时也不必考虑自己的童年依恋经历。我们只会在孩子表现出我们小时候没能被父母满足的需求时无意识地设法阻止孩子表达这种需求，其方式与神经系统确保我们在缺氧后大口地吸入空气一样。这两种无意识引导行为都是为了保护我们。就像堪萨斯州的算命老先生一样，隐性关系认知的出发点并没有恶意（事实上恰恰相反），但是有时候会有些过火，会越界。所以神经系统感知到我们的恐惧便会让我们加速呼吸，认为我们需要更多氧气以投入战斗或飞速逃跑。

以下是我们早期依恋经历的程序性记忆如何唤起"鲨鱼音乐"的简单总结：

（1）孩子会大哭并且寻求家长的安抚或试图离开家长探索世界。

（2）已经成为家长的大人在自身童年时期寻求安抚或鼓励后，发生的事情往往会形成深层记忆。若成年后再次得到暗示或刺激，便会引发"鲨鱼音乐"。

（3）无论家长能否意识到任何不适感的存在，都会尝试转移孩子对于该需求的注意力，甚至会运用很巧妙的方法表达出不悦：或是给孩子提供和其需求正相反的东西，或是从肢体上、情感上以及/或心理上疏远孩子。

（4）家长和孩子之间会重复此模式。

（5）孩子得到信息：在圆环顶部或底部的需求让爸爸或妈妈感到不适，以至于他们不再那么"随叫随到"了。

（6）孩子得出结论：这有些危险——让爸爸妈妈感到焦虑，疏远我，或是看起来让他们很尴尬、很不开心。这让我觉得很没安全感。为了让爸爸妈妈觉得不那么沮丧，我愿意做任何事情。

（7）孩子学会抑制需求且/或表现得和所需正相反。

（8）突然！爸爸妈妈就平静下来了，这意味着圆环上的这一特定需求真的无法接受。"这肯定是人际关系的基本知识。"

（9）孩子建立的这样的程序性记忆，牢牢地植入潜意识之中，作为一种扎根内心深处的心理状态伴他长大成人，直到……

（10）他自己的孩子表达了同样"不能接受的"需求时，"鲨鱼音乐"再次默默地影响着他。

上述过程的关键点都是无意识完成的，这令人难以接受。家长都希望给孩子最好的，因此我们很难相信自己面对孩子的需求时无法完全掌控自己的反应，或是我们无法做出最大化孩子利益的理性决定。威尔的爸爸离开聚会时，坚定地认为自己是在帮助儿子变得更加独立。贝拉的妈妈会说自己觉得女儿感觉并不好，而且女儿也希望自己"做得如此过激"。考利的家长就像大部分人一样只是希望女儿成功，这样她才能在这个充满竞争的世界具备竞争力。

提到潜意识，人们可能就会想起弗洛伊德，或是来访者躺在沙发上试图揭开童年时期受到伤害的深层记忆用以解释现在的不快乐。许多人不想走这条路，而我们要讲的也不是这个方法。这些都只是教养孩子过程中令人挣扎的日常琐事，并不会对家长和孩子造成重大伤害。**要剖析这些潜意识过程的一个重要原因就是我们有幸成为最早一代接触依恋研究的人，我们可以（在不责备孩子的前提下）在教养过程中通过与孩子协调一致而帮助孩子提升安全感。**家长不想让孩子遇到自己在处理亲密人际关系中遇到过的棘手难题，所以都希望以此简单的指示图为孩子提供比自己成长过程更加稳固的安全感基础。

接下来谈及的一系列行为，都困扰着家长，让人不想再继续下去。假设你两

## 5 "鲨鱼音乐"：我们的童年如何在教养孩子的过程中产生回响

岁的儿子被黑暗中的阴影吓到了，大哭起来，然后你就打了孩子一下（或许可能只是严厉地瞪了他一眼），让他知道自己的行为十分幼稚。为什么你明知道他只有两岁却还会这么做呢？再设想你三岁的女儿正安静地玩着新玩具（这正是你昨天最渴求的场景，因此你便能够喘口气，不用一直陪着她玩儿），你却突然问了一些问题来打断她，比如问她正在做什么，饿不饿，接下来你就蹲下来问她自己可不可以和她一起玩。这些行为的出现可能是因为你压力大、无聊或仅仅是那天过得很不好。但是即使在平常的时候，甚至家长感觉很好的时候也时常会出现这些行为。

如果你不知道存在这些模式，就很难察觉到它们的存在，这些模式能够有效地牵制住人们的行为。这就是为什么掀开窗帘如此重要了。一旦明白了是什么牵制着你，就给了自己以不同方式回应孩子的机会。你可以将鲨鱼音乐的音量调低，更加连贯地满足孩子的依恋需求，将安全型依恋的益处带给孩子、自己以及你们之间的关系：

- 少一些与孩子之间的争执。
- 意识到自己充分具备影响孩子感受和行为的能力。
- 在教养孩子的过程中更加舒适放松。
- 和孩子建立更加紧密的联系。
- 进一步了解各种人际关系的运转方式。

人们需要了解自身鲨鱼音乐是因为鲨鱼音乐就像那个骗人的"巫师"，它发出的警告本意是好的，却是欺骗性信息。杏仁核①可能是产生鲨鱼音乐的地方，却无法提供最智慧的想法。（它虽然反应很快，却没有大智慧。）

### "鲨鱼音乐"是如何产生的

孩子出生后都会寻求至少一位依恋对象，在他们探究世界的生存法则以及

---

① 杏仁核：位于海马体的末端，呈杏仁状，边缘系统的一部分，是产生情绪、识别情绪和调节情绪的脑部组织。——译者注

随之产生的感受时，这位依恋对象可以陪伴他。尽管听起来有些不可思议，但新生儿对于依恋的重要程度早就了然于心。为了让家长陪伴左右，孩子会做任何事情，因为无论是生理上还是心理上孩子都需要家长才能生存。正如我们所说，是你教会了孩子如何调节情绪，孩子也是通过和你在一起才学会调节自己的情绪。第1章描述了协同调节情绪系统，如果家长回应"鲨鱼音乐"而非孩子的需求，便无法帮助孩子学会调节圆环上特定需求产生的特定情绪，也无法给予孩子安全感，因为并没有产生协同调节的过程。

基于同家长的沟通交流，婴儿也开始形成有关抚养者的心理表征（即抚养者在其脑海中的形象）。随着孩子慢慢长大，他会将这些人际关系的心理模型牢记在心，将他对你的了解运用到与他人建立的全新人际关系中：如果他伸出手臂和你拥抱，一般都能得到温暖人心的笑颜和怀抱，他可能就会在贝丝阿姨照顾自己时更愿意表达爱意并信任她。如果你喜欢和他讲话，对着他唱歌，那么在其他大人接近时他可能也会出点儿声响。即使还不会说话，婴儿也会在与家长相处时习得心理模型，以此建立相当复杂的抚养者形象。

当然，这些人际关系模型并不是一成不变的，至少不应该一成不变。幸运的是，人们拥有学习新知识以及保持现状的能力（请见边栏对于体内稳态的描述）。于是我们依据大量新信息（并且信任提供信息的人）来修正、改动甚至替换内部工

> 许多生物体（包括人类在内）都有自我调节管理的能力，称作"体内稳态"，这一过程可以保证机体稳定或平衡。对于人类而言，体内稳态可以同时保证生理和心理的稳定。以体温为例，大脑内的下丘脑控制着包括呼吸、新陈代谢、体内循环等体内复杂系统以保证体温稳定在约37摄氏度左右。依恋理论中，体内稳态主要保证储存在程序性记忆中有关人际关系的新信息大部分都巩固了早期的内部工作模型。（事实上，大部分人都是由同一对父母抚养了18年的时间，他们一直以来都以同样的方式照料孩子，这也强化了我们早期对于抚养者的形象构建。）由此产生的稳固的（甚至顽固的）教养方式内部工作模型对于孩子而言效果甚佳：确保孩子在接触全新的人际关系时有一些熟悉的内容出现（这个过程一次又一次地重现），而不是好像他们从其他星球刚来到地球，头一次见到人类。

作模式，以调整发生的改变。正如约翰·鲍尔比所说，从依恋的范畴来看，健康可以被定义为能够如此行事的能力。灵活应变以及成长发展对生存甚至成功来说都十分有益。

尽管如此，灵活应变的能力可能因为内部工作模型而难以发挥力量。其原因正是因为它们处于杏仁核中。这部分大脑组织作为脑边缘系统的一部分，充分参与了记忆与情绪、社会生活以及决策的过程。有关依恋的程序性记忆可能主要储存在与其他脑部组织相连的杏仁核内，这些记忆作为"事实"的数据库被加入内部工作模型之中。那么问题就出现了：恐惧是人类基本情绪之一，杏仁核储存危险记忆、扫描周遭环境以发觉相关迹象，然后便会激发恐惧感，让我们同"袭击者"搏斗，选择逃跑或呆立原地以自保。"鲨鱼音乐"便由此而生。

如果威尔此前有印象爸爸不喜欢他对于安全感和安抚的需求，那么他的杏仁核数据库就会将此记录下来，一旦他受到惊吓需要安抚，杏仁核就会发出"危险！"的警报，告诉他"如果爸爸看到你又这样，他可能会离开！"于是威尔就学会了闭口不提对于安抚的需求。贝拉的"鲨鱼音乐"则会在她想要离开妈妈去玩耍或探索周围的世界时刺耳响起，因为妈妈看起来是那么恐惧自己离开。所以贝拉大部分时候就好像需要和妈妈待在一起，因为这会让妈妈觉得非常放松。考利知道如果自己没有每次都拿到第一，爸爸妈妈就会觉得尴尬，所以她十分坚决地追求卓越的表现。

如果这听起来好像是夸大了鲨鱼音乐造成影响的严重程度，是因为这种警告给人带来的急迫感正如跳出一辆高速冲出道路的公交车那般，尽管实际上根本没有公交车。

如果你问这些孩子为什么会这样做，他们根本没法告诉你为什么（尽管他们可能仅仅设想一下这些场景就会感到不舒服）。他们长大以后，杏仁核就会在他们自己的孩子有同样的需求时奏响"鲨鱼音乐"、拉响警报，告诉他们有危险出现，但是其实根本没有什么危险出现。我们经常告诉家长，鲨鱼音乐会引发对于必需且正常的需求的恐惧。如果过渡时期的经历没能改变内部工作模型，人们便会接受这种信号，做出相应的回应。

播放俄勒冈海滩场景的录像帮助家长理解"鲨鱼音乐"时，我们意在展示看似不具备侵略性的背景音乐却能完全转变感知到的信息。镜头沿海滩推进，配着《帕赫贝尔的D大调卡农》，观看者会自然而然地认为接下来要发生的事情一定很美好，可能是令人感到清凉舒爽的游泳镜头，或是在海滩上的野餐场景。播放同样的视频却将"鲨鱼音乐"作为背景音乐，立刻就有观看者感到有可怕的事情要发生了：镜头推进到尽头会有什么呢？这样的背景音乐正如程序性记忆，告诉我们孩子表达的需求到底是"安全的"还是"危险的"。

当然，问题就在于圆环上的这些需求实际上都不危险。无论我们小时候觉得多么紧张忧虑，抑或家长的忧虑、两地分隔（即"分离"，请见119页专栏中的内容）给我们带来多大的痛苦，都不是我们现在要面对的问题。我们的家长现在不在自己身边，我们也没有需要安抚或鼓励的需求，真的没什么可害怕的。杏仁核产生的信息有真有假，却假装这些信息都是真实的，无论真假都要拉响警报。人们要辨识哪些是真的，哪些是冒名顶替的，但这并不容易。⊖

### 如何减小音量

> 恐惧是整座建筑环境最差的房间。
> 我希望你的生活环境能更好一些。
>
> ——哈菲兹（Hafez），14世纪波斯诗人

杏仁核所提供的不只是备忘录式的提醒。情商专家、心理学家丹尼尔·戈尔曼（Daniel Goleman）说道，杏仁核就是在劫持我们。不幸的是，有些成年人的杏仁核数据库中塞满了痛苦的依恋记忆，他们都十分脆弱，大部分时间高度警惕。成人依恋访谈（Adult Attachment Interview，AAI）是具有开创性意义的评估手段，由卡洛·乔治（Carol George）、南希·卡普兰（Nancy Kaplan）以及玛丽·梅因（Mary Main）于1985年研发，在无法观察受试者青少年状况的情

---

⊖ 访问我们的网站 circleofsecurity.com 可以找到我们所播放的时长4分钟的视频短片，展示了我们所描述的场景，以及使用的背景音乐。

形下，可以帮助治疗师以及研究人员断定某位成人是否具备安全型依恋。其中一项研究发现依恋类型为非安全型的成人在进行成人依恋访谈时，比起具备安全型依恋的成人而言，杏仁核更加活跃且听到婴儿大哭时更加难以忍受。神经心理学家阿兰·肖勒提到，反复出现严重的、创伤性的且未经修复的裂隙会在很大程度上改变右脑的生物化学机制（该机制在孩子0～3岁时发育很快），而孩子的依恋经历可以成为其个性的一部分。在漠视或虐待孩子的极端案例中，孩子会产生更严重的心理问题。令人感到惊奇的是，我们发现安全感圆环的干预即使对于依恋经历十分糟糕的家长也有所帮助。

### 分离产生的回响

10个月大的小男孩安静地躺着，身下湿热的床单带来的感觉很熟悉。他用以寻求帮助的大哭过后，流逝的时间变成了不可触及的遥远，让他一眼看不到尽头。这种感觉越来越强烈——黑暗，越来越暗，然后就像跌入黑洞一般。终于，已经哭得面部僵硬的他听到了朝他急匆匆跑来的脚步声，于是他就用尽全身气力使自己的需求得以宣泄。就在一瞬间，吞噬他的黑暗突然消失，他便从歇斯底里的状态迅速恢复过来。现在他只是轻轻地抽泣，仿佛在柔声地述说着他那一点点需求。

就在妈妈突然出现在门口时，他们的目光短暂地交汇便分开了。然而就在那一瞬间，妈妈眼神中透露出来的怒火被他捕捉到了，仿佛是在责备他对于妈妈的渴求。而妈妈其实只是不想回忆起那种缺少关爱又渴求关爱的经历，她既不想看到自己的儿子这样，也不愿回忆自己的经历。于是，这个小家伙又基于刚刚发生的事情做出了一个决定："不要再想着找妈妈了，无论如何也要把这种想法抹去，丢到最远的角落去。只要这个念头跑回来，就想想刚刚妈妈眼中的怒火，用一样的态度对待这种想法就好。妈妈才不需要你的渴求。现在就把这个想法忘记，永远都不要想起来才好。"

对任何人来说，分离都是一种十分痛苦的感受，于婴儿尤甚。不幸的是，这些早期体会到的孤独、害怕、愤怒、不信任以及羞愧都会在未来的人生旅途中爆发。的确，这些感受也会从一代延续到下一代。对于孩子来说，如果人际关系中充斥着忽视，且抚养者总不在身边，让孩子自我发展的"灯芯"在满是错误暗示、忽视、漠视、敌意和抛弃的蜡液中反复浸泡，那么他此后的人生经历会不可避免地将这些痛苦反映出来。这个 10 个月大的孩子已经害怕提出对于亲密感以及食物的需求了。在这么小的年纪，他就已经开始重复妈妈在这个年纪所经历的模式。令人悲伤的事实是，如果不加以外界的干预，这个孩子未来很可能将同样的疏远模式以及孤独、寂寞带给他自己的孩子。

## 说出来

安全感圆环用言语将程序性记忆表达出来（使隐性变为显性），以此解决了顽固的杏仁核带来的进退两难局面。仅仅是给这个现象命名（鲨鱼音乐）就对许多家长产生了巨大的影响，这给予他们停下来的空间，考虑响起的警报是否准确。用文字准确描述什么是"鲨鱼音乐"以及何时出现暗示可以让家长更进一步了解"鲨鱼音乐"，帮助家长提前减弱"鲨鱼音乐"的音量。

"说出来"包含说出情绪、想法以及行为名称。如果你不知道自己的感受以及想法是什么又怎么能意识到自己何时陷入痛苦？我们都拥有明确自己内心想法的多种能力，而有些人成长过程中学到有关情绪的词汇非常有限。"鲨鱼音乐"是一种高度情绪化的现象（这就是杏仁核如何引起注意的），所以家长给予孩子回应的时候，询问自己现在的感受如何，便是一个良好的开端。

> 智慧既不存在于感知敏锐的大脑（边缘系统）中，
> 也不存在于飞速思考的大脑（前额皮层）中，
> 而存在于两个人的对话之中。

的确无法消除"鲨鱼音乐"在大脑边缘系统中留下的印记，但没有关系。请记住"鲨鱼音乐"是想要保护你的一种自然防御措施。作家 G. K. 切斯特顿（G. K.

Chesterton）曾给予我们充满智慧的建议：在了解人们为什么竖起篱笆之前，永远都不要将它拆除。了解自身"鲨鱼音乐"的源头可以缓解压力并提升对自己以及孩子的同情心。你的确有能力调低音量。一位童年经历十分坎坷的父亲给出了完美的解释："我仍旧可以听到'鲨鱼音乐'。我只是不再相信水里真的有鲨鱼了。"

### 产生一点距离

安全感圆环外部干预的另一种方式便是帮助家长通过录像战胜鲨鱼音乐。我们在进行第 4 章介绍过的陌生情境法（SSP）的过程中拍摄了家长的实验过程，然后审慎地将他们与孩子的沟通过程短片放映给他们看。这使得家长处于安全距离看待自己的依恋行为，而远离那一刻满足孩子需求的压力。于你而言，拍摄和孩子的相处过程既不现实也没必要，但是你可以由此意识到自己在圆环顶部和底部以及作为圆环上的双手时有关依恋的挣扎，我们会在下面详细叙述。此外，有关探索自身鲨鱼音乐的其他方式，请见第 7 章。

那些了解了产生于安全感圆环四周的痛苦挣扎的人便自然而然地开始四处找寻"鲨鱼音乐"引发某种行为的例子。虽然有成为到处给别人"诊断病情"的人的风险，你可以试着看看能否在类似工作或是游乐场这种自然的场景设定下注意到"鲨鱼音乐"的存在。但是不要期望自己做到完美，因为想达到准确的程度需要专业知识以及上百小时的练习，这样才能开始辨识出家长和孩子在圆环范围内产生的挣扎。其中部分原因是研究人员发现抚养行为和依恋纽带之间的联系没有那么紧密。这就是说，家长可以坚持安抚一位大哭的宝宝很长时间，带着蹒跚学步的孩子在花园中探索，能够长时间地坐在一群孩子身边查看是否有问题出现而不去打扰他们，还可以坚持长期如此，但该行为无法预知孩子和家长之间的依恋模式如何。所以，没有其他可以精准传达出心理状态的行为，只是看看家长照顾孩子的过程无法给予你足够的准确信息。

很显然，正是心理状态影响了安全型依恋（或是依恋缺乏）。事实上，研究人员发现女性在孕期评估的心理状态可以更加精准地预期她们未来和孩子的依恋模式，比任何在孩子出生后通过照顾孩子进行的测试方式都要准确。虽然不知道是如何做到的，但就连刚出生的孩子都能感知到父母积极反应与消极反应之间的差别，比如轻松与不耐烦、愉悦与愤恨恼怒、舒适与心神不宁、真实与伪装，这些反应对于普通观察者来说并不十分明显。但小宝宝可以察觉到最细微的叹息、最不起眼的语气转变、短短的一瞥或某种肢体语言，由此断定家长是舒心还是不开心。所以想自己了解自己，可能也需要观察很久才能做出关于自己的正确推断。

因此，你的最佳"观察对象"便是和家人待在一起的自己。你和孩子自然形成的纽带使你能够以一种准确、近距离且亲身体验的方式了解到底发生了什么。目的并非发现问题，而是为了找到圆环上的什么位置会令你感到焦虑或是马上就要焦虑起来。研究人员称为"微型沟通交流"的位置点与病理学无关，而有关那些不知不觉就从家长延续到孩子身上、一代人延续到下一代人身上的挣扎。结合刚刚所阅读的内容，你完全可以屏蔽"鲨鱼音乐"带来的干扰，运用安全感圆环指示图完成转变，对孩子的需求感同身受而不会有任何不适感受（一点儿都不会有）。你可能也会发觉依恋／"鲨鱼音乐"的时光自然而然地进入你的脑海。

家长一定要理解，无论你今天有多么挣扎，也没必要责备自己或自己的抚养者。重申，对于那些从安全感圆环视角出发看待现今和过去人际关系的人来说，安全感圆环会一次又一次地为他们带来同情心以及怜悯之感。曾经有一位男士讲述自己两岁时因为要离开朋友家而大哭，他母亲便转过身背对着儿子。他的母亲讲到这件事的时候无比自豪，这位男士却是有苦难言。因为自身这样的经历，他从未这样对待过自己的孩子。多年之后，他接触安全感圆环时想到妈妈在自己出生前一年失去了6个月大的女儿，留下了泪水。他想，母亲有时候会变得遥远陌生可能是因为她成长的家庭教会她远离一切悲伤情绪吧？

如果你有孩子，而且觉得自己在圆环某处遇到困难，那么在"鲨鱼音乐"不断地侵扰你时探索程序性记忆会十分痛苦。有些家长接手任务时会带着羞愧的重担，可能是因为她们不希望重复自己父母犯下的"错误"，不想将同样的痛苦带给自己的孩子，可是他们却事与愿违。我们让家长观看安全感圆环拍摄的他们自己和孩子相处的视频短片，很多家长会指着孩子说道，"这就是小时候的我，而我正如我母亲。"

### 反思

如果孩子表达的需求引发了"鲨鱼音乐"，就好像家长突然看到了自己童年场景的老电影。于是她重演了童年的场景，自己扮演起了父母的角色，或是（由于过度补偿）饰演了自己幻想发生的场景。因为电影内容始终不变，她就被困在了这部电影之中。做出新选择最重要也是最好的方式便是自我反思。本书中，反思功能指回想并辨识出自己为了满足孩子的需求做了什么、没做什么的心理能力，这也包含一种辨别能力，要能看出孩子用和我们同样的方式产生圆环上需求的程度。反思后，防御系统可能就不再坚不可摧，或者至少在你反思自己是否真的看出孩子某一刻的需求时，反思你能否以自己希望的方式做出回应时变得不那么难以忍受。

一些家长能够回想、感知自己如何被抚养成人，看出自身教养方式中惊人的相似之处，他们向我们展示了能够通过反思找到真相的洞察力是多么重要。但是请牢记在心，能看出差异不意味着行为立刻就能发生改变。程序性记忆和鲨鱼音乐紧紧地控制着我们，所以要历经周折才能使其控制力有所减小。通过学习安全感圆环干预，一位父亲明白了鲨鱼音乐不想让他对孩子显现自己的情感，于是他就会在自己走进儿子房间前不断重复"亲亲我的宝贝，亲亲我的宝贝，亲亲我的宝贝"，然后他进到房间内却绕过了坐在地毯上的孩子，站在窗边眺望远方。他反思失败了？很难说。此时，儿子呼唤着爸爸，于是他转身，小声对自己说，"是'鲨鱼音乐'在作祟，"于是就抱起儿子，亲了亲自己的宝贝。

### 请牢记你所做的一切都是因为爱

理解了家长对鲨鱼音乐十分在意其实是在保护孩子，便给予了我们莫大的安抚和鼓励。如果小时候每次都因为声音太大被锁在卧室里，你可能会因为避免被关起来而变得十分安静。现在，面对自己吵闹的儿子，你可能也会试着让他安静下来。声音大对你而言就代表着有鲨鱼的海域，因此你的杏仁核便帮你让孩子远离不可避免的（却再也没出现过的）可怕掠食者。对于圆环上的所有需求来说都是如此。你可能已经明白探索世界或寻求安慰对你父母来说无法接受，所以你就不再尝试提出此类需求。无论是否相信，你无意识地希望自己的孩子不要提出相同的需求，但其实这是出于对他们的爱。

请在探索鲨鱼音乐时将这一点铭记在心，相信自己的反思能力。这将帮助你转移注意力，从关注孩子正在做什么以及你有何感受，转换到你正在做什么以及这会给孩子带来什么感受。这就是你能够尽可能保护孩子的方式了。

<blockquote>
反思意味着停下来给自己提出问题，<br>
不仅是自己身处圆环何处的问题，也包括自己的鲨鱼音乐是什么的问题。
</blockquote>

## 看不见的传家宝

> 过去的事物总是会在特定时刻重现。
> ——萨尔瓦多·米纽钦（Salvador Minuchin），家庭治疗师

我们像家庭治疗师那样对依恋理论着迷的原因之一便是，有些家长同孩子相处得十分艰难，我们在了解这些家长的过程中发现他们所遇到的问题都和自身成长经历中的问题相关。这可能听起来有些陈词滥调，和"有其父必有其子"[⊖]一样的老掉牙。但是在依恋场景中，这就更为复杂，而且（我们认为）其影响巨大。社会学家以及公共政策制定者一直以来都在寻找广覆盖面的解决方法以打破贫困、虐待、失业、教育缺失、家庭不稳固以及其他问题的循环。我们在此诚恳地建议每一位需要解决这些问题的人士都学习依恋研究的内容，作

---

⊖ 英文原文直译为"苹果掉落苹果树后不会滚得太远"，后文需要用到此"苹果"的比喻——译者注。

## 5 "鲨鱼音乐"：我们的童年如何在教养孩子的过程中产生回响

为找到解决办法的基本要素。我们认为想要学习这些知识就需要让这些知识能够被人们迅速获知、深入直觉。当然，这就是我们创立安全感圆环的原因。

人际关系对于生活各方面获得成功和感到快乐起到了至关重要的作用，如今鲜少有人质疑这一点。正是依恋理论帮助我们理解为什么有些人建立联系比其他人轻松很多；为什么有些人能够完全信任一段人际关系而不失去自我，而有些人都不得不做出受人支配或受到孤立的选择；为什么有些人和朋友相处时感到舒适惬意，而有些人可能看起来如此，但内心却质疑自己的感受、不断地自我批评。许多因素都会自然而然地影响性格和脾气，社交技能和情绪控制技能，潜能多少以及发挥的程度。依恋类型从一代延续到下一代的比例达到惊人的75%。设想如下场景：

比安卡很爱妈妈罗塞塔，这位单身母亲离婚过后倍感凌乱却仍努力挣扎。四岁的比安卡已经可以理解母亲现在的情绪濒临崩溃。妈妈对于母女二人的未来没有信心也没有头绪，却仍尽最大努力保持乐观，给予女儿最大的帮助。换了一份新工作，签署了一份不情愿的共同抚养协议，看着不断寄来的账单，罗塞塔和女儿倾诉自己总感到"情绪低落，无法自拔"。

罗塞塔说女儿是一个"过于焦虑的孩子"，如果不和妈妈一起睡，比安卡就无法安睡一整夜。"我别无选择，只能满足她对我的需要。"

过了许多类似的夜晚后，比安卡开始尝试着自己睡觉，罗塞塔也要求女儿自己睡觉。可又过了几个夜晚，比安卡就会在床上大哭，直到妈妈停下手头的事，爬到床上和她一起睡觉才停下来。只有这样比安卡才能入睡，却睡得很轻，如果妈妈想要起来干点儿什么，比安卡就会号啕大哭，把妈妈拉回床上来。

罗塞塔将这辛苦的日常琐事告诉自己的妈妈，妈妈就会不耐烦地回应，"嗯，她就是特别喜欢你而已，罗塞塔。你小时候，如果我不抱着你就别想干别的。我待在家里就几乎不能干任何事情。"有趣的是，罗塞塔记忆中的场景却是妈妈不让她出去和别人玩耍，或是去别人家过夜，妈妈说她会染上别的孩子身上的虱子，也不知道别人家会怎么为孩子准备晚餐，而且女孩子只允许和自己的妈妈待在一起。但是如果罗塞塔真的在家和妈妈待在一起，想和妈妈玩游戏或是需要妈妈安慰，妈妈却总是分心，还有点儿不耐烦。罗塞塔记得自己很小的时候，即使她还在大哭，妈妈也不会继续抱着她，而是把她放下来。

如果我们能够和罗塞塔的妈妈一起工作，就会发现她的爸爸在成长过程中被灌输了"除了家人你谁都无法依靠"的想法，因此家人也不支持他远离家庭去上大学。他娶了一位完全依赖他的女士作为妻子，自己掌管家庭事务，但他总是抱怨自己不得不做出所有的决定，甚至还要因为妻子无法自立而自己完成日常的采买工作。

如果没有对于依恋理论的深入理解，你可能很容易就会认为这个家庭显然给所有后代都传递了大量自我保护的信息。但是影响更大的（也是很难改变的）其实是每代人的父母双方至少有一方对于圆环顶部需求过于警觉、紧张，害怕让孩子离自己太远或是拥有太多自主权利，且对于给予安慰感到局促不安。所有这些信息都并非有意识地传递给下一代人，这便是儿童心理学家塞尔玛·弗雷伯格（Selma Fraiberg）所提及的"育儿室中的鬼魂"。这就是为什么罗塞塔甚至辨识不出事情的核心不是比安卡总是拉着她，不让她离开，而问题其实在她本身，鬼魂是看不见摸不着的。

**不过，事情总是会发生改变**。苹果从树上掉落也可以滚得远远的。反思功能就是实现改变的最重要手段。如果家长理解了"鲨鱼音乐"如何操纵心理状态，他们就能努力改变当前的心理状态，由此避免无意中将其传递给孩子。许多不同的亲缘以及环境因素都会塑造孩子的发展轨迹，反思过后，我们便时刻都有可能建立安全感并且逐渐形成更加条理分明的人际关系处理方式。

我们在安全感圆环工作中看到那些拥有强大反思功能的高危家长（离家的少年母亲、受到家长虐待的经历等其他情况）已经比此前更有可能同孩子建立安全型依恋了。他们已经能够看出自己的童年经历和现在自己孩子的经历之间有何不同了，可以立刻坐下来和孩子探讨问题出在哪里。令人高兴的是，这不意味着那些反思功能较薄弱的家长无法建立安全感。那些反思能力最差的家长接受安全感圆环介入后也有机会同孩子建立安全型依恋。他们也会反思；这些家长在学习安全感圆环内容过程中最大的收获就是反思功能。这很大程度上给人们传递了每个人都想教养好孩子的积极意向,也就是约翰·鲍尔比所说的"天注定"。

> 过去从未消亡,它甚至从未过去。
> 
> ——威廉·福克纳(William Faulkner),《修女安魂曲》

## 置身圆环何处会给你带来困难:顶部、底部,还是作为双手之时?

教养孩子需要家长为孩子做出方方面面的决定:纪律、饮食、母乳喂养还是瓶装奶粉,陪孩子睡觉还是让孩子自己睡觉,是不断地参与还是暂时休息一下,是让孩子自在地玩耍还是用闪光卡[注]或是古典音乐提升孩子的情商,送孩子去托儿所还是在家照顾孩子等很多问题。你有充足的理由、有多种选择来解决这些问题,但是如果选择不是出自依恋视角,可能你所做的有关喂养、教育以及行为管理的决定就都不那么重要了。这就是为什么你要知道自己置身于圆环何处会带来困难。

安全感圆环指示图的设计是为了反映依恋分类,该分类由玛丽·安斯沃思于20世纪60年代定义并由其他人不断修改。这些有关分类的专有名词也不断演变,但我们三位作者只将这些名称简单地视作圆环顶部、底部或作为双手之时遇到的困境。看看你是否同下面的描述有契合之处。

### 圆环底部的"鲨鱼音乐"

一些家长在孩子处于圆环底部时会听到"鲨鱼音乐",这些家长很容易对情感以及/或者肢体亲密行为感到不适。他们可能会对依恋需求的重要性不以为然,不重视生命中人际关系的本质属性。他们可能会因为没人可以"依靠"或是在情绪低落时无人安慰的感觉而产生"鲨鱼音乐",因此体验到那种自由落体的空虚,这是童年期间抚养者未能满足他们对于温暖和支持的需求而产生的

---

[注] 一种供展示练习用的、印有文字或数字的卡片——译者注。

感受。为了抵御自己童年的痛苦，避免孩子遭受同样的痛苦，对于圆环底部感到不适的家长可能会将大部分注意力放在孩子的成就、智力或是各种活动之中（即关注圆环上半部分掌控孩子的探索行为，却忽视给予情感照顾的机会）。

那些在圆环底部会遇到困难的家长通常会期望孩子能够完成还无法完成的事情。威尔的爸爸将三岁的儿子扔在聚会上，甚至头都不回地就走掉的原因正如他在接受邀请时在电话中和苏珊讲的，"我儿子完全不依赖我！太神奇了，他从两岁开始就这样！"

其他一些家长则重视孩子表现如何以及成功与否。考利的家长鞭策孩子成为无情的竞争者，因为毕竟"她需要学着在有鲨鱼的水域中游泳。"真是很讽刺的比喻啊，不是吗？但有时候考利的妈妈看起来对这样的行为也感到不适。在学前班的家庭活动中，其他家长总能在角落里偶遇考利的妈妈，于是她就会不停地夸赞考利的各项技能有多么"惊人"，最后总会以同样的话作为结尾，"如果不是爸爸一直敦促我努力工作学习，我也不会得到今天的一切。"看起来其他家长实在不想继续这样的谈话，而考利的妈妈看起来则总是努力说服自己抚养考利成长的方法"完全没问题"。

有趣的是，在圆环下半部分挣扎的家长并非真的想让孩子完全独立。他们可能看起来不想让孩子需要他们，但他们却常常渴望待在孩子周围，这种感觉在见证孩子取得成就的时刻尤为强烈。他们总担心孩子是否自尊心满满，所以觉得总要用"做得好！"以及"太棒了！"等一系列惊呼并使劲鼓掌来激励孩子。也许这些家长认为孩子天资聪颖（即使事实并非如此），所以也这样同别人说起，沉醉于这些成就带给孩子的自豪（当然作为家长的也同样感到自豪）。

当然很多人在圆环底部的挣扎更难以察觉。在学习了安全感圆环的内容之后，一位妈妈回忆了一些她认为是在圆环底部产生的事件。她记得小组活动中想让五个月大的儿子坐在自己膝盖上，脸朝向房间里的其他人。她认为自己的孩子十分外向，对于周围发生了什么充满好奇，所以如果他能看到大家、产生互动就会更加开心。而且，小家伙看起来的确如此。但是有一天她正在邮局外面排长队，看到一位母亲抱着自己一岁大的宝宝，宝宝趴在妈妈的肩头，看起来十分舒适惬意，她就很好奇，"为什么我儿子不喜欢我这样抱着他呢？"

> **反思处于圆环底部时的困境**
>
> （1）我是否担心孩子的自尊需要连续不断的（常常是每时每刻的）支持维护？
> （2）我是否致力于让孩子专注于不断获得成就（无论是身体还是智力方面）的方法，却削弱了亲密感（搂抱、抚摸、坐在大腿上，等等）呢？
> （3）我是否在孩子外出探索世界时感到更加愉悦，却在孩子需要我帮助他理清情绪或在他情绪低落、需要我安慰时感到有些不舒服？

### 圆环顶部的"鲨鱼音乐"

孩子处于圆环顶部时会听到"鲨鱼音乐"的家长并非忽视了情感依恋的重要性——他们只是有些过于全神贯注了。和孩子无论是情感上还是/或是现实世界中的分离都会带来不适感，因此这些家长总想采取牵制性的战术让孩子待在自己身边，远离那些"危险"（但是离得却有些太远了，甚至远离那些不会影响到他们的事情）。他们为了让孩子待在身边，能想出很多理由，或常常在孩子高高兴兴地探索很安全的外部世界时将孩子拉回来。有时，于圆环顶部挣扎的家长对待孩子的方式就好像是对待更加年幼的孩子的方式，或者鼓励孩子一定要寻求家长的帮助，这是因为这种做法能够让孩子在成长发展过程中依赖父母。

贝拉的妈妈不仅是在聚会上和女儿一直待在一起，还要时刻将女儿拴在身边。她知道贝拉从某种程度上来讲是想要出去玩耍的，因此在理智占上风时，她可能会同意女儿和其他孩子在三米开外的客厅玩一会儿，因为这样她能保证女儿绝对安全。可"鲨鱼音乐"却总是唱反调，因此她给女儿的答复总是矛盾混杂的，嘴上说着她应该去玩儿，可是却总会通过肢体语言、面部表情或语音语调这种不使用语言的方式（而这是只有贝拉才会感受到的信息）告诉女儿其实她并不这样想。

考利的家长则将女儿视作明星一般（他们自己从女儿的成就中获得了满足感），还有许多家长通过过分带入感受或是和孩子保持"感同身受"而保持亲密相处。有时候，这样的关系会让外界观察者感到"太过宠溺"。家长将孩子视作独一无二的珍宝（他们只关注了独一无二，而非取得的成就），满眼看到的都是自己完美的孩子。此番场景中的家长所感受到的就只是孩子的独特性，他们只是自认为孩子"完美又独一无二"，这样的设定掩盖了他们对于自身强烈的自我质疑。他们觉得，孩子在自己左右，和自己有相同的想法，在父母生活半径范围内活动，永远都不要独立自主地探索世界才好。

不幸的是，置身圆环顶部会感到不适的家长也经常会在给予安抚方面遇到困难。他们往往满足自己被孩子需要的需求，和孩子感同身受，却不为孩子提供实际的或与孩子步调一致的安抚。乍一看这可能令人有些疑惑，因为他们表现得全身心投入到孩子身上。但问题在于他们可能过分干涉了孩子的事情，有时孩子不需要亲密相处，家长却会强行拉近距离。因此，被自身鲨鱼音乐遮蔽了视听的家长可能会认为自己和孩子保持亲密接触是为了满足孩子的需求。虽然担心分离会给孩子造成影响，但是他们也十分担心这给他们自身带来什么影响。

### 反思处于圆环顶部时的困境

（1）我是否担心孩子不再伴我左右？

（2）我是否在寻找将孩子的注意力拉回我们之间的方式？

（3）孩子在我身边、将注意力放在我们二人身上时，我是否感到更加愉悦？

### 作为圆环上双手时的"鲨鱼音乐"

我们要明确一点：所有家长都会在扮演承托圆环的双手时遇到困难。在某些时候、某些地方、某种情形下,我们会冒出不想做父母的想法,至少一定程度上来说是这样的。家长会有意忽略孩子乱发的坏脾气,或是想把大喊大叫的孩子扔上床。家长可能会在孩子恳求自己的时候允许他们做一些我们本不想答应的事情。我们会呵斥孩子,说一些以后会后悔、想要收回的话(然后不可置信地问自己,"刚刚那是谁?")。

这样的家长不是怪物,当时我们也未必听到了鲨鱼音乐。过量压力会导致双手偶尔脱离圆环。关键就在于产生裂隙后的修复工作,最好能够尽快恢复(请见后文框中内容)。对于孩子来说,没有什么事情能够比他深爱的抚养者变得十分严苛、软弱无能或是不负责任更具威胁的了。若未能修复如初,"十分严苛、软弱无能或是不负责任"就可能会伤害年幼的孩子。

那些父母常常不在身边或遭受过虐待(既可能是情绪上的,也可能是其他重要方面的)的成年人常常会在掌管孩子生活中遇到巨大困难。可能他们从不知道威严却又让人感到安慰的家长是什么样子,这样的家长可以保护孩子远离危险,而不是孩子生活中的主要威胁。这些成年人常常会在规范孩子行为时艰难挣扎,无意识地重演十分严苛或是不负责任的抚养者的行为,可他们也总会陷入软弱无能的境地,只因不想重演自己成长过程中所承受的严苛管教。好消息是,如果这些家长不那么严苛、软弱或不负责任,拥有正常的警惕性,格外重视自己的反思功能则也能够同孩子建立安全型依恋。

本(考利的爸爸)作为圆环上的双手以及处于圆环底部时都会遇到困难。如果本没能达到他的爸爸规定他在高中打篮球的要求,他的爸爸就会用严苛的"家规"惩罚他。本几乎还不认字的时候,爸爸就会因为学习问题如此惩罚他。因此本有时也会因为考利没能"达到要求"而对她十分严苛,但是有时会感觉十分糟糕,于是又奖励她很多礼物。正如我们上文描述,尽管考利的妈妈丽莎会抓住每个机会和其他家长炫耀自己女儿取得的成就,她却不那么确定自己是否应该这样鞭策女儿,让她比其他孩子做得都好。

丽莎的爸爸以前总和丽莎妈妈说,他自己要忙着养活这一家人,如果丽莎没能拿到"优",或是没能竞选成功进入学生会工作,那就是丽莎妈妈的失职。

这么多年过去了，如今丽莎的"鲨鱼音乐"低音部分听起来很像她爸爸日日夜夜地冲着妈妈大吼。虽然她内心十分清晰地意识到了这个问题，可获得成就却成了丽莎远离鲨鱼的方式（她仍旧感觉鲨鱼就在身边）。

### 我们如何修复"严苛、软弱无能或是不负责任"的问题

从某种程度上说，无法回应孩子的依恋需求，都会令圆环产生裂隙。无论出于何种情况，关键都是要快速、真诚、用心地修复圆环。当然，这需要我们①具备积极的态度以及②反思功能（知道在什么地方引发了鲨鱼音乐，致使我们脱离圆环），即需要向孩子展示我们对于没能满足他的需求感到很糟糕，因为我们一直都希望伴他左右，告诉他我们明白自己没能满足他的某种需求。我们也可以简单地解释一下为什么自己当时没能满足孩子的需求。

有时候我们会拿掉放在圆环顶部的手："对不起，我刚刚可能让你觉得我不想让你为自己考虑。"有时候我们会拿掉放在圆环底部的手："对不起，我可能让你觉得我无法给予你想要的安慰。"有时候，我们严苛、软弱无能或是不负责任地将双手都脱离圆环。修复这些"脱手时刻"十分必要，因为变得更加高大、强壮、智慧且友善是扮演好父母角色的核心："对不起，我知道我刚刚的所作所为一定让你觉得我非常严苛（或是软弱无能或是不负责任）。我想让你知道，我现在回归状态了，我们一定可以找到让事情变得更好的方式。"

判定我们是否完全修复了裂隙的凭据便是确认修复后的关系是否得到了升华。如果裂隙产生于圆环底部，比如你因为压力很大而忽视了孩子对于安抚的需求，这个过程会十分简单；处于圆环顶部时，可能因为孩子想要自己穿衣服却搭配得一团糟，或是浪费了很多时间而让你变得暴躁，这种情况处理起来也十分简单。简单地道个歉（不用太投入情感或是让他们感到愧疚），尽快弥补刚刚的失误就会得到孩子的笑颜，而孩子也能在此后信任地求助于我们，获得我们的鼓励。扮演圆环上的双手而遇到困难的情况时有发生，这大都是因为家长年幼时没有更加高大、强壮、智慧且友善的抚养者作为榜样。

> 如果我们和孩子的角色颠倒，不能承担起掌管全局的角色，或是因为自身童年经历而给孩子设立严苛的要求，那么我们越早同孩子建立裂隙与修复的过程（以及记忆），对孩子就越好。如果我们很难友善且智慧地掌管全局，想要修复自己和一个 11 岁孩子之间的裂隙、建立信任所花的时间就会更长，但早些开始就会更容易一些。即使如此，无数家长都经历过和孩子表达自己"真的很抱歉"，表明自己已经知道那里做错了，并且想要重回高大且友善的角色，无论这时孩子多大，只要家长开始行动，都是十分有意义的事情。即使孩子已经 14 岁了，建立习惯说出以下内容仍有助于强化你和孩子的关系，为孩子建立安全感："对不起，我刚刚有些太易怒了，做了一些我本不想做的事，你肯定不希望看到我这个样子。问题在于我太累了，这一天过得太艰难了，但是我依旧不应该冲你吼，而且我的答案依然是不可以，你不能在第二天还要上学的日子和同学在晚上出去玩。如果你愿意，我们可以谈论这个问题，因为我很在乎你，但我也十分清楚自己不会改变主意。"坚定、有道理的关心一般都能很好地解决家长时不时变得严苛、软弱无能或是不负责任的问题。在第 9 章我们会向你展示在孩子发育的不同阶段，家长将双手置于圆环之上时做出回应的内容。

很显然考利的父母至少有一方要能辨识出生活中的"鲨鱼音乐"。理想状态下，父母双方最好都能明白自己的过去仍然影响着他们现在的态度，但是即使只有一方能辨识出自己的家庭因何挣扎便可以产生不同的结果。思路清晰因而以全新的方式做出不同的选择可以带来改变。

### 反思扮演双手角色时遇到的困境

（1）我是否能坚定且友善地拒绝孩子，让他知道我掌管着全局？
（2）我生气的样子是否会吓到孩子，让他畏缩不前，对我言听计从，并压抑自己的想法和感受？

（3）我会让孩子掌管全局吗（可能是照顾我/关注我的需求或自己过分依从孩子的想法/孩子害怕我会生气）？

（4）我是否期待孩子自己解决困难和缓解激烈的情绪，而不需要我提供支持？

### 如果你无法阻止自己变得"不负责任"

我们有时无法阻止自己成为"不负责任"的家长。失去家庭成员、经济不稳、离异、精神状况出现问题或严重的疾病等造成的巨大压力会耗尽我们的精力，因此我们可能没有气力将双手置于圆环之上。这些情况下，我们能为孩子做的最重要的事情就是不断地向他们表达自己想要陪伴左右的想法，运用语言的力量修复一些小的、暂时的裂隙，同时尽己所能帮助其他抚养者替自己满足孩子的需求。正如第3章所述，抚养者若有其他人帮忙，有亲戚或是关系亲近的成年人能够辅助建立依恋，帮助父母将双手置于安全感圆环之上便益处颇多。同样，有时候家长自己也需要帮助。如果你觉得自己现在无法在孩子面前保持更加高大、强壮、智慧且友善的角色，请寻求所需的个人或专业人士的帮助。依据经验，我们发现这一选择常常是家长困惑时或处于巨大压力下的救星。

**本书对于圆环四周存在的困境的描述，是否有些内容让你感到不适呢？** 如果有，是在圆环底部、顶部还是扮演双手的角色时遇到的困境呢？如果你感到悲伤、局促不安、想要自我防卫或产生其他不适的感受，这可能就是你面对自身人际关系时，身处圆环某处引发困境的线索了。即使尚未为人父母，在自己同家人、朋友或是同事相处，面对亲密关系和情感表达时，或是参与到需要独立自主以及探索精神的交流活动中时，你也会遇到困难。于你而言，人际关系越亲密、越重要，就越能帮助你承受依恋带来的困境。

尽管你可能认为自己和这些描述对应不上，但是在读到这些描述时你的感受同样值得探究。我们泛泛的描述是为了让你大致了解其中的差异，但是许多读者也许只能辨识出圆环上一个或几个位置的次要挣扎。为什么它如此重要呢？因为安全型依恋的心理免疫（持续的情绪健康状态会通过生活中的困难帮助孩子形成缓冲）对成长中的孩子来说极其重要。生活有时很难熬（会逼得你走投无路、抱头痛哭，给你带来挑战），你就可能会因圆环特定位置上的需求而更加挣扎。你会对裂隙保持警惕，对修复格外留意。当然，你可以继续顺从本性成为最棒的父母（这本身就对你十分有益），反思并明确处于何种位置会令你挣扎，尽力为孩子提供安全感。本书第二部分顺着这个方向探索的内容会为你提供更多帮助。安全感总是扮演着重要的角色，益处多多。

### 选择安全感

孩子的需求：
如果孩子产生需求，而你要做出的回应令你感到不适……

"鲨鱼音乐"：
你突然感到不适（例如，孤独、不安全、被拒绝、被遗弃、愤怒、受到操控）。

选择：
你可以回应孩子的需求（忽视它给你带来的不适感）。

或者：
你可以无视孩子的需求（不予回应或回应不积极）以保护自己远离痛苦。如果你保护自己免受不适感的伤害，孩子的需求便得不到满足。一段时间后，孩子就会开始间接地表达该需求，这将成为你们两个人的困扰。

所有的父母都会因孩子的某些需求而听到"鲨鱼音乐"。一些孩子具备安全感，他们的父母能够识别出自己的鲨鱼音乐。这些家长通常（并不总是）会选择寻求满足孩子需求的方式，忽视因其产生的暂时性痛苦。

建立安全感的步骤：
（1）辨识出不适感（"鲨鱼音乐又来了"）。
（2）正视这种不适感（"我现在之所以感到痛苦是因为这一需求引发了"鲨鱼音乐"）。
（3）回应孩子的需求。

### "陪伴圆环"教会了你什么

如果你探索同自己父母依恋关系的圆环，获知哪些情绪得到了接纳而哪些没有，可以得到另一条线索，它揭示了你可能在圆环何处遇到困难。我们选定了六种情绪：喜悦、悲伤、愤怒、好奇、恐惧以及羞愧。（事实上好奇不是一种感受，但是包含了许多与自主性相关的感受。）对于某些人来说，某些感受可以长驱直入"陪伴圆环"。例如，可能我们的家长觉得孩子可以将恐惧的感受表现出来。如此，我们的恐惧便得到了支撑，有人和我们协同调节情绪。于是我们明白这种感觉是正常的，是一种可以接受、可以分享的情绪，是一种不会吞噬自身的感受。但是另一种感受就不那么容易被接受了。比如，孩子的悲伤不能被圆环完全接纳，因为只有在孩子不那么关注这种感受，并试图解释、大笑或是迅速转移话题来转移注意力而不致同父母疏远时，这种情绪才能得到接纳。最有效的信息很可能来自那些被完全消除的情绪：就是那些父母表示根本不愿意触碰的情绪问题。

如果你对于这种可以习得的知识感兴趣，请依照图 5-1 画一个圆，并且在中间写下你认为和自身童年经历（完全、部分在陪伴圆环之内或是在陪伴圆环之外）对应的情绪。

5 "鲨鱼音乐"：我们的童年如何在教养孩子的过程中产生回响

为每一种核心情绪（好奇、喜悦、悲伤、恐惧、愤怒以及羞愧）都画一个圆。依据你童年时主要抚养者能在多大程度上"陪伴"你并且帮助你厘清这6种情绪，将这6个圆放置于安全感圆环的内侧、外侧或是置于环上。

图 5-1

如果你童年时期被告知不应该产生某些情绪，你认为自己会怎么做？虽然从未有意识地计划或分析过，你却会以某种方式假装自己从来没有这样的感受。即使你很难过，可是却明白如果完全表露情绪或表达真实需求便很有可能致使父母远离自己。你由此产生了误导父母的应对策略，以保证抚养者伴你左右。作为成年人，在悲伤且孤独时，你可能却表现得非常冷静、自制力极强。身为父母，你可能会在感受到孩子需要依偎在我们怀中时展现出自己最欢快且乐观的一面。但是在内心深处，你明白无论自己多么需要别人安抚，一旦将这些情绪表达出来，感觉只会更糟。你童年时期得出此番结论，于是现在也试图教会孩子这一点来保护他。

孩子学习新知识的速度都很快。你带给他们的错误指示很快就会成为你们二人之间依恋舞蹈的一部分。下一章将会展示这些错误信息的样貌，以及孩子真正想要传递的信息。

# 行为透露出的信息：
## 指示以及错误指示

三岁的塔里克"快乐又乐观"，学前班助教给出了此番评价。他新认识的好朋友卡森相比则更喜欢安静地独处，喜欢搞点儿自己的小玩意儿，但是塔里克会设法让他加入小组活动。莉莉看上去正处于社交过渡期，她会在老师身边跑来跑去粘着老师，一会儿又会跑开去挑选一个玩具，然后又回到老师身边，老师认为这种过渡期会持续很长一段时间。安德烈平常总会宣称自己是世界之王，但是被其他小朋友打败的时候却无法控制自己的情绪。阿梅莉亚是班里的活宝，而且老师从未见过她流泪，即使她很难过时也没有过。玛丽索尔和奥利弗都有"行为问题"，他们遇到矛盾不用言语而喜欢用打架解决，一般这种情况他们都会被教导老师点名字，然后就都噘着嘴，拒绝做出改变，拒绝说话。乔丹是班里的"小教授"，他常常坐在桌子前，面前摆着各种书或是"实验用具"。孩子们都会找他询问各种事实性的问题，老师则觉得他需要多运动运动。

莉莉就是一个古怪、情绪无常又轻浮的孩子吗？安德烈天生就这么爱欺负人吗？阿梅莉亚以后会长成一个逗乐的丑角，会因为做事不认真而被开除吗？奥利弗和玛丽索尔生来就是麻烦制造者吗？乔丹会因为比周围的同龄人知识更丰富而自以为是吗？当然不是。孩子并不是他们的行为所展现的那样。我们看到孩子建立了某种行为模式就会忍不住给他们贴上标签（"他总是这样做"），但是这样的倾向会夺走宝贵的机会。我们不必根据孩子的行为判定他们的性格，就仿佛这些行为是他们的个性特点的反映。我们需要试着理解他们的行为。行为会透露出信息。因此我们要问问自己："孩子们想告诉我们什么信息？"问题的答案能告诉我们孩子的需求是什么、他们的需求是否得到满足，以及如果没有得到满足，我们能够做什么。这些信息极其重要，因为我们都希望孩子的未来可以无限广阔。我们希望孩子获得安全感，因为只要孩子相信美好存在的可能性，通往健康、快乐、成功之路的大门就会对他们打开，一路畅通无阻。

> 我从安全感圆环中学到的最重要的事情就是思考事情为什么发生，而非发生了什么。
>
> ——苏·布朗，库塔曼德拉，新南威尔士州，澳大利亚

如果能自己做出选择，家长可能都希望自己的孩子像塔里克那样既快乐又乐观，能够和其他人和平相处，还会帮助他人。可是如果我们的孩子像卡森那样十分害羞，我们都希望这种性格不要成为他的绊脚石，不要阻碍他过上自己想要的生活，不是吗？

我们的确可以做出选择。我们应当理解孩子的行为（尤其是处理人际关系时的行为）常常同他们的依恋需求以及他们试图如何满足这些需求相关。像安德烈以及玛丽索尔这样学前班的孩子可能只是某一天过得很糟，但即便只是他们度过糟糕的一天的方式也显示了其依恋模式。如果乔丹不是刚在三岁的时候就开始担心自己做得不好，他可能也会跟着其他小朋友一样跑来跑去，毕竟他只知道自己长于记住各种知识；他的父母每天也都会告诉儿子，他的确知识丰富。如果安德烈不担心自己"退位"后会遭到忽视，也许就会偶尔让其他人坐坐他的宝座了。虽然毫无缘由，可奥利弗就是觉得很生气。阿梅莉亚认为大姑娘不应该流泪。

孩子会从父母对于"鲨鱼音乐"的反应中得到信息，这些信息常常会塑造

孩子的行为。在涉及依恋关系时，孩子的行为会以正确指示（直接、清晰地表达自身需求）以及错误指示（间接、相反的信息，或是错误地引导家长远离孩子真正的需求）的形式出现，问题就在于家长看到的是哪种指示。

乔丹可能需要支持和鼓励才能参与到体育活动中，但是他认为自己得不到这份支持，所以会假装不感兴趣——这就是圆环顶部需求的一个错误指示。奥利弗的妈妈重病，爸爸忙于照顾妈妈，所以常常会疏远孩子，奥利弗因此表现得很生气，这是圆环底部需求的错误指示。如果阿梅莉亚忍住自己的泪水，妈妈就会给她一个大大的微笑，给予她鼓励；如果她的幽默风趣逗乐了家人，大家就会给她不断鼓掌，因此她在感到受伤或是脆弱的时候就会去逗乐别人，传达出错误信息。莉莉的妈妈不断警告女儿这个世界充满各种危险，因此莉莉会跑回妈妈或老师的身边，传达出她对探索世界的需求的错误指示。（因为妈妈会对于莉莉的安抚需求感到不自在，莉莉只得再次跑出去探索，可是很快就会回来，因为她知道妈妈不喜欢自己跑得太远。这个过程十分复杂，所以我们要拿一整章内容来分析错误指示。）

这些孩子并非总给家长发出错误指示。如果他们的情绪或需求被接纳且得到了需要的帮助，他们就会觉得很安全并直接给出正确指示。卡森会告诉父母自己害怕其他孩子不喜欢自己，爸爸妈妈就会告诉卡森，他们非常理解认识新朋友会让人感到恐惧，所以他们会在第一次与小朋友见面时陪伴他。卡森知道自己可以感到害羞，因为爸爸妈妈无论如何都会帮助他完成圆环顶部的探索过程。塔里克会明确地告诉父母自己的需求，无论是"逗我开心"还是"帮助我"，是"保护我"还是"和我一起玩儿"，无论需求是在圆环顶部还是底部，他都会直接给出指示。

但是我们大都会在圆环某部分面对更多问题，而正是在这些地方，孩子们会给出错误指示。（另外，我们在观察孩子时也必须要明白尽管我们主要会在圆环某部分十分挣扎，但是也会在其他部分遇到困难；请见下面专栏中内容。）塔里克同父母双方都建立了安全型依恋，但是他的妈妈更善于处理圆环顶部的需求，他的爸爸则对于圆环底部的需求更加得心应手。如果妈妈工作压力很大，正读着在办公室没有完成的工作报告，塔里克却想要在沙发上蜷缩在妈妈身边，妈妈就会推开他。如果爸爸工作压力很大，有时就会忽略塔里克想要玩他们一起买的新游戏的要求，而是让儿子在他身边安静地坐下看一会儿电视。如果这样的模式被确立了，随着时间流逝，等塔里克到了上小学的年纪，他可能会觉得自己没法和妈妈倾诉自己的恐惧；他可能在想让爸爸帮忙做足球队教练时有所犹豫。如果塔里克正处于圆环底部，可他身边只有妈妈，或是他处于圆环顶部可他身边只有爸爸，那会发生什么呢？可能他的需求就不会得到满足。

### 不安全感会在圆环任何位置出现

如果主要抚养者对于圆环各处的需求都感到十分舒适，且在面对孩子不断变换的两种需求时，他在大部分时间都愿意且能够为孩子提供一个避风港，那他就可以同孩子建立起安全型依恋。如果家长对于满足孩子的需求感到轻松愉快，那么孩子便也能放松地提出需要得到满足的要求。置身"和"的这份关系之中，家长和孩子都很放松，因为他们知道自己可以共同解决这些需求。这并不意味着没有磕磕绊绊、没有错误选择。这意味着在孩子遇到令人困惑或不适的情感时，即使家长也不太确定如何给予帮助，家长也会陪伴左右、掌管全局、让孩子放心，继续扮演更加高大、强壮且友善的角色，将自己多年的人生智慧应用其中。在遇到不知道的事情时，家长没有失控、没有恐慌，而是待在孩子身边，让孩子感受到"我们共同面对、共同解决问题"的态度。家长明白自己比孩子更加高大强壮的话，就会更具安全感，也许更重要的是，要明白这段关系的力量比他们各自都更加强大。家长对于这段关系（也就是"和"的力量）的信任不仅能够帮助孩子渡过现在的难关，还能帮助他处理好一生中会遇到的人际关系问题。

安全感具有如此的影响力，因而不难猜想不安全感也有其势力范围。你一定要明白，尽管我们都不可避免地在圆环某一侧更加挣扎，但是在另一侧也不可能完全没有问题。我们最大的挑战可能来自圆环顶部或底部的"鲨鱼音乐"，但是其导致的不安全感并不仅限于其中一侧。无法支持孩子探索世界的家长在给予安抚时

> 也会感到不那么轻松（可能做得不够，抑或做得太过度）。不安全感就是不安全感，没什么区别。如果家长面对圆环的某一种需求有些迷茫，那么不安全感就可能会从某种程度上贯穿教养孩子过程的始终。这不是什么坏事儿，只是你需要意识到的问题，也许可以激励你进一步理解"鲨鱼音乐"，可以激励你如何对孩子的需求做出反应做出更理智的选择。

但是如果塔里克的父母都十分了解自己的"鲨鱼音乐"，他们就能利用反思功能察觉到鲨鱼音乐何时开始刺耳响起（或是提前预料到何时会响起），当他们察觉到自己在否认儿子的需求，便可以修复裂隙。他们也能够对于孩子发出的错误指示保持警觉。

学前班老师告诉奥利弗的爸爸，他的儿子性情大变，对于老师同学都表现得很生气，于是这位父亲便注意到了自己的问题。老师询问他们家中有没有自己应该知情的变动，如果有她就能在学校给予奥利弗一些支持。奥利弗的爸爸告诉老师自己妻子生病的情况，于是老师推测奥利弗可能会在最悲伤的时候表现得最具攻击性，因为小伙子同自己父母的联系断开了。老师保证会给奥利弗自己冷静的空间，在他乱发脾气、行为出格时努力和他建立联系。同时奥利弗的爸爸也开始改变自己回应儿子吵闹行为的态度。一旦儿子开始乱扔玩具或是想要打家里的猫，爸爸就会在他身边坐下，温柔地搂着儿子的肩膀，看着他的眼睛，温柔地微笑。"觉得很孤单，小家伙？"爸爸问道。奥利弗顿了一下，但是只是很短的一瞬，就又回到搞破坏的状态中去了。但是爸爸一直这样关注着儿子，保持着这样的回应方式。几周之后，老师便高兴地告诉他，奥利弗看起来更放松了。奥利弗甚至也听取了老师的建议，在他觉得焦虑不安时会和老师来一个大大的拥抱。

> "行为问题"并不是孩子在请求我们的关注，
> 而显示了孩子明白比起承受错误行为的痛苦后果，
> 展示自己的真实需求代价更高。

**6** 行为透露出的信息：指示以及错误指示

如果孩子已经将发出错误指示作为依恋策略，即使家长改变了对于鲨鱼音乐的反应方式，想要让孩子相信规则发生了改变也需要时间。但是此番努力（有意地为孩子提供安全感）可以尽可能地让孩子享有应有的广阔天地。一些孩子深知自己的情绪可以得到接纳，其所有的需求都是正常的（而且相信这个世界上有人会帮助自己管理情绪），他们便很可能会成长为塔里克那样的孩子：外向、有趣、欢快、友好。他们能够更好地处理好生活中的挑战，因为他们不会浪费精力在转移注意力上，不必将注意力从他们认为自己不该有的情绪和需求上移开。

你可能会发现下决心给予孩子安全感不需要付出很多努力。既然你已经明白"鲨鱼音乐"是怎么一回事儿了，你可能已经开始注意到了孩子的一两个错误指示。（如果你仍旧对于自己的"鲨鱼音乐"可能产何处一头雾水，你可以在第7章的内容中继续探索。）了解鲨鱼音乐现象的大部分家长能够立刻辨识出自己在圆环何处挣扎。单单这一点就能令他们的视觉更加敏锐，能够看出孩子可能遇到困境的位置。

莱斯特完成了安全感圆环小组系列学习后，回顾了自己抚养大儿子凯文长大的过程。现在他已经能够认识到，与送儿子出去学习、让儿子探索世界相比，在搂着孩子让孩子坐在他大腿上时或是在儿子受伤、告诉儿子哭泣很正常时自己就没有那么得心应手了。莱斯特突然之间便回忆起了自己四岁的儿子第一次在朋友家过夜的情形：第二天他去接儿子回家时，孩子面无表情，就好像儿子看到爸爸的面庞感到十分厌烦，他觉得很困惑。在开车回家的路上，莱斯特就一直和凯文谈论他玩得是否开心，他和朋友一起做了什么，吃了什么晚餐，但是令莱斯特十分惊讶（也许还有些受伤）的是，凯文只是转过头看向窗外的人行道，每个回答都只有一个字。现在，莱斯特伤心地讲到，他意识到了这是一个错误指示：儿子从爸爸身上学习到自己应该独立又勇敢。因此儿子给莱斯特的反馈便是他以为爸爸想要的，而实际上他当时可能很想家，更希望自己能够跑过去给爸爸一个大大的拥抱，满足重新建立二人联系的需求。

143

莱斯特决定要试着为自己三岁的小儿子做出不一样的选择。一开始他认为打败"鲨鱼音乐"的方式便是让泰勒感受到爸爸已经在努力表达感情，比往常的情况都要更加努力。他开始"按时完成"拥抱、亲吻泰勒的任务，确保自己给小家伙创造了避风港。泰勒的回应却常常是扭捏地跑开，或是对着爸爸皱眉。"我还是不知道他需要什么，"莱斯特后来谈及这件事时尴尬地一笑，"事情全看我到底'是否擅长'处理依恋关系。"于是莱斯特赶走了自己的"自尊心警察"，全心全意地陪伴泰勒。很快，他就知道了泰勒何时需要拥抱、泰勒发出的到底是正确指示还是错误指示。他能够将自身鲨鱼音乐音量减小到足够长的时间让自己给孩子一个拥抱（莱斯特学习此法的过程在本书第二部分进行了详细描述）。他很高兴自己所学的新知识转化为了同大儿子凯文相处的全新模式。莱斯特正如千千万万的父母一样，无论何时开始学习都不晚。

　　想要和孩子的需求步调一致，就要时刻提醒自己，行为也是沟通的一种方式。请不要产生误解：年幼孩子的大部分行为（他们的行为方式、如何表达情感，甚至是他们的精力水平）都是想要告诉我们他们需要我们如何回应。他们需要的不只是注意。当然，他们需要家长的关注，但是他们真正需要的是家长敏锐地感知他们的感受，帮助他们理解并接受自己的感受，并让他们学习管理这些感受。

> 我们需要重申一遍重要内容：
> 成年人常常会误以为孩子只想得到我们的关注，
> 而实际上孩子真正需要的是家长同他们建立联系。

### 依恋策略：人类共有的防御措施

　　本书第5章描述了"鲨鱼音乐"如何成为生活的一部分，以及其主旋律如何奠定了人际关系的基调。但是为什么我们需要"鲨鱼音乐"？为什么看起来

## 6 行为透露出的信息：指示以及错误指示

每个人都有自己的"鲨鱼音乐"呢？

我们用"鲨鱼音乐"来保护自己远离孤独漂泊的痛苦感受，是防御措施的一部分。因为现实中没人能够时时刻刻、完完全全地同他人的需求保持步调一致，所以我们需要这重保护。如果产生了不可避免的裂隙，人们需要掌握一种可以解决问题的方法，而非完全不再信任他人、不再与他人建立联系。防御措施可以让孩子（以及他们未来要长成的成年人）明确，即使自己的真实需求无法得到满足，他们也能够依靠防御措施来回避需求未得到满足时产生的痛苦。

包含"鲨鱼音乐"在内的一系列事件都是我们称作"防御性三阶段"㊀的一部分：

需求 ➡ 痛苦 ➡ 防御

在依恋关系的互动过程中，孩子会感受到产生于圆环顶部或底部的需求，或是对圆环上双手的**需求**。如果这一需求没有得到满足，孩子就会感受到**痛苦**，而这会引发**防御**。错误指示就是这些防御措施。（鲨鱼音乐实际上是在给我们发出警告信息："痛苦要来了！发出错误指示即刻就能避免痛苦。"）随着时间流逝，依据未满足的需求引发的痛苦的强烈程度以及发生的频率不同，孩子的防御措施可能会演变成某种特定的行为模式或策略。如果家长在圆环底部遇到困难（正如第 5 章所描述的情况），孩子就可能会发展出与父母类似的那种防御模式：家长过分强调成就（正如第 5 章考利的父母），可能最终导致他们的孩子不仅会在年幼时过于独立（错误指示）（正如第 5 章的威尔），还会在长大后感觉自己比周围人都优越而且享有特殊的权利；无法承认自己的缺陷，对批评极度敏感，回避弱点，又可能没有亲密的人际关系能够分担自己的痛苦。我们常常将这种父辈留下的东西不准确地归罪于基因遗传造就的性格。

---

㊀ 感谢精神病专家詹姆斯·马斯特森（James Masterson）以及拉尔夫·克莱因（Ralph Klein）引入了三阶段的基本主题。

但是事情的全部都与其程度如何有关。痛苦越多，防御就越严密：

需求 ➡ 痛苦 ➡ 防御

对于一般成年人来说，防御性三阶段过程可能会导致人们用胡吃海塞来安抚悲伤孤独的自己，或是用购物、不停地看电视来抚平因为换工作或担心自己的另一半不再爱自己而产生的焦虑。

令人悲伤的是，当一些孩子学会了在日常生活中发出错误指示，他们想要经历各种情绪以及完整生活的可能性因此被抹杀。如果家长希望孩子的生活可以充满各种可能，就需要让孩子感觉到他们可以在大部分时间发出有关依恋需求的正确指示——直接地表达自我，相信自己托付了最强烈情感经历的人会试着陪伴在他们左右。（请见第 4 章阐述内容：家长陪伴孩子经历所有的情绪却用力过猛而产生的危险。）当孩子无法完全体验且恰当表达依恋需求，家长却仍希望孩子能够生活地快乐知足，这就像要求画家只能用几个颜色来作画，或要求作家只用几个字母来写作。

请想象如果生活中没有了蓝色、红色或黄色，

或是没有了字母 a、c、f、g、j、k、n、p、r、t、u 和 y 会怎样。

当孩子不得不针对某些依恋需求发出错误指示时就会受到这样的限制。

### 程序确定性之舞

第 5 章提及了依恋模式（我们会在圆环何处遇到困难以及发出错误指示）从上一代传到下一代的概率高达 75%。父辈留下的"这一财富"之所以持续时间很久有两个原因：①"伴随鲨鱼音乐起舞"是基于程序确定性的（procedural certainty）——它让人感觉是对的，也是无意识的，因此我们一般不会产生质疑；②它是通过家长与孩子间内在的契约得以延续的，而我们很难将这个过程一分为二。本书只是人为地将其一分为二：先谈论"鲨鱼音乐"，也就是家长参与的部分（该依恋模式在家长自身幼年时就产生了）；再谈孩子参与的部分（而若是少了本书提倡的反思，孩子的部分也会被带到成年以后教养孩子的过程中传递

**6** 行为透露出的信息：指示以及错误指示

给下一代）。现在就让我们一起认真学习有关孩子的这部分内容吧。

一岁半的佐伊坐在地毯上，盯着她的妈妈达拉刚刚离开时关上的门。她的下嘴唇开始颤抖，大口喘息了两下，然后大哭起来。她立刻转向沙发上坐着的女人，目光里带着深深的痛苦，就好像在说，"帮帮我！我妈妈走了！"但是她又很快地转回身，朝着门继续大哭。这个不是她妈妈的女人说了两句安慰她的话。然后又过了几分钟，佐伊心中的祈祷就得到了回应：妈妈打开门，走进来，说道，"对不起，亲爱的，我刚刚必须去和别人说句话。"达拉跨过女儿，从满地的玩具中捡起一个填充动物玩具，递给女儿，然后指着这玩具开始给女儿描述玩具的特征："哦，看啊，泰迪熊的眼睛可真大啊！看它那可爱的小嘴儿，和你的一模一样！"她抚弄了两下泰迪熊，把它递给女儿，佐伊立刻就停止大哭，呆呆地望着玩具，伸出自己的小肉手去感受妈妈用欢快的语言描述的那些特征。

这就是本书第 4 章所描述的依恋研究中使用的陌生情境程序（Strange Situation Procedure，SSP）的一个环节。在陌生情境法中，家长或其他抚养者以及年幼的孩子处于一室，屋子里还有玩具，以及一位陌生人。隐藏的摄像机会拍摄下家长离开房间、让孩子和陌生人独处几分钟后回到房间的过程。年幼的孩子自然都会因为爸爸妈妈离开把自己留给一个陌生人而感到悲伤，于是他们就会将这种情绪展现出来，正和佐伊的表现一样。（家长离开的时间非常短，避免给小家伙们造成过度的压力。）然而，透露最多有关家长与孩子之间依恋关系信息给研究人员的部分却是团聚的时刻。

在一段安全的依恋关系中，一岁的孩子一般会在爸爸妈妈离开时展现出自己糟糕的感受，并且在父母返回后寻求安慰。家长会敏锐地对这种需求做出回应，将孩子抱起，直到他示意想要下地，或做一些其他事情为止。孩子和家长就在这短短的一段时间内完成了从安全感圆环底部到顶部的环游过程——而这正是全世界的家长和孩子每一天都会在日常情境中一次又一次完成的过程。

那么佐伊和达拉之间发生了什么呢？即使小丫头正伤心难过地号啕大哭，

达拉回到房间后却没有抱起佐伊，她捡起动物玩具玩了起来，试着让女儿也加入自己的游戏。佐伊在达拉回来跨过自己的几秒钟之内就不再哭泣，乖乖地按照妈妈所希望的那样把注意力放在了玩具上。

受训练程度很高的科学家在解读这段陌生情境程序的录像时会告诉人们，佐伊突然从悲伤转变为情绪平稳其实是一个错误指示。佐伊并不是因为妈妈的返回突然之间就没事了，她也不是觉得自己不需要安抚。我们是怎么知道的呢？我们凭借常识便能明白，没有防御能力的婴幼儿会因为抚养者的离开而悲伤，这一点也通过研究得到了证实：在这种时刻，孩子的心率以及皮质醇水平会上升——这是承受压力的典型症状。我们几乎可以肯定佐伊经历了情绪低落的过程。（陌生情境程序中与主要抚养者分离的经历都会给孩子带来明显的痛苦。）那么为什么妈妈回来后她没有将这一点展现出来呢？我们的研究结果表明，佐伊在早期与达拉无数次的沟通交流中明白了妈妈会在回应安抚需求时感到不适——这就是说达拉会在佐伊沮丧且需要安慰时听到"鲨鱼音乐"。佐伊在她短短一年半的生命中无意识地建立了一种策略来做两件事：①保护自己免受需求遭到拒绝带来的痛苦困扰，以及②保证自己没有让妈妈感到十分沮丧，不然妈妈就会更加经常地离开自己。

正如我们第 5 章所述，达拉并非有意回避女儿对于安抚的需求。她在自己还是个孩子时表达同样的需求便会感到痛苦和失望，所以她这是在试着保护孩子免受同样的痛苦和失望。再次重申，所有这些"意图"以及行为在母女相处过程中大都是无意识的（即使不完全是，在很大程度上也是无意识的）。

压力很大时，佐伊身处圆环底部，其不安全感表现得更加明显（请见下面专栏中内容）。平日里情况好的时候，你可能只会注意到她在学前班很少哭泣，而且即使给她的任务明显超出了她的能力范围，她也不会寻求老师的帮助。我们很可能就会夸赞佐伊这么"独立"又"成熟"。这些品质都没有问题，只是这样表达会强化佐伊的鲨鱼音乐发出的讯息，只会鼓励她此后继续发出错误指示。这并不是说佐伊此后的人生会非常凄惨。只是从某种角度来看，在想与别人分享自己的脆弱之处时，她的能力十分有限。简单来说，她会十分擅长表现得自己一切都好，可实际上却并非如此，她可能难以掌握调节悲伤情绪的能力。如果发生了令人万分痛苦的事情（比如失去了挚爱的人），她可能无法寻求他人的帮助，而且她可能会觉得自己不该如此痛苦。以这种方式压抑自己的情绪，她的身体和心理可能都会受到创伤。

### 压力揭示不安全感

一个一岁大的孩子在处于圆环底部时发出错误指示，却同父母建立了很大程度上安全的依恋关系，这样的假设是可能发生的，但可能性不大。研究证据表明，你看到的基本就是正在发生的事情。如果孩子某一天处于压力之下开始回避一些事情，那么通常来说，他下一次也会采取同样的回避策略。这是压力测试的本质，也是为什么陌生情境法可以作为依恋关系的一个可信指示。压力之下需求的强烈程度只能致使原有的回避行为更加明显。如果你认为孩子只是因为"今天过得很糟糕"而以特定模式行事，实际上（对于你们二人而言）这"糟糕的一天"却能够提供有关孩子和你自己的"鲨鱼音乐"的诸多信息。

下面描述的是又一段根据防御性依恋策略精心编排的"舞蹈"：

诺米喜欢自己的玩具，尤其是那些她很熟悉的玩具，她最喜欢的是她"最好的朋友"卡丽，那是哥哥给她的一个袜子玩偶。诺米的妈妈艾莉森充满爱意地对着三岁的女儿微笑，明白她不带着卡丽是不肯出门的。实际上，她很想让诺米明白，需要一个"能给予安全感的"玩具的安慰没有任何问题，所以每次诺米想要伸手去拿自己的玩偶时，艾莉森都会说"我们的卡丽是一个多么棒的朋友"。诺米一直都保持着和玩具说话的习惯，可是她的笑容却渐渐变少。诺米最近养成了习惯，她会找借口带着卡丽到另一个房间里，自己和娃娃说些悄悄话。艾莉森跟着女儿，想看看"我们三个"会一起做什么。有时候，游戏时间很快就会结束，因为诺米会生气地把卡丽扔到一边，开始吵吵闹闹、眉头紧锁。于是艾莉森便将女儿拉到身边，让她坐在自己的大腿上，轻轻地捏她一下，说道,"哦,你可能需要休息一会儿了。或许你想和卡丽分开待一会儿吧。来,让妈妈摇摇你。"诺米好像努力让自己流了些眼泪,然后蜷缩在了妈妈怀里,这时艾莉森说着(带着相同的不安的语调),"乖,乖"。然后诺米推开妈妈,跑向卡丽,将它捡起来,开始背对着妈妈玩起了玩具。艾莉森有些沮丧地说道,"好吧,好吧,没关系。"然后诺米在转向妈妈时好像叹了口气,又带着娃娃跑回妈妈身边,爬到妈妈腿上。艾莉森说,"这就对了,我和卡丽能让你感觉好一些。"

　　艾莉森没有意识到女儿自己玩玩具其实非常开心。她就只记得女儿变得"吵吵闹闹,真的需要休息一会儿"。为什么艾莉森看不出来诺米身处圆环顶部,想要哪怕就一会儿的时间独自在房间里玩一会儿玩具呢?因为"鲨鱼音乐"告诉艾莉森,自己的女儿以这种常见的方式寻求自主权是一种威胁。她看不出诺米回来爬到她的腿上不是需要安抚的正确指示,而是一个错误指示。诺米只是在完成妈妈对于亲密行为的命令,而没有发出自己的指示信息。

> 如果依恋关系很安全,孩子就会将自己的精力分散在
> 和父母的关系上以及周遭环境上。
> 在圆环底部发出错误指示的孩子一般都会将大部分精力
> 放在周围环境上,并且努力寻求不需要安抚的相处模式;
> 在圆环顶部发出错误指示的孩子会将注意力更多地放在和父母的关系上,
> 而限制自己独处的要求。

　　艾莉森想让诺米明白妈妈喜欢一直伴她左右。她没意识到自己没能给予诺米那一刻需要的自主权,因为她们二人都陷入了防御性依恋策略精心编排的舞蹈之中。诺米认为自己这样做可以让妈妈保持心情愉悦,让妈妈在自己需要的时候陪在身边。诺米的错误指示表达得正是艾莉森想要得到的结果,而艾莉森的确是在努力为女儿做到最好。母女二人都陷入了困境,艾莉森没能真正了解女儿的需求。她的"鲨鱼音乐"盖过了女儿的真实需求。

不幸的是，当家长和孩子置身防御性依恋舞蹈之中，他们便看不清事情本来的样子，也看不出其作用。但是从外人的角度来看，随着孩子成长，问题便容易察觉。例如，家长和孩子间的沟通交流看起来可能会有些问题（越来越夸张，而且令人感到沮丧）或是"太过平静/太过完美"，就好像家长和孩子都是照着剧本在表演。每一个案例中的孩子都会遵从父母的防御性策略，但是这种遵从会越来越难以维系。对于自主权与生俱来的、正常的需求会逐渐显现，所以孩子需要感受到独立的自我时就会变得沮丧，甚至暴怒。孩子进入青春期后，之前未能得到满足的需求（无论是为了应对家长在圆环顶部还是底部的"鲨鱼音乐"）便很可能开始逐渐显现。（这并不意味着此时才开始加强依恋纽带太晚了，具体内容请见本书第9章：对不同年龄段孩子出现的典型问题要如何回应并给予他们安全感。）

如果我们想要相信一件事，就很难忽视这件事，尤其是那些"渴望"在我们的程序性记忆中（而非在我们有意识的思维和感受中）嗡嗡地吵个不停的时候。这就是为什么理解自己的"鲨鱼音乐"能够帮助家长同孩子的需求步调一致。这是两个人共同的舞蹈，如果你知道应该先迈哪只脚，你就会更加清楚孩子怎么跟上你的步伐才不会跌倒受伤。我们会在本书第二部分教给你一些方法，让你能够更加细致入微地看待孩子以及你们之间的依恋纽带。但是现在我们要对不同依恋类型的孩子传递的典型信息有个概括的介绍。

## 安全型依恋：跟上步伐且协调一致

同父母建立了安全型依恋的孩子往往会直接明确指示自身的需求。如果一岁大的孩子进入了新环境，父母突然不见了，他就会开始大哭，而且在爸爸妈妈回来时伸出手臂想要被抱起来，让父母将他们从被挚爱的人抛弃的伤痛中解救出来。如果家长同孩子建立了安全型依恋，其回应就会充满同情，这些家长能够辨识出孩子对于安抚的指示信息，并且给予孩子想要的安慰。如果佐伊和达拉建立了安全型依恋，她们的陌生情境法录像展示的场景就应该是佐伊在妈妈回来后继续哭上一会儿。她的心率可能过速跳动一分钟左右便能恢复常态。佐伊应该很喜欢达拉温暖人心的安慰，应该会很快平静下来。

如果依恋关系总体看来是安全的，孩子的指示很大程度上便是直接且明确的：

- 如果1岁大的小男孩置身新环境感到悲伤，孤独感突然出现，他就会睁大眼睛，寻求爸爸的帮助（指示出自己的恐惧，想要寻求安全感）。
- 如果婴儿站在婴儿学步车里，没有压力，就会冲着妈妈咧嘴一笑，眼睛眨啊眨地看着妈妈（指示出置身圆环顶部"为我感到高兴"的需求——还记得第2章汉娜和苏菲的事例吗？）。

孩子会继续给爸爸妈妈发出正确指示：

- 胡安在草地上爬来爬去，而此时他的妈妈正隔着篱笆和邻居聊天。他开始大叫着吸引妈妈的注意力。妈妈一边继续聊天，一边时不时回头看看胡安，确保他没有吃到石头或是做了什么危险的事情，而胡安的叫声越来越大。他知道自己可以依靠妈妈，因此他就一直大叫，直到妈妈终于过来，带着他一起回到篱笆旁边聊天。
- 坐在高脚椅里面的婴儿（你还记得第4章的马克斯和达娜吗）面前放着一盘麦片，他正开心地和爸爸沟通交流着，然后又在情绪太激动时转开头，但是爸爸耐心地等他情绪平复，宝宝又转回来，再一次冲着爸爸微笑。

孩子会寻求父母的帮助以满足自己的需求：

- 婴儿因为妈妈打电话，觉得自己被冷落了，便爬到妈妈身边，让妈妈将自己抱起。

## 6 行为透露出的信息：指示以及错误指示

- 一个四岁大的孩子想要爬上攀登架之前会回头看看爸爸，进行眼神交流，然后通过爸爸的眼神得到令他感到安心的讯息，让爸爸告诉他可以继续行动。

孩子会很乐意接受安慰并且乐于到远一些的地方探索一番：

- 在陌生情境法中，一岁半的小姑娘和爸爸分开了三分钟。在爸爸回来将她抱在怀里的一分钟时间里，可以很明显地看出小姑娘情绪平稳了，然后便扭动着身体想要回到地上。（在研究中，这个年龄的孩子若具备安全感，其心跳加速的阶段在家长返回后只会持续一分钟左右。）
- 一个两岁大的小男孩想要远离妈妈练习独自走路，但他会和妈妈保持一回头就能看见的距离。

孩子能够在远离父母时开始调节自己的情绪：

- 一个三岁大的小男孩和另一个孩子一起在沙坑里面玩，他生气地打了另一个孩子之后将手收了回来。因为他记起了妈妈在遇到相同情况时所做的事情，于是他现在也做了同样的动作。
- 一岁的小宝宝大叫着想要被抱到婴儿床外面，但却没有立刻得到回应。她大哭了起来，可却渐渐地变成了小声自言自语，等着爸爸来抱她，因为她知道爸爸肯定会来的。

一定要明确，如果孩子需要解决困扰并且表达了出来，指示才能直接又明确。但是这不意味着每种需求只有某一种情绪与之相关。例如，因为和父母分开而感到沮丧的孩子不会总是像我们预期的那样展现自己的悲伤。孩子可能会表现得很生气，或者噘一下嘴，但是孩子所展现出的情绪都会直接告诉我们他因为分离而感到不开心，如果父母和孩子利用亲子关系，问题便可以得到果断的解决。如果我们致力于以一种更高大、强壮、智慧且友善的方式回应孩子的情绪需求，孩子内心也坚信他们被我们照顾着，那么坚定果决的处理方式便不难实现。

## 错误指示：受限型安全感圆环

我们将错误指示的模式称为**受限型安全感圆环**（在依恋研究领域这些模式被视为不安全依恋的多种不同类型）。佐伊和达拉不断重复着我们称作圆环底部受限的过程。佐伊因为信任妈妈会满足自己的需求，所以没有直接要求得到安抚，而是依据妈妈的需求，只要了一个妈妈给她的玩具。这么年幼的佐伊便已经能准确地察觉出妈妈可以（以及不能）容忍的事情都有哪些。如果妈妈能够承受，便仍会陪伴在自己身边，而这对于能力有限的婴幼儿来说便是**第一位**的事情。

正如第 5 章所述，达拉其实也发出了错误指示。她并不认为一岁半的孩子应该"高大、强壮、勇敢"，而且也不觉得应该把孩子单独留给陌生人。但是在她内心深处，她认为（且记得）孩子如果直接要求得到安慰，便常常得到相反的结果。因此她假装（给女儿发出错误指示）示意女儿没什么可沮丧的，而且最好"平静下来，继续做事"。这些行为方式共同造就了隐含的、没表达出来的、没有被辨识出的一项协定："我（孩子）会假装自己需要 X，因为我知道你（家长）会因为我需要 Y 而感到不适。于是作为回报，你会一直陪在我身边，这样我就不会被丢在一边，忍受彻底的孤独。"令人悲伤的是，孩子常常会因此觉得，"如果我不再要求独立（对于自主权的真正需求）就能让你贴近我，那么我就不再这样要求"或是"如果我不再提出安抚的要求（我和某些人在一起时可以展现自己脆弱一面的真实需求）可以让你不再远离我，那么我便不再提出安抚的需求"。没有哪个家长会主动教孩子产生这样的想法，但是经历了几个世纪，在全世界范围内，这些都恰恰是孩子无意识学会的基本相处模式，而且会从一代人传递给下一代。

讽刺的是，在这些场景之中没有谁能真正保持冷静。在陌生情境法研究中，像佐伊那样的重聚时刻，孩子可能会在家长出现时表现得平静，但是他们的心率所证明的事实却恰恰相反（见图6-1）：即使有妈妈在场，佐伊的心脏仍会在团圆后过速跳动很久（而非仅仅是一分钟）。孩子和家长在圆环顶部发出的错误指示就像是一个混合物。这些孩子会在团聚后大哭很久，会想要亲近，可是过一会儿又莫名其妙地要求被放下。沮丧、大哭，在妈妈怀中，现在又挣脱妈妈的怀抱，而且在整个过程中孩子的心率都很快。之后他们却又会要求被抱起（就像上文描述的莉莉的情况）。在受限型安全感圆环的情况中，孩子的压力会延续，解决裂隙的方法始终没能出现。怎么会这样呢？无数从未被完全允许探索世界或是寻求安抚的经历在此刻的危机中得以展现，正如第5章所述，在内心深处从未建立起修复模式。我们表面看到的令人感到不适的夸张表现或是令人不自在的冷静表现，实际上告诉我们的是表面之下发生的事情：令人痛苦的断开联结之处本应存在着简单的联结。

**图6-1 受限型安全感圆环：因为找不到家长的双手而受到惊吓的孩子**

令人伤心的是，如果这样发展下去会出现很多问题。首先，正如第1章所述，过度压力会影响健康。其次，会产生心理层面的影响：在依恋关系中遇到困难的孩子并不都会在日后产生心理问题，但是在圆环底部发出错误指示的孩子产生外显化问题的概率会更高——怀有敌意、具侵略性、行为失调。阿兰·斯劳夫肯定道：抚养者都会不同程度地在孩子需要辅助他们处理痛苦感受时无法提供情绪上的帮助，这会使人变得易怒，最终变得疏离（正如奥利弗和玛丽索尔的例子那样）。最终，这样的孩子保护自己的方式会和本想保护孩子的父母趋于一致——掩盖自己的感受、否认痛苦的情绪、彻底否认痛苦回忆或事件，甚至彻底否认依恋的重要性。在圆环顶部发出错误指示的孩子在年老时更容易产生焦虑相关的问题。比起在安全型依恋关系中长大的孩子，在两种受限型安全感圆环类型关系中长大的孩子抑郁的比例都稍高一些——他们可能都只是失去了从自己爱的人那里获得情感帮助及支持的希望。

在扮演圆环上双手的过程中持续遇到困难可以成为很严重的问题，而且会对孩子产生巨大的伤害。我们所说的不是那些无法按照应有的样子掌管全局的家长，也不是那些想订立比较严苛纪律的家长。我们讲的不是那些会因为健康问题或是其他危机等非自身因素而时常无法陪伴孩子的家长，而是那些严苛、软弱无能或不负责的家长。他们会因为滥用毒品或者精神疾病而谩骂孩子，忽视孩子，经常无法陪伴孩子，会将自己伴侣的需求凌驾于孩子的需求之上以及出现其他诸多问题行为，这会让孩子陷入进退两难的情况，觉得事情无法解决：他们害怕自己的家长，但是家长却是他们应该依靠的人。这种困境就像"我最需要的人现在却是我最害怕的人"。经常或时不时表现出十分严苛、软弱无能或不负责任行为的家长会让孩子陷入这种困境。

> 具备安全型依恋关系的孩子害怕危险。
> 在圆环底部发出错误指示的孩子（以及家长）害怕亲密关系。
> 在圆环顶部发出错误指示的孩子（以及家长）害怕分离。
> 父母未能扮演圆环上双手的孩子（家长总是十分严苛、软弱无能或是不负责任）害怕自己的抚养者。

在陌生情境法中，婴幼儿与总是十分严苛、软弱无能或是不负责任的家长再次团聚时可能会从家长身边跑开，或是先跑向家长却突然转身、尖叫着跑开。作为观察者看来，孩子的行为毫无意义，而且这的确没有道理。对这些孩子来讲，安全感圆环不只是带来了限制；如果没有双手的承托，圆环便不复存在。

不幸的是，一旦确立了固定模式并且延续到成年生活中，孩子的错误指示就会成为下一代人的"鲨鱼音乐"。这个不安全感圆环十分凶恶，会让人们的生活因为所最依赖的人无法满足自己的情感需求而受到限制。这就会使得孩子成人后认为自己的情绪需求只有一半（甚至更少）能够得到满足。其亲密关系会受到损害，自信不在，信任也会减损甚至完全消失。

显然，非安全型依恋会限制生活。所以我们要进一步了解这些限制因错误指示出现在圆环的不同位置而有何表现。

### 圆环底部的错误指示："我当然很好啦，妈妈！"

如果家长和孩子的关系在圆环底部受限，孩子就会在寻求家长安抚和安全感时遇到困难，因为孩子会感觉家长在面对情感安抚的需求（无论这种需求是家长的还是孩子的）时感到不适或抗拒（见图6-2）。在圆环底部遇到困难的家长在面对自己的鲨鱼音乐时会将孩子推向圆环的另一侧。他们不会说"啊，让我亲你一下，你会觉得好受一些"，然后给跌倒的孩子一个拥抱，而他们可能会说，"哦，这没什么"或者"大男孩都不流眼泪"，然后又把孩子推出去让他玩耍。他们可能会和孩子一起专心致志地玩玩具来进行探索，就像达拉面对佐伊时的做法。习惯了这种家长管理模式的孩子可能会跑开去玩耍，假装这就是自己想要的。但是如果你仔细观察就会发现这是一个错误指示，因为孩子玩耍的内容只是单调重复而非丰富多彩且富有创意。在圆环底部遇到困难的家长如果遇到孩子需要安抚，他们能做的全部便只是递出一张纸巾，摸摸孩子的头发或是把小宝宝脸上的脏东西擦掉，而不能抱一抱孩子，将他们搂在怀里或是轻声细语地安慰。孩子也会适应这样的模式，因为毕竟这会让妈妈陪伴在自己身边，能让妈妈从某种程度上参与到自己的生活中来。在行为背后，孩子已经明白要求情感上的安抚会让家长感到不适，于是便不再如此要求。在陌生情境法中，有些孩子甚至在妈妈离开后都没表现出低落沮丧。类似佐伊的其他孩子会在妈妈离开后表现得十分沮丧，却在妈妈回来后立刻表现得充满活力，而且会专心致志地玩玩具。

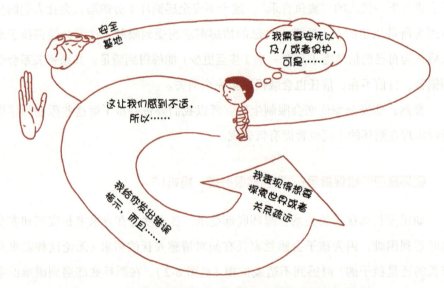

图 6-2 受限型安全感圆环：孩子在圆环底部发出错误指示

"你真的太可爱了！"琳达在赛迪每次发出想要大哭的指示信息前都会如此惊呼道。"小可爱，小可爱，小可爱，"琳达不停地这样夸赞孩子，"我知道你一定明白这一点。这就是你现在要笑起来的原因。为什么你不对着妈妈笑一笑呢？"

赛迪努力屏住呼吸，苍白无力地笑了一下，她才10个月大。

赛迪已经学会了用微笑同妈妈建立联系，并且避免表现出悲伤或沮丧的样子。小姑娘不是不觉得悲伤（一点儿也不比佐伊和达拉团聚时的感觉要好），但是她已然习惯于在圆环底部发出错误指示了。

特丽莎知道如何让整个房间的人都雀跃起来。年仅三岁的她能够在一间全是成年人的房间内，让所有人都因为她独特的笑容而惊呼。"她真的太可爱了！"他们几乎是小姑娘一进门就发出这样惊叹道。

## 6 行为透露出的信息：指示以及错误指示

特丽莎知道如何散发耀眼的光芒。

但特丽莎被送到儿童看护所的第一周却感到伤心、疑惑，不知道为什么自己会被丢在这个新环境中，于是第三天，她在妈妈转身走开后大哭了起来。妈妈先是看了看护员一眼，十分尴尬地翻了一个白眼，然后说道，"亲爱的，你知道我必须去上班的。像个大姑娘一样，给约尼阿姨看看你多爱笑啊。"于是特丽莎便笑了起来，妈妈也笑了起来，看护员也笑了起来。"这就对了——来这里多开心啊。你会在这儿待得很快乐的。"

特丽莎知道如何散发耀眼的光芒。

如果圆环底部受限，那么通常会出现的错误指示就是在家长说完话后立刻闪耀出自己的光芒。

"你自己试着把它修好有什么难的？"埃里克的爸爸问道。"如果你总要我帮忙，你自己就什么都解决不了。"

埃里克三岁。埃里克的爸爸不仅没有鼓励儿子提升能力，反而因为儿子产生了需求责骂他，而这寻求联系的需求恰好是儿子面对新事物时的需求。因此，当埃里克处于圆环顶部时，为了不让爸爸感到不适，他不得不独自一人待在那里。埃里克渐渐长大，开始越来越多地冒险去做自己实际上不想做的事情，发出好像他很独立、接近圆环底部而毫不畏惧的错误指示。当然，也有可能埃里克冒险行事与依恋没有太多联系（请见下面专栏中内容）。

你的孩子愿意找你修玩具、穿袜子、解决作业里的问题吗？
你确定孩子真的希望你**掌控全局**而非**给予帮助**吗？

### 依恋模式 vs. 性格气质

心理学领域中，气质常常被看作内在性格的集合，例如内向或外向，可以快

> 速或是很慢才能得到安抚，等等。实际上，数千年以来无数的哲学家以及圣贤都将气质以多种不同方式进行了分类。依恋模式看似需要学习，但是并非孩子所有的行为和意愿都能够归因于安全型或非安全型依恋。例如，有些孩子看起来就很爱冒险。因此虽然艾里克的冒险可能是错误指示，但是也有可能是他生而具备的气质的一部分。一些孩子无论在什么样的家庭成长都依然会慢热又害羞。

一些在圆环底部发出错误指示的孩子有时候可能看起来就像是父母身边安静的影子。他们可能会在父母附近坐着，安静地玩耍，知道如果自己玩得"规规矩矩"，不因为自己情绪低落而提出要求，爸爸妈妈就会让他们待在身边。这种情况下的安静玩耍就会被视作错误指示。

那些在圆环底部受限的孩子可能会成为学校中吹嘘自己什么都是最棒的孩子，他们会表现得好像自己应该得到特优待遇。他明白自己能够被接纳的前提便是他在圆环顶部发出的错误指示，假装自己就是所展现的那种独特的样子，害怕自己不能得到别人尊重的时候会尤其如此。但是他显然得不到所需的安抚，甚至还会被回绝，于是他就会用尽所有方式寻求赞赏以避免日渐增加的羞耻之感。

在圆环底部发出错误指示的孩子通常已经习惯于通过自己的表现获得家长的赞许，让家长承认自己已经非常接近成功人士的模样。然而，具有讽刺意味的是，他们大多都没能发挥出自己独特的潜能，因为他们已经习惯于用其他人的标准来衡量自己的成就了。圆环底部受限最大的危险因素之一便是其对于学习过程的影响。孩子最终会牺牲自己的好奇心，深陷于对卓越表现的屈从。当然，这种现象在教育体系中表现得最为明显，学生们总是不断地问"我的老师到底想要什么"，而非关注学习带给他们的丰富知识，也没能享受学习引导前行方向带来的快乐。我们在第 7 章介绍"核心敏感性"的概念时，会提及一个叫作"自尊敏感性"的类别，我们此后会重点关注这些问题。

圆环底部还有另一种错误指示。有些孩子会觉得抚养者无法同自己对于安抚以及陪伴左右的需求步调一致（可能漠不关心，也可能太过关注自己／过于充满热情），在孩子情绪低落的时候尤其如此。这样的孩子可能会有些害羞，而且对于父母的陪伴"不多，却又不少"。如果家长表现得"太过"（试着了解她内心的所有想法，或是太过热情并且声称完全理解孩子）或是"太少"（不关心孩子对于安抚的需求，甚至产生了敌意），孩子便会退缩，决心以后不再提出自己置身圆环底部的需求。孩子会感受到一种隐隐的无力感，就好像其实没人"了解自己"，最好做个隐形人，不受到别人关注。第 7 章讲述的核心敏感性中的"安全敏感性"会围绕这种孩子的心境所暗示的信息展开讨论。

### 圆环顶部的错误指示："我当然需要你，爸爸！"

哈雷对着自己 27 个月大的女儿布列塔尼问道："这是什么？"此时布列塔尼在操场上才刚刚开始准备和其他孩子玩耍，开启一场全新的探索之旅。哈雷特意带着女儿来这个公园玩耍，因为其他家长、孩子都会来这里一起度过美好的夏日午后时光。哈雷在开车前往公园前，一边为女儿扣上安全带一边讲道："你得和上周一起玩耍的孩子做游戏。"

布列塔尼对着其他孩子笑笑，然后回头看了看妈妈。

"小布，你看看我给你带了什么——新玩具！"

于是布列塔尼便开始玩起了玩具，妈妈此时便将女儿拉近自己一些。

如果家长在圆环顶部遇到困难，他们常常会给出非常混杂的信息。首先，哈雷鼓励女儿出去和其他孩子玩耍；然后她却用新玩具将女儿拉回自己身边。布列塔尼得到的信息是离妈妈太远根本不行，于是她假装自己对于玩具很感兴趣，但其实她很渴望和自己的同龄人一起玩耍。

在圆环顶部发出错误指示的孩子有时候虽然不觉得自己有什么需要却会表现得非常粘人，因为他们了解爸爸妈妈对于自主权感到不舒服（见图 6-3）。但是如果他们寻求父母安慰是因为他们认为家长希望如此，他们又常常难以接受这种安抚。他们会跑到妈妈身边希望自己被抱起,然后又一边哭着一边想要被放到地上来,过一会儿却又会要求被抱起来。这种错误指示是为了确保妈妈参与这个过程,因为毕竟这看起来就是妈妈想要的。他们可能会表现得胆怯又害羞,可实际上却并非如此。

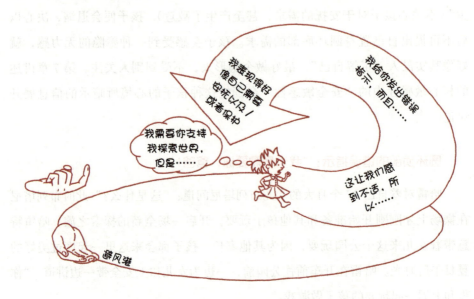

**图 6-3 受限型安全感圆环:孩子在圆环顶部发出错误指示**

圆环顶部的错误指示可以回应有下述两种依恋相关行为的家长:①真的害怕这个世界对孩子而言太过危险的家长,以及②自相矛盾的家长。在第一种情况中,孩子知道家长不希望自己暴露在诸多"危险"之中,于是便表现得非常需要家长,让家长高兴,以免让他们太过焦虑。在第二种情况中,孩子会跑来跑去,就像莉莉和诺米的情况那样,因为孩子感受到了家长希望孩子需要自己,但又不能轻松自然地照料孩子。就好像孩子听到了两种讯息:"请你表现得十分需要我。你太过于依赖我了。"这样的家长可能小时候就是被同样表现的家长抚养长大的,也可能是年幼时缺失主要抚养者,于是现在自己做了家长就会担心生命中其他重要的人也会离开,又被孩子不断提出的要求搞得头昏脑涨,可这正是家长自己教会孩子如此表现的。

然而圆环顶部的困境还有另一种形式。正如第 5 章所述，有些家长想和孩子"步调一致"的程度并没有他们想"被孩子需要"那么强烈。他们的目标并不是让孩子待在自己身边，而是不想让孩子与众不同，不可以有自己独特的经历。这样的家长真的认为，自己对于孩子的了解程度就像孩子对自己内心世界的了解程度一样。家长会想要"读懂孩子的内心"，但从共情的观点来看，家长做得过了火。怎么可能会同理心太强呢？想想你有没有过以下的经历：你参加一个聚会，谈及一次痛苦的经历，可是你的听众却认为自己真的知道你所讲的感受，于是将话题转到了她自己"完全相同的经历"上面去了。这样长大成人的孩子接收到的信息便是他们不能拥有自己的想法，而且随着他们年龄渐老，他们会觉得自己要遵从家族的"路线"，或是要造反抗争。每个孩子都需要拥有自己的想法和感受，想要和其他人一起分享，这个人应该愿意倾听，在意孩子讲的话，不会先入为主地认为自己明白这些想法或经历过这些感受。

## 解读错误指示的艰巨任务

如果你即将迎来自己的第一个孩子，明白自己要陪伴孩子，（真正且发自内心地想要）尽最大努力和孩子保持步调一致，理解每个人都会在面临某些依恋需求时遇到困难，你便能真正强化同孩子之间的安全型依恋。虽然乍一看可能与直觉相反，但是选择不要成为"完美的"父母实际上却是家长给予孩子安全感的最佳途径之一。

一旦宝宝来到这个世界，家长就要运用直觉的智慧，找出潜在的错误指示，在压力巨大或是面临危机的时期更要如此。这些时刻都是"鲨鱼音乐"想要产生干扰的时刻，家长的共情能力会受到挑战，评判"猜测与亲眼所见"的能力便会受到牵连。还是那个老套路，过去的经历会让你误入歧途、精力涣散，甚至可能致使圆环产生裂隙。这些情况发生时，你可能会退一步、辨识出潜在的裂隙，并简单修复。这不是什么困难的事情；这只是教养孩子过程中以平稳的方式给予孩子支持的一部分。正如你所想，这些努力付出会得到千百倍的回报。

然而，你还会面临其他更加困难的挑战，要能辨识出错误指示并且回应孩子可能残生的真正需求。也许你已经有孩子了，想要提升自己和他们的关系。那么一切都要从认清自己的"鲨鱼音乐"开始，意识到孩子的正确指示和错误指示的存在。陪伴是此番努力的核心，我们会在本书第二部分谈及如何训练强化这种能力。下面我们将展示几对应该注意的难缠概念：

### 从"鲨鱼音乐"到孩子的错误指示：并不一定是一条直线

本书描述孩子错误指示的方式就像在描述家长在圆环四周遇到的困难，这的确是通常会发生的情况。但因为依恋策略所包含的防御性舞蹈复杂又微妙，所以并不总是如此。你有了孩子的话可能就会见到以下现象。比如，如果你在圆环底部遇到困难，可能你的一个孩子会希望通过获得成功与你保持联系，成了一个热切地想要取得成就的人，而另一个孩子则会拒绝接受设立的标准，因而和你十分疏远。你可能会疑惑为什么自己的孩子中的一个会和你如此相似，而另一个如此反叛，或者说有着如此明显的个性以至于和你疏远：一个就像是小号的你自己，而另一个则是被你视作"不同寻常"或非常"有个性"的孩子，这就是一个简单又显而易见的例子。性别差异会让你的孩子们产生依恋差异。如果你在圆环顶部遇到困难，你可能会发现自己的女儿也是一个"家庭至上的人"，她会依赖你和其他人，可是你的儿子虽然如你所愿离家不远，但你在心里却觉得他十分特别，他给人感觉（而且也表现得）具备某些特别的权利。

整本书都在强调，保持圆环顶部和底部的平衡十分重要。那些过分干涉孩子的家长既可能是因为他们不希望孩子离开（圆环顶部的鲨鱼音乐），也可能是因为他们希望孩子尽一切可能取得成就（圆环底部的"鲨鱼音乐"），结果却让孩子离自己越来越远。成年后，这些孩子可能会对于亲密关系十分警惕，害怕产生窒息感。为什么？因为他们知道认可和接受只有满足很高的外部标准以及/或同抚养者"保持在同一频道"才能实现，这会带来压力，让他们感到（极度的）不适。

如果父母双方的问题都掺杂其中，则会使情况更加复杂。

### 父母之间的矛盾会削弱父母同孩子之间的联系

莫妮卡只要拼尽全力就能够在所有游戏中取得前几名的好成绩。对于一个11岁大的孩子而言，莫妮卡已经尽了最大的努力发挥自己身体的极限了。她特别喜欢攀爬运动：爬树，爬栅栏，爬假山上的大石头。她也喜欢篮球和足球，放学后或是周末一有比赛她就会参与其中。

德温是莫妮卡的爸爸，对此持保留态度。他很高兴看到女儿热爱运动，但是总会担心女儿受伤。他之所以这样想不是毫无根据的，因为莫妮卡这些年来以及越来越多被割伤、磕碰得青紫、伤到骨头。

然而，莫妮卡的妈妈玛莎却觉得"很棒，是小孩子应有的样子"而且"没什么可担心的"。因为玛莎自己小时候也是如此，所以觉得爱冒险的女儿所经历的苦难和挑战都是教养孩子的正确组成部分。

因此德温和玛莎常常因为女儿上一次磕碰或是割伤争论不休。"如果下次更严重怎么办？"

"是啊，那如果她只是做了孩子自然而然会做的事情，只有一些小割伤又怎么样呢？"循环往复的争论让德温越来越愤怒，而玛莎也越来越确信自己的想法是正确的。

此番场景引发了一些负面的结果。其中一种可能是，莫妮卡可能会在圆环顶部对爸爸发出错误指示，而不对妈妈如此，这便可能威胁到父女关系。女儿可能会觉得需要更加"粘着"爸爸以保持父女间的联系。如果一直在圆环上半部分遇到困难可能会让这个家庭的重心改变，致使母女关系的关注度降低。这样的疏忽可能会让母女关系承受潜在的威胁。

双亲家庭父母之间的依恋模式差异十分复杂，也不是本书想要谈及的内容。两位家长引发的复杂困境是因为其中一方或双方在反思自身的"鲨鱼音乐"时遇到困难，最好咨询专业人士获得帮助。想要理解父母之间紧张的局面（尤其是在局面越来越紧张的时候），常常需要经受过训练且思路清晰的专业人士为双方提供指导以及支持。

### 父母承担的压力会产生干扰

身为单亲妈妈，带着三个分别是三岁、六岁和八岁的孩子，同时还是二年级学生的老师，这些压力都让安娜感到察觉出孩子需求的负担越来越重。所有需求都要满足；任何需求都要满足。尤其是在结束了一天漫长的工作后踏进家门的那一刻，这种感受尤为明显。

过去几个月以来，安娜每次回家都希望孩子们自己玩得开心。可是，她经常看到的场景却是孩子们互相大吼大叫。她偷偷摸摸地回到自己房间，假装现状一切正常，仿佛孩子们也不需要她。

在她关门的瞬间，那些叫喊声和打闹的响动却越发刺耳。安娜数了十个数，然后又数到了20，希望声音能小一些。过了几分钟，声音的确小了不少。她打开卧室的电视，准备看每天都要观看的脱口秀。可她根本看不进去。最后，就好像每天同样时间都要响起的定时器那般，安娜走出了自己的卧室，来到乱作一团的客厅，冲着孩子们大喊，责备他们"太不懂事"。

压力使人受伤，会伤害父母，当然也会让依恋纽带受到损害，最终伤害到孩子。单亲母亲或父亲要处理的事情常常会超过一名成人认为自己能够承受的范围。在上述场景中，我们可以看到安娜的孩子在等待妈妈回家的过程中产生了圆环底部的需求。安娜十分疲惫，却预料到她所剩无几的活力还要满足孩子们更多的要求，于是就试着无视孩子对于安抚的需求，拒绝承认孩子需要一位更加高大、强壮、智慧且友善的母亲回到家中。这让她变得软弱无能且不负责任，以至于孩子们不得不"乱发脾气、行为出格"将妈妈拉回圆环之上，让妈妈掌管全局，提供只有她在身边时才能获得的安抚。安娜不得不关注孩子的行为，因为他们就当着妈妈的面这样做，安娜只得情绪失控地责备孩子对于安抚的需求。于是责备 - 羞愧 - 疏远的循环就这样继续着，安娜没能辨识出圆环上的需求，妈妈和孩子之间的关系由此恶化。

  在类似安娜的情况中，得到一些专业建议便能起效。如果安娜找到了某种方式减少自己的压力，她可能就能多一些精力接受建议，在进门时多花 10 分钟安抚孩子，并且同他们建立联系。这可能便足以给他们的情绪加满油，于是安娜也能舒一口气，在晚上陪伴孩子们时能够压力小一些，才能做到她认为自己可以成为的足够好的妈妈。

  有时候伊森不太确定妈妈到底是会欣然接受还是会燃起怒火，因为妈妈显然可以做出任何一种反应。这一刻，妈妈因为六岁的伊森所具有的热情而感到骄傲。仅仅一小时后，伊森兴奋激动的情绪却被妈妈的一瞥打散得无影无踪，仿佛他的行为让一切都变得黯然。他不太确定妈妈会给出什么反应，或者说，他会面对的是哪个妈妈。

  因此伊森变得警惕。他学着时刻拿捏妈妈的脾气，总是小心翼翼地观察妈妈可能给出什么样的回应。如果妈妈开心，他们在一起开心大笑的场景能让他们几天之后还要回味，但是如果妈妈情绪低沉，表现出愠怒，伊森便会回到自己房间，甚至现在只是面对妈妈严厉怒视的细小征兆也开始让伊森下定决心在大部分时候都要独自待在房间里了。

  伊森的妈妈可能也需要一些专业帮助。有时候父母肩负的重担太过沉重，以至于他们没有机会（也没有心力）陪伴孩子，无法解读孩子的正确指示以及错误指示，做不到自我反思以便意识到裂隙的存在，因此也不能修复裂隙。

## 唤醒沉睡的鲨鱼

  如果读了第 5 章内容后，你开始思考自己的"鲨鱼音乐"，便可能会发现自己已经唤醒了沉睡的鲨鱼以达到启迪的效果：许多和我们一起工作的家长都给我们讲述了在他们具备了和孩子之间或是和父母之间的依恋纽带洞察力后发生的故事。或是讲到他们将依恋模式作为范本指引了生活中的其他人际关系，既有友谊、婚姻，也有工作、亲属关系。

这本书本意并非产生干涉。你没有任何错误。这本书是想让你以一种全新的角度看待自己的教养方法以及其他人际关系，许多家长光是具备了这种意识就足以产生共情能力的转变，会更多地去陪伴孩子。虽然并非总是如此，甚至在某些案例中大部分时间都并非如此，但是孩子在足够的时间中却能感受到（足够的）安全感，知道爸爸妈妈能够陪伴自己、接受自己、关爱自己，而且准备好帮助他们渡过情感需求中的各个难关。

可能你目前所阅读的内容还不能令你满足，或者可能读完了这些内容你还想继续探索。"孩子一岁时你在哪儿？"一位家长这样质问自己，她觉得如果孩子出生时就接触到了安全感圆环，那么当时就能做出本该做出的选择了，她为此感到十分伤心。幸运的是，想要为孩子提供安全感永远都不晚。无论孩子现在已经多大，年幼、少年或是成年，你都可以开始运用所学知识。

**提示**：如果你开始运用所学，仅仅是告诉孩子（无论他们多大）你突然明白了好多事情，而且决定要用不一样的方式为人父母其实起不到什么作用。可以预期到这样的声明反而会受到嘲讽，甚至引发更糟糕的反应。相反，你要思考自己和孩子的过去，与陪伴、分离、鲨鱼音乐、正确指示、错误指示等相关的概念，并从此刻开始悄无声息对日常沟通的过程产生影响。不能仅仅因为看到一点蝇头小利或是突然看到光亮就停止做出改变，你仍要谦逊且努力地改变自己的行为、话语，看看哪些话以后不要再说了，搞清楚自己看重什么、需要什么等诸多方面的问题。随着时间流逝，可能看起来细小却持久的改变累加起来便能产生实质性、永久性的改变。或者你可以继续阅读本书第二部分，发掘更多有关自身家庭依恋关系的内容，了解它们是如何形成的，以及如何能够提升自己的人际关系。

## 欢迎加入我们的行列

做家长可能是全世界最难的工作了。每一天,世界各地的家长都希望将最好的给予自己的孩子。每一天,世界各地的家长都会没能满足孩子的一些要求。"帮助我"的时刻受到忽视。"看护我"的时刻也被迫中断。"安慰我"和"帮我理清感受"的时刻最终也被推到一旁或是在每天的纷乱事务和巨大压力中消失。

欢迎加入我们的行列。

当然,人们很难意识到自己犯了错误。对家长而言的好消息是我们都可以从内心深处的智慧帮助自己战胜这些错误。无论是谁,只要听从自己内心的声音,总会听到它在劝说我们不断尝试。无论过去如何,只要加以关注,就会发现我们内心某处其实很想满足孩子的需求。

### 所有的家长都十分有智慧

教养孩子可以是全世界最棒的工作,这是最好的一个消息。身为家长最棒的地方就在于知道自己会越来越有智慧。我们可以辨识出自己的弱点、从错误中吸取教训,并且找到新方法满足孩子真正的需求。

### 所有的家长都会遇到困难

请务必记住教养孩子的过程错误无可避免。我们身边的每一位家长都希望事实并非如此。每一位家长都会努力确保孩子的需求得到满足。这就是为什么要花时间和精力来阅读本书。付出了这么多之后,意识到你对孩子的所作所为不那么正确的确会令人感到沮丧。

我们十分希望家长开始意识到的自身弱点容易出现在安全感圆环上的某个具体区域。每一位家长都会在这个圆环的某一侧用力过猛,而在另一侧力不从心。这并不是问题所在。但如果我们没有意识到自己对于圆环一侧事务的处理能力较强而另一侧较弱,问题就会出现。如果我们过度使用较强的一侧,想要以此努力修补较弱一侧的使用不足,问题就会越来越棘手。一代又一代人,问题一直延续,如果我们无法从自身出发、回顾过去经历从而找到解决问题的方法，较弱的那一侧便会一直保持这个状态。

### 我们难以给予从未得到过的事物

人们很难给予从未得到过的事物。例如，如果自己小时候就很少得到安慰，那我们也很难给予孩子所需的那么多安慰。有时孩子发出指示信息，希望得到关爱，我们却会有些受伤。这些时候我们可能会无意识地停下动作转而自我保护。我们可能只顾着忙手头的事情或是让孩子自己玩玩具（这等于以一种很不显眼的方式告诉孩子不要直接提出需要安抚的要求），因为每次孩子要求我们给予温柔拥抱时都会让我们会想起自己这种经历的缺失，于是便会产生痛苦。可以想见，我们会以某种方式避免这些时刻，但都是小伎俩。不幸的是，孩子会开始意识到这一点，并且最终试着帮助我们脱离这种痛苦，于是便越来越少提出类似要求。

或许，我们的父母不擅长让我们外出探索世界。他们让我们一直待在身旁，常常太过紧密。现在，我们为人父母，如果孩子远离我们，踏入圆环，我们就会感到心神不宁。我们和自己的父母一样，都不确定这个过程是否真的是一个圆环，孩子是否很快就会跑回来投入我们的怀抱。

### 对痛苦感知敏锐

如果我们知道自己对于圆环一侧的痛苦感知敏锐，便能开始改变自己的行为。我们能够后退一步，审视自己（"我又这样了"）。我们可以审视自己，但是不要评价，不要批评。我们可以学会后退一步，带着宽容的态度审视自己的行为。真的，我们可以为自己的辛苦努力感到自豪，因为我们努力将自己童年没能体验到的经历努力给予孩子。（"这对我而言的确很难。"）

我们明白事情很艰难，却并非绝无可能。我们的智慧以及想满足孩子在圆环四周需求的强烈欲望提供了打开新世界大门的可能性。我们能够意识到事情虽然艰难，但是如果察觉到并承认自己的不适感，哪怕只有一小会儿（有时候就是多那么

15～30 秒的亲昵或疏离，这便是孩子所想要的全部），孩子的需求便能够得到满足。如果我们每天都能有额外的五六次亲昵或疏离的行为，每个人（孩子和家长）就都会更开心而且更有安全感。

教养孩子最棒的部分可能就是在陪伴孩子的过程中满足了他们真实的需求——在圆环四周的需求。

欢迎加入我们的行列。

# 第二部分

# 建立并维护圆环

## 如何变得更高大、强壮、智慧、友善,并且足够好

所见非所存,所思即所见。

——阿娜伊斯·宁(Anaïs Nin),《弥诺陶洛斯的诱惑》

## 鲨鱼骨:
### 探索我们的敏感核心

亲子班的教室挤满了人。数十名年幼的孩子围在老师身边,努力想要跟上曲调,做拍手游戏,孩子们跟上节拍的程度各不相同。爸爸妈妈们都在教室后面排成队列,距离足够近,只要孩子有需要就能第一时间冲上去,但是对于两岁的孩子而言,这个距离也足够远,这让他们在"学校"初尝独立的滋味。大部分成年人都小声地说笑着,很开心能够将监管权交给另一位成年人,让自己可以轻松几分钟。许多人都展现出作为家长的独特技能:可以和一个人(一位成年人)说着话同时还能看着另一个人(他们的孩子)。其他一些人一坐下便拿出手机,再也没有抬头。一对夫妇一直专注地盯着自己的孩子,默默不语。

"哇哦,"卡拉惊呼道,"如果我们家杰克在家里也能这么容易就玩儿得很开心,我肯定就能做点儿其他事了!"大部分家长都大笑或是点头以示赞同,而莎伦却打断了她,大声地讲道:"菲奥娜在家也很爱唱歌!我给她下载一些歌曲,她一边唱,我就能自己在一边付完所有的账单!"其他家长又笑了起来,并且互相交换着眼神,都是心知肚明的样子,其中一位还打趣地说道,"对啊,菲奥娜可真棒啊，莎伦。"

莎伦旁边的玛丽亚将自己的目光从儿子身上拉回来，紧张地问道"你说什么？"而此时她的儿子罗里回过头小心谨慎地瞥了妈妈一眼，这已经是第十次了。

在家长聚集的队伍尽头，埃利斯一直低头玩手机。他时不时抬起头瞟一眼，环视整个房间，就好像试图记起自己在这里做什么。

突然，罗里大声唱起歌来，挥动着手臂，就好像一位缩小版的指挥家。家长们拍着手大声喊"加油，罗里"，并用胳膊肘碰碰玛丽亚，对她说道："看看他啊！"玛丽亚心烦意乱地点点头；她好像没有注意到大家给予她儿子的掌声，只是慢吞吞地离孩子们更近了一些。最后，她发觉自己就坐在了儿子身后，一直躁动不安。

遍布鲨鱼的水域到处都是，甚至存在于亲子班教室这样培养孩子的环境之中。有些家长这一刻听到了"鲨鱼音乐"，其他家长在同一天的其他地方也许会听到，或者是在第二天在另一个地方会听到。事实上鲨鱼音乐的响起不意味着出了问题，并没有危急的情况，我们也不是坏家长或是孩子"陷入了麻烦"。我们要明白，这便是普通的情形，大家都是普通人。而这恰好是"鲨鱼音乐"响起的时刻：任何日常场景。家长们是这样做出反应的：不"伤害"孩子，但是以自己独特的方式保护孩子、照顾孩子。大部分时候，这些和孩子交流的习惯都是无害的。但是有些模式（比如刚刚的场景中的一些模式）可能会影响到家长和孩子之间的依恋纽带，其影响会延续孩子一生。更加细致地观察这些"鲨鱼"遍布的水域，理解自身鲨鱼音乐的模式可以帮助家长做出最好的选择，和孩子一起建立安全感也为孩子建立安全感。

本章将会如你所愿，帮助你探索自己的鲨鱼音乐。我们帮助你在自己的人际关系网中意识到"鲨鱼音乐"的存在，因为只要有依恋关系，鲨鱼音乐就总想响起。但首先，试着完成下面的测试。

## 鲨鱼音乐自检表[1]

快速阅读各项,勾选出你认为符合的项目,无须痛苦犹豫。如果你觉得某项描述很熟悉就打钩,如果不熟悉就进入下一项。

### 什么让我感觉特别好?

- ☐ <u>身边坐着我爱的人,而且他承诺会一直陪着我</u>
- ☐ <u>在重要场合被人们看到</u>
- ☐ 我可以独自完成的事情
- ☐ <u>让别人高兴</u>
- ☐ <u>被别人认可做了一件很棒的事情</u>
- ☐ 能够同别人保持一定距离
- ☐ <u>和成功人士建立联系</u>
- ☐ <u>感觉别人需要自己</u>
- ☐ 远距离的友谊
- ☐ <u>有别人为我解决难题</u>
- ☐ <u>获胜</u>
- ☐ 置身于观众之中
- ☐ <u>身处大家都很亲昵的环境</u>
- ☐ 独自做喜欢的事情
- ☐ <u>照顾挚友以及被挚友照顾</u>
- ☐ <u>掌控全局</u>
- ☐ <u>所有重要的家庭成员和朋友都住得不远</u>
- ☐ 一个人的假期

---

[1] Copyright © 2016 Kent Hoffman, Glen Cooper, and Bert Powell, Circle of Security International. Reproduced in *Raising a Secure Child* by Kent Hoffman, Glen Cooper, and Bert Powell, with Christine M. Benton (The Guilford Press, 2017). 凡购买本书者可复制以及/或下载本测试的放大版本用于个人用途或个体来访者的咨询中(www.guilford.com/hoffman2-forms)。

- ❑ 他人的需求和感受优先于自己的需求和感受
- ❑ 独立
- ❑ 感觉自己胜任力很强
- ❑ 保持诚实，即使别人都不这么做
- ❑ 与和我想法一致的灵魂伴侣在一起

**什么让我感觉不舒服？**

- ❑ 孤独
- ❑ 得了第二名
- ❑ 被别人用沉默对待
- ❑ 看起来没有干劲的人
- ❑ 人们想要和我过分亲近
- ❑ 别人觉得我做错事了
- ❑ 觉得要对我爱的人负责
- ❑ 周围存在只会抱怨问题的人，可是他们只需要集中精力做事就可以解决问题
- ❑ 和那些看起来总想要离开的人待在一起
- ❑ 喜欢品头论足的人
- ❑ 太过孤立
- ❑ 分明没有那么自信却要表现得自信
- ❑ 感觉别人受不了我
- ❑ 批评
- ❑ 依赖别人
- ❑ 自负
- ❑ 独自生活
- ❑ 被别人说自己很普通
- ❑ 说出我的想法
- ❑ 成为关注的焦点

- ☐ 被控制或操纵
- ☐ 对朋友很失望
- ☐ 人们想要打听有关我的一切信息
- ☐ 被别人拥抱
- ☐ **掌控全局**
- ☐ 犯错误
- ☐ 别人感觉他们的想法和我的想法一样
- ☐ 失败
- ☐ 不被其他人理解
- ☐ 来自他人的高度期待
- ☐ 人们太热情

### 别人怎么说我或者怎么看待我？

- ☐ 如果有问题要解决，我倾向于自己解决
- ☐ **我需要更多地自己做一些事**
- ☐ 我会给出混杂的信息：独处的时候我想和别人一起，和别人一起的时候我想独处
- ☐ **我太轻易就放弃**
- ☐ 我沮丧时会放弃自己解决问题
- ☐ **我总是很依赖别人**
- ☐ 我"过分消极"是为了让我最亲近的人都放弃
- ☐ **我需要他人大量的帮助才能完成任务**
- ☐ 我专注于个人成就而损害了人际关系
- ☐ 他们想要的比我愿意给予的多
- ☐ 我会吹嘘自己的成就
- ☐ 我因为想独自完成事情而伤害别人的感情
- ☐ 我更倾向于和朋友保持一些距离
- ☐ 我是完美主义者

- ❏ 我想要"过分亲密的"关系
- ❏ 比起面对面的相处，分离的思念会让我更加热切
- ❏ 我可能会十分挑剔
- ❏ 如果有人接近我，希望关系能够更进一步，我就会"退却"

**我相信：**

- ❏ 以某种方式行事，让别人看到自己最好的一面没什么问题
- ❏ 爱一个人就意味着永远都不能让他或她感到孤单
- ❏ 很难告诉别人你爱他/她
- ❏ 结交朋友比起成为别人眼中的成功人士更重要
- ❏ 获胜是生命中最美好的事情
- ❏ 需要其他人的人是世界上最幸运的人
- ❏ 没人喜欢失败者
- ❏ 胜利没那么重要——我只希望大家能够好好相处
- ❏ 和别人关系走得太近不安全
- ❏ 受到孤立是最可怕的惩罚
- ❏ 尽管别人都觉得我很棒，可是我总觉得自己做得不够好
- ❏ 向别人展现你对他们的爱的最佳方式便是从来不愿和他们分离
- ❏ 如果别人和我接触过多，他们可能就会觉得受不了我
- ❏ 如果别人希望你自己完成任务，那就意味着他们不在乎你
- ❏ 人们总是想控制我、操纵我
- ❏ 如果我和别人争论，我可能会输掉
- ❏ 朋友不必多，有几个就够了
- ❏ 我的意见不那么重要
- ❏ 我想要找十分出色的人做朋友
- ❏ 和别人保持联系最重要，不必在乎做得是否正确
- ❏ 我在工作和学习中必须不断证明自己才可以

- **其他人比我更加清楚如何行事**
- 如果别人和我越来越亲近，他们的需求就几乎让我没有自己的空间
- **如果我能照顾自己，别人就不会照顾我了**
- 我对生活有着很特殊的目标
- 如果你犯了错误，人们会变得很恶毒
- **如果没人在乎你，独立就什么都不是**
- 即使我做对了事情，我可能也还是个冒名顶替的人
- 即使自己能够把任务完成，请求他人帮助也完全没问题
- 如果我为自己所做的事情真的感到自豪，我就会害怕自己以后再也无法做得这样好了
- 擅长自己做的事情很重要，即使没有别人知道
- **有了孩子就意味着你不会感到孤独**
- 如果别人能看到我有多么优秀，生活的方方面面都会变得美好
- 如果别人接近自己，他们就能在情感上令你感到窒息
- 即使我做错了，也很难承认

### 评分

现在请将你勾选的项目按照**加粗**、下划线以及楷体的不同格式总结数量，将每种格式的个数记录在下方横线处。

**加粗**：＿＿＿＿＿＿

下划线：＿＿＿＿＿＿

楷体：＿＿＿＿＿＿

## 核心敏感性："鲨鱼音乐"的源头

人们都会逐渐形成保护自己免受痛苦的方式。一直很害羞的斯泰西学会带着朋友去聚会，避免遇到陌生人的痛苦。小张学会将整个长跑过程一分为二，不

逼自己面对那些痛苦的折磨，以保护伤痕累累的膝盖。文斯每周给妈妈打电话之前都会沉思一番，这样他就不会因为自己太快挂掉电话，让妈妈觉得孤独而感到内疚了（那样做之后感觉甚至会更糟）。小洁学会在房地产谈判中采用迂回战术，以解除"对手"的武装并避免自己没能做足准备的短板暴露出来而受到羞辱。

这些都是有意识做出决定以抗击痛苦的行为。正如第5章所述，"鲨鱼音乐"是在无意识情况下抗击早期依恋关系中的情感伤痛（产生裂隙却没能修复，也可能是我们不想重演的人际关系中痛苦回忆的一部分）。有意识的防御行为并不总是有积极意义的，正如小洁最终明白，她十分疲惫而不在意失去销售机会，放下了防备，自己暴露了弱点却常常能将对手转化为同盟，从各个方面来看这笔交易的效果都更好了。鲨鱼音乐也并非总能产生正面效果。也许自我保护并非对我们都十分有效（可能你在阅读本书的过程中早已发现这一点），尽管自我保护的出发点都是好的，也并不能对孩子有所帮助。本章试图将无意识的"鲨鱼音乐"防御行为纳入意识范围之内，于是鲨鱼音乐就不会替我们做出教养孩子的决定了。

> 对于病人来说，在事情发生后，
> 记得自己受过的创伤比记住什么都没发生要更容易。
> ——唐纳德·温尼科特，儿科医生兼精神分析专家

"鲨鱼音乐"由痛苦思绪和记忆引发，通常都围绕着成长过程中让我们感觉非常痛苦的内容展开。尽管可能会有很多令人痛苦的时刻，但是我们常常会专注于某一类别，防止产生更多的此类痛苦。这一特殊类别便是在安全感圆环法中被称为"敏感核心"⊖的部分，我们将该内容套用在家长身上。这些敏感性被划分成三个差异明显的类别：

---

⊖ 这一复杂话题深深根植于心理分析以及客体关系理论、依恋理论以及医学博士詹姆斯·马斯特森（James Masterson）和医学博士拉尔夫·克莱因（Ralph Klein）的临床观点。这些领域的研究表明，童年时期形成的依恋观点会成为防御手段，发展到极端时则会演变为人格缺陷。我们认为，这些核心敏感性在所有人身上都以不同程度存在，尽管它们会作为防御手段，但大部分情况下只是个性的一部分，因此值得我们辨识出它们的身影，然后以现在成年人的角度重新做出思考。

- 分离敏感性
- 自尊敏感性
- 安全敏感性

每一种核心敏感性都有自己独特的"鲨鱼音乐",也就是我们每一个人在(准确或不准确地)感知到来自人际关系中的抛弃(分离敏感性)、批评或拒绝(自尊敏感性)或是侵入行为(安全敏感性)带来的威胁时,都可能会听到独特的鲨鱼音乐主旋律。大体而言,上述的亲子班场景向我们展示了全部三种敏感性:玛丽亚不想一个人被落下——永远都不希望被抛下。她十分关注其他人想从她那里得到什么,于是她就给予什么,以此保证大家都陪在她身边。莎伦专注于特殊性以及表现如何。她对于批评和评判十分敏感,十分关注其他人如何看待她自己(以及她的孩子)。埃利斯时刻警惕着他人的入侵,担心别人的要求太多,担心自己会在人际关系中迷失自我。他自己并没有真正意识到这种过分警惕的行为,他实际上却会因此受到牵制,在大部分沟通交流的过程中保持距离,有时候甚至和自己的孩子也是如此。

你可能已经认识到自己具备的这三种敏感性中的一种了。大体而言,分离敏感性致使我们如第 5 章所述那般容易在圆环顶部遇到困难。如果因为孩子想要寻求自主权而感到紧张,但是又无法坚持自己身为家长的权威性(除非你最终无法忍受,而跳到了另一个极端),你可能就是对分离十分敏感的类型。自尊敏感性致使我们在面对圆环底部的挣扎时十分脆弱,尤其是处理的问题就是脆弱时。如果你读了很多有关教养孩子的书籍,希望让孩子成为最优秀、最耀眼的那颗星(怎样都可以,就是不能平庸),你可能就是对自尊十分敏感的类型。安全敏感性通常也会令家长在圆环底部遇到困难。如果你能和孩子分享自己的情绪但是也觉得和孩子保持一定距离(孩子看似不那么需要你)令你感到很惬意,你可能就是对安全感十分敏感的类型。

如果还没有孩子,本章内容可以辅助你思考生命中的其他重要人际关系,从而发现自身核心敏感性的线索。那么,上面的"鲨鱼音乐"自检表又告诉了我们什么呢？

- 如果你勾选的**加粗**选项超过其他两类，那么你可能会有分离敏感性倾向。
- 如果你勾选的<u>下划线</u>选项更多，你也许对于自尊会更加敏感。
- 如果你勾选的楷体选项最多，那么你就最有可能是对安全感敏感的类型。

你可能在每种类型中都勾选了一些项目，㊀这很正常。大部分人都会具备三种敏感性的某些特点，但是主要核心敏感性奏响的"鲨鱼音乐"音量才是最大的——尤其是处于压力之下时。因此，知晓自己的主要敏感性位于何处大有裨益。可能它就潜伏在你人际关系最脆弱、最有可能产生裂隙的地方，也是你认为最难修复的地方（请见第184页专栏中内容）。

你可以从第184页专栏中的内容看出，核心敏感性可以在不知不觉中订下规则，规定我们在人际关系中或在别人交流的过程中要如何表现。人们无意识地努力让自己的情绪稳定且受到保护，但现实中的游戏自有规则，会让人们产生期望，希望别人遵守规则。在成人的人际关系世界，这常常会导致我们不经意间侵犯了其他人未能表达出的敏感性。阿莉莎总会一再要求盖伊保证自己很爱她，以此减轻自己对于被抛弃的恐惧，但是这样的要求对盖伊而言算是侵入行为，只会令他努力远离阿莉莎。双方之间产生了裂隙，如果二人谁都没能了解自己和对方的核心敏感性，裂隙的修复可能会受到负面影响或是缺失，甚至再也无法进行修复。阿莉莎总让自己四岁的女儿莉娅待在身边，于是莉娅渐渐学会了发出错误指示才能让妈妈待在自己身边，但同时也（几乎没）能让自己保留一些自主权：她会在玩耍时不断地跑回阿莉莎身边，表现得好像她很沮丧（错误指示），但是之后，她仍会挣扎着跑开去玩耍。莉娅的行为也是无意识地取悦自己的母亲，可她永远都无法将这一事实表达出来。

---

㊀ 自检表有些选项适用于多种类型的敏感性。例如，面对其他人的高度期待时，感到不适可能就是因为安全敏感性和自尊敏感性同时起的作用。在现实世界中，没有什么是完全正确或绝对普遍的。我们设计自检表只是为了让你得出一个大体的印象。

### 核心敏感性和裂隙

"鲨鱼音乐"可能会成为那些极度敏感的汽车警报——想要防盗,却会因为一阵强风或轻轻地触摸引发的极其轻微的震动而刺耳鸣叫起来。这样看来,家长面对孩子的需求时,"鲨鱼音乐"可能会成为错误信号,家长的反应可能会变成我们绝不会有意去做的事情。想要了解自己的核心敏感性,途径之一便是反思自己在哪里经常产生一触即发或是不由自主的反应,但是之后却会后悔,或是至少会质疑自己。如果你已经有了孩子……

- 如果孩子想要独自去某个地方,你有没有过不由自主地说道,"我们今天应该待在家里"或是"我不认为这是一个好主意"吗?(甚至之后你会诚实地讲到其实没什么理由反对孩子的想法。)

- 你会因为自己年幼的孩子拒绝分享或是坚持她的某种行事方式("因为其他孩子就不会喜欢你了"或是"你不够友善")而责骂她吗?(即使你反思过后会明白自己其实是期盼着一个两岁多的孩子做出超出年龄的事情。)

- 看到自己三岁的孩子膝盖擦破皮,抽泣着来到你身边时,你会不由自主地让他"想出一个更好的方案"或是迅速将精力集中在手中的玩具上,或是在他想要趴在你大腿上寻求安慰时说"现在可不是正确的时候"吗?即使你也真的有些想要抱起孩子,给他以安慰或是一个拥抱,但却不会这样做,对吗?

这种不由自主做出反应的模式可能表明了你的核心敏感性是什么。下次遇到类似情况时,你就能通过询问自己"孩子现在处于圆环何处"而了解到更多信息了。

如果你十分了解自己的核心敏感性,便能反思"鲨鱼音乐"在自己回应孩子在圆环周围的需求时、决定压制"鲨鱼音乐"响起的警报时是如何产生影响的。亲子课堂中,一些家长就是这样做的。一位妈妈知道自己会在孩子远离自己时非常紧张,为了避免自己阻碍孩子探索世界(我们称为"走出去的过程",

或者是在圆环顶部），她会不停地默默告诉自己，"他很好，他很好，他很好"并且在自己说话的同时用脚应和着每个词打拍子。根本没有人会觉得她遇到了什么困难。对于玛丽亚来说就不同了。即使她自己也不明白为什么，只要看到罗里在其他地方参与活动（后背冲着自己）就会感到不适。她发觉自己总会迅速靠近孩子所在位置，越来越近。这对埃利斯而言也很困难，他在儿子不想参与时想要靠近儿子，儿子抽泣时却想要看手机，这位父亲在两个状态之间不断变换。自我意识会在人们想要做事时帮助他们忽略自己的鲨鱼音乐，而莎伦恰好缺乏这种自我意识。在莎伦的朋友告诉她菲奥娜是个很棒的女孩时，莎伦脸上一闪而过了羞怯的表情，然后她看起来冷静了下来，平静地环视了一下房间里的每个人。她在心里告诉自己其他家长都不知道菲奥娜到底有多么优秀。况且，她还读了很多书，明白小家伙们多么需要肯定。菲奥娜在同龄人之中发展得遥遥领先便是证明。这些想法背后，莎伦却感受到了一些的痛苦：那是一种预感，一种根本讲不通的预感。

如果你已经有孩子，上述例子可能会让你觉得有些熟悉。如果你尚未迎接自己的第一个孩子，也可以通过探索自己和其他关系亲密者的人际关系获得自身核心敏感性的一些线索。

## 配偶、伴侣、挚友：成人的人际关系如何揭示自身核心敏感性

你是否曾经感觉理论上亲近某人会令你感到很舒服，但是当他带着对于亲密接触的需求出现时你却会觉得费力劳神？或者对方在情感上的疏远让你觉得受到了威胁？或者也许你想在人际关系中做到完美，而非仅仅是处于一段人际关系之中？所有这些都可能暗示了你的核心敏感性，因此想要辨识出自身核心敏感性的类别，有效途径之一就是观察自己同其他成人的人际关系，尤其是亲密伴侣。下面列出了对于核心敏感性的总结评述，附加一些让你能够针对过去和现在的人际关系提出的问题，以此积累有关自身的知识。我们也在表 7-1 中提供了"亲密关系中的核心敏感性"。

表 7-1 亲密关系中的核心敏感性

| | 总结 | 程序确定性 | 常见程序性触发事件 | 其他人的说法 | 有益的目标 | 需要承认的事实 |
|---|---|---|---|---|---|---|
| 分离敏感型 | 我认为自己所能关注和我关系亲密的人的需求，我害怕他们会感到沮丧。而且，我自己也常常感到沮丧，因为那些貌似和我亲密到愿意照顾我的人，实际上没有尽到照顾我的责任。 | 为了产生亲密感，我必须一直很亲人，温顺、软弱无能。如果我有必要的话，然后显得很无助，十分无助，于是我就会得到照顾，不会感到孤独。 | 我时刻警惕人际关系中出现问题的信号（因此将人际关系置于重要的地位，常常会感到沮丧且艰难；我不敢向对我而言很重要的人表明自己的立场。我倾向于主动地判断自己是否得到了足够多的爱。 | "你对我要求太多了。""感觉好就好像你希望我威胁你。你希望自己要离开，然后又戏剧性地决定留下来。" | 合并自己的感觉、想法和需求就是在否认真实的自己，即便更深实的层次上否认亲密感。 | "我在内心深处开我。""如果我不盯着你，你就会跑掉。""我显得十分无助，于是你就会靠近我、照顾我。" |
| 自尊敏感型 | 评价我的内容都很重要。我想要控制别人对我的看法。我必须通过自己的成就和取得的表现来证明自己的价值。 | 为了得到关注、得到别人的认同，我必须表现自己、完成任务、争取做到完美，并且和"所有重要人物"（任何我因其智慧、美貌、权利而崇拜的人）想法一致，或者和我崇拜的人在一起，我会觉得自己很孤独特而目不孤独。 | 我会搜寻其他人肯定我的意见。我对于批评会一触即发我的反应；我必须做出纠错。我不能犯错。我想要和亲近我的人保持意见一致。 | "又不是所有事情都和你有关。""就是批评一下而已，又不是世界末日。""我不是你的附属物。""如果我和你一起总是保持快乐的样子才能谈我的优点，只能谈我的优点，我会很有压力；如果我表现不这样，你会觉得受到了批评，觉得很冷漠。" | 意识到这些问题无可避免，分享自己及脆弱的需求以及处于一致可以产生满足感。 | "我内心深处其实很确定我并不值得大家这样。""如果我按照我的意志没能这样行事，我可能会生气。""我一直觉得我们无法总是一致的，可是如果我这种幻想打破了，我可能就会从这段关系中抽身。" |

## 7 鲨鱼骨：探索我们的敏感核心

（续）

| | 总结 | 程序确定性 | 常见程序性触发事件 | 其他人的说法 | 有益的目标 | 需要承认的事实 |
|---|---|---|---|---|---|---|
| 安全敏感型 | 我很容易受到亲密关系的控制。如果我和其他人亲近，我的安全感就会受到威胁。和其他重要的人保持联系就是放弃真实的自我，放弃自己真正想要的选择 | 进入一段人际关系就会被人侵犯私人空间，会受到控制。我最期待的就是远距离的亲密关系 | 不停搜寻其他人处于支配地位、人侵我的私人领域或是"太过亲近"（"太了解我""太关心我"）的信号。暴露自我/被别人了解会令我极其痛苦 | "我想从你这里得到更多。""好像你在我面前消失了。""为什么每次我询问关于你的问题，你都会躲闪？""我不想控制你；我只是想和你亲近。" | 有了沟通协商，亲密关系并不一定意味着侵犯人、破坏或是控制；亲密关系也可以令人感到安全 | "再次重申，我只是受到了惊吓，因为感觉好像我们太过亲近了。""我只是回到了自立的模式，因为我敢肯定你是想取得控制权。" |

资料来源：基于詹姆斯·马斯特森以及拉什夫·莱因因的真实教学案例。

### 分离敏感型

对于分离十分敏感的人会专注于如何保持人际关系紧密。任何产生距离的细微暗示，比如感觉对方没能集中精力在这段关系上，可能都会令他感到威胁。因为害怕遭到抛弃，分离敏感型人群可能会牺牲个性（他们的欲望、需求以及感受）或者牺牲身体健康使得人际关系能够"正常运转"。

分离敏感型人群就是我们在第 5 章所描述的**在圆环顶部遇到困难**的人，玛丽亚就是一个例子。

安全感摄像机：核心敏感性就像是在人际关系中寻找"鲨鱼"的镜头，配备这一安全感摄像机会在感知到威胁时向人们发出警报。为了拥有一些安全感，分离敏感型人群不断地扫视人际关系中问题产生的信号，或者自己依赖的某人可能脱离人际关系的潜在威胁。

- **在恋爱关系中，你是否常常因为不确定自己付出的爱能否得到回报而极度痛苦？** 分离敏感型人群会不断要求自己的伴侣一再做出保证，证明对自己的爱；有些人可能会表现得"嫉妒心十分强烈"，以"我害怕你会离开我"作为他们的中心思想。

- **同亲密伴侣甚至是挚友相处时，你是否会仔细剖析这段关系以保证没有出错？** 有时候分离敏感型人群会不自觉地搅乱局面、凸显困难并且制造不愉快的事件以检验这段关系，确保关系不会分崩离析（然而讽刺的是，这样的行为却会为这段人际关系增加额外的压力）。他们也常常会利用自己的无助感作为一种手段，保持和其他人的紧密关系，不断寻求其他人给予的情感帮助，以克服自己情感上的痛苦。

- **你是否会避免向深爱的人表明自己的立场？** 一般来说，过于自信会导致同他人产生距离感。如果你是分离敏感型，就会觉得这过于冒险。（"有自己的想法可能意味着分离，并且被抛弃"）。很有趣的是，分离敏感型人群可能不会表现得那么自信，却常常会挑起战争。过分自信的人显露自己的能力，同时也会将人推开，产生距离感。而争论不休则会让双方保持纠缠不清的人际关系，由此亲密关系得以延续。

**自尊敏感型**

自尊敏感型人群认为自己必须十分卓越，要强调自己的成就、凸显自己的完美，因为他们内心深处不相信自己未加修饰的、具有天然缺陷的自我能够被人们接受。不完美就等于被拒绝。他们会尝试从重要的人身上得到情感上的"满足"（仰慕以及别人对自己的承认），但是也可能会表现得自己没有情感需求。表现得脆弱就有被别人发现自己的渴望的风险，因此他们会羞愧难当。他们也会惧怕抛弃，但是其关注点是自己遭到拒绝的原因是不是不完美。他们的目标是保持卓越的表现，成为独一无二的人，要高于平均水平。

自尊敏感型人群是第 5 章描述的<u>在圆环底部遇到困难的人</u>，苏珊就是一个例子。

安全感摄像机：对于自尊敏感型人群而言，感到"安全"的唯一途径便是得到别人的肯定/格外关照，因此他们便不停地仔细观察其他人，感知人们对自己产生的积极和消极认识。

- **你难以接受批评吗？** 自尊敏感型人群认为自己不仅要正确，还不能出错。这种倾向无处不在，会出现在私人人际关系以及工作人际关系中。自尊敏感型伴侣可能会认为道歉的话难以说出口，因为这意味着犯了错误，会带来批评和羞辱的记忆。自尊敏感型伴侣也可能会不停地道歉，或是不断地批评贬低自己。尽管这种表现最开始非常谦卑，表面之下这种习惯却是先发制人的手段："如果我先批评了自己，你就不会批评我了，或者即使你真的批评了我，因为我先发制人，所以也不会让我感到太难过。"
- **在对待恋人和朋友时，你会期待他们和你想法一致吗？** 对于自尊敏感型人群而言，最理想的相处对象就是能够"完全理解""能够明白自己所有想法"的人，他们和自己想法感受一致，对于每件事的观点也完全相符。

这就是所谓的"思想合一"。("我们想法完全一样就不会产生差异，也就不会产生批评和拒绝了。")

⑨ **你想要亲密人际关系必须很完美吗？** 自尊敏感型人群可能会觉得自己的弱点令人苦恼，因此一段人际关系即使产生了最浅淡的瑕疵或是最细微的裂痕也会让他们感觉这段关系十分脆弱。("完美就是我们谁都不用说对不起。")

### 安全敏感型

安全敏感型人群会让人觉得有些疑惑，当其处于典型的亲密人际关系（家长/子女以及亲密伴侣，甚至可能是挚友）时，感觉尤甚。安全敏感型人群认为同其他人建立密切联系的代价就是要牺牲自己、迷失自我。关系太过亲密就不得不向其他人妥协，不得不牺牲自己真正想要的东西和真实的自我，最终受到操纵或控制。另外，不妥协、保有自我则意味着要孤独一人。因此，安全敏感型人群总是陷于进退两难的境地，不知应该建立联系还是独自一人，的确让人十分困扰。

看待安全敏感性的另一种方式便是将其视作一种"侵入行为"敏感性。安全敏感型人群十分清楚其他人侵入他们私人领域的可能性。矛盾之处就在于他们想要，甚至渴望亲密关系，但是常常在真实的人际关系相处过程中感到不自在。努力找到自立的方式就变成了他们的核心目标。

安全敏感型人群往往会在圆环底部遇到困难，因为他们惧怕将自己对他人的需求展现出来，畏惧关系过于亲密（这当然也就意味着潜在的侵入行为）。埃利斯展现了安全敏感性的信号：不想距离太近也不想距离太远，无论是同自己的孩子还是同其他家长都是如此。

安全感摄像机：对于安全敏感型人群，安全感意味着同他人保持一定距离，他们便能持续观察侵入行为、支配地位或是操纵行为的信号。他们心里也会观察任何他们觉得对他人而言可能有些"受不了"的迹象，尽己所能不要对他人做出侵入行为。

- **你面对新的人际关系时会表现矛盾，接近对方然后又疏离，并且如此循环往复吗？** 安全敏感型人群想要与人交往，想要建立联系，可一旦拥有关系又会常常感到不舒服。这种行为可以理解为"不愿承诺"。想拥有更亲近关系的安全敏感型人群会产生这样的现象，因为对方可能会想要更进一步的紧密关系，而侵入行为带来的恐惧会让安全敏感型人群产生不适感并导致关系疏离。

- **那些和你关系亲近的人会指责你突然消失或者隐藏自己吗？** 各种各样的触发因素（过度同情、过分理解、太多身体接触）都会让安全敏感型人群觉得受到威胁，导致他们退缩或是封闭自己。

- **潜在的伴侣会认为你冷漠或是感知不敏锐，相比起人类的感受却更重视诚实以及事实吗？** 安全敏感型人群会通过很有说服力的问题来说服自己，"如果我不信任自己，我还能信任谁呢？"他们同情心很强，而且会在心里十分渴望人与人的联系，但是一旦他们展现出同情心或这样的渴望就会让关系过于亲密。于是他们常常关注怎么样会让自己觉得更有安全感：绝对的诚实以及乐于坚持事实真相（即使这可能会导致疏远）。这样对于诚实的坚持能够使其保持完整的自我，同时也往往将其他人推开，这二者都会在短时间内带来"安全感"。令人悲伤的是，这样的安全感常常会带来孤独之感。

"在我和伴侣相处的过程中，有时我会觉得自己好像满脑子想的都是要挣脱长时间的拥抱，但是我会提醒自己，我的伴侣需要给情感加点儿油，即使拥抱有时会让我局促不安地想要逃开，但是拥抱一下也没什么。我想'其实没什么危险，只是我的鲨鱼音乐作祟罢了'。"

——艾莉森·布鲁斯，卡拉特哈，西澳大利亚

你可能会好奇自己的核心敏感性如何影响圆环上双手起作用的能力；请见第 192 页专栏中内容。

尽管核心敏感性在最亲密的人际关系中影响最大，它们也能影响你在许多其他普通的日常沟通中的反应；请见第 193 页专栏中的内容。

既然你已经读完了不同人际关系中核心敏感性的诸多描述和说明，那么就看看它们是如何对你产生影响的吧，如果愿意的话你可以尝试进行第 195 页的测试。测试的结果可能你已经了然于心，如果不是的话可以给自己计算一下得分。

---

### 核心敏感性以及我们置于圆环上的双手

请务必牢记，我们可以选择让双手都置于圆环之上，而如果产生了裂隙，我们也会选择将一只手或是两只手都脱离圆环。

#### 分离敏感型

如果你是分离敏感型人群中的一员，可能常常会将圆环顶部的手拿开，这种情况常常发生在孩子远离家长开始探索之时。拿开这只手会让孩子觉得安全感降低，于是他会跑回你身边，给你一种再次得到安全感的错觉，让你以为自己的安全感摄像机捕捉到了鲨鱼的画面，你也找到了避免遭遇鲨鱼的方式。或许你在孩子需要从家长这里获得肯定时难以掌管全局，因为你将表现出权威同独裁主义搞混了，害怕因为自己表现得更加高大强壮而失去孩子对自己的喜爱之情以及亲密感。

#### 自尊敏感型

如果你是自尊敏感型人群中的一员，你可能会在孩子需要安抚或是帮助他厘清强烈情绪时将圆环底部的手拿开——可能你年幼时家长希望你不要受到这一行为的影响，你还无意识地将这一内容传授给了下一代。如果需要你掌管全局，你可能会责骂孩子或者让孩子感到羞愧（无论是使用言语或是翻白眼），表现出自己成长过程中经常感受到的挑剔的样子。你也许不想冒险和孩子"步调不一致",便可能会允许孩子掌控局面,害怕站出来表示自己的想法的确和孩子不同,而且不想承认"这一刻,面对这一问题应该听从于更加高大、强壮、智慧且友善的人的想法!"

### 安全敏感型

一般来讲,安全敏感型的家长会将圆环底部的手拿开,希望孩子亲近却又不要太过亲近。有时候家长也会将圆环顶部的手拿开,希望孩子保持"足够亲近",不让家长感到孤单。当然,这会让孩子感到迷惑,就好像听到,"请不要走太远,但是也不会离得太近"。

### 过于严苛、软弱无能且不负责任的表现与每种核心敏感型的关系

在各类核心敏感型的最极端的案例中,有些父母在自己的成长过程中都会有一位长期忽视孩子、精神不健全、虐待孩子或总希望孩子成为照顾家庭的操持者的家长,他们没能给孩子树立作为圆环上双手的典范。这种情况之下,尽管你很想够到圆环,作为更加高大、强壮、智慧且友善的角色满足孩子的需求,可无论你的核心敏感性是什么类型,你在情绪低落时便根本无法触及圆环。令人惊讶的是,各种核心敏感型的家长通过学习安全感圆环,都可以利用其关联性作为指示图,在不同的情境中加以运用,一改以往一直过于严苛、软弱无能或不负责任的样子,丢掉从自己父母那里继承的负面"遗产"。他们情绪失控时也常常会寻求专业帮助。

## 触发以及回应:
## 日常交流中的核心敏感性

核心敏感性会在我们最不希望它们起效的时候被触发。下列是其他人可能会对你谈及的常见说法,以及不同的核心敏感型人群(在内心中)可能会做出的反应。

**触发:** "你肯定不相信,我刚刚又升职了,半年内的第二次了,我现在成了正

式的银行经理助理，我觉得他们可能会在明年分行开业时提拔我成为经理。"

内心回应——分离敏感型："我肯定永远都轮不上这样的好运了，永远没机会。我真失败！这就是其他人想到我的时候的评价。有些人就是永远都没什么成就。"

内心回应——自尊敏感型："她可真够得意自满的啊。好像她当初不是拍着所有人的马屁，想要攀上高层似的。她以为自己是谁啊？她有什么值得炫耀的啊？"

内心回应——安全敏感型："她的热情对我没什么作用。她挟持着我，我没办法离开。我也无法留下，可是却不能走。她就这样循环往复，没有尽头。"

触发："你以为自己是谁？你没权利对我说这些话！"（盛怒）

内心回应——分离敏感型："她说得对。我以为自己是谁？我真不应该和她说自己不这样认为。赶紧收回自己的话，告诉她是我的错。告诉她这全是我的错。"

内心回应——自尊敏感型："我想说什么就有权利说什么，这又不是我第一次卷入混战，而且也不会是最后一次。"或者"她是我的老板。我有义务让她觉得自己很棒、很独特，让她认为她才是那个懂得事情最重要的人。和她统一思想吧。"

内心回应——安全敏感型："我可不想搅和她的事情，甚至都不想有任何牵连。这又一次表明了看来人们需要从我这里得到的东西我都给不了。"

触发："为什么你就不能在这里待几分钟？为什么你就不能帮帮我？"

内心回应——分离敏感型："真是活该。上周我情绪崩溃的时候你肯定不在。这次我要确保你也体会到被抛弃在黑暗中的感受了。"

内心回应——自尊敏感型："我觉得我们有很多共通之处，但是可能也不是。我觉得你把这些都混在一起了。你的这些悲惨遭遇对我不起作用。我想要的朋友应该和我更相似，而不是你这个样子。"

内心回应——安全敏感型："再多两秒我都不想继续待下去。我知道我们是朋友，我知道你需要帮助，但是我帮不了你。每次你看着我，我都会退得远远的。"

触发：（有些人说话时带着蔑视的神色/会翻白眼。）

内心回应——分离敏感型："别让她更苦恼。她已经被你搅得有些疯狂了。你逼得太紧了。不要再继续逼迫她了。"

内心回应——自尊敏感型："在这方面我根本没错。我什么都没做错。你总是走捷径，如此傲慢。自己清醒一下吧！"或者"她现在真的疯了。要告诉她，她是完美的，是最棒的。让她觉得自己总是正确的那个。完美主义能解决所有问题。"

内心回应——安全敏感型："嗯，我没办法接受她刚刚做的事情。我认为她的表情恰好说明了为什么我没办法和她亲近。"

## 成人人际关系中的核心敏感性[⊖]

你成年后的人际关系能为你指出自身核心敏感性的什么信息呢？

☐ 你会常常担心自己的配偶/伴侣离开你吗？

☐ 你常常会忧心自己的朋友、邻居以及熟人如何看待你和你的伴侣结为夫妻这件事吗？

☐ 你是否拥有过令你感到舒心惬意的长距离分隔的恋情（即使你的伴侣并不这样认为）？

☐ 依赖自己的伴侣，让他帮你解决一些事情会让你感到关系更加亲近吗？

☐ 你是否因为伴侣一直对于"鸡毛蒜皮的小事儿"十分挑剔而与其分开？

☐ 你是否有过因伴侣指责你冷漠、克制、害怕做出承诺或是拒绝现身而结束一段关系的经历？

☐ 你和关系最好的朋友们是几个月才见一次吗？

---

⊖ From *Raising a Secure Child* by Kent Hoffman, Glen Cooper, and Bert Powell, with Christine M. Benton. Copyright © 2017 The Guilford Press. 凡购买本书者可影印复制以及/或下载本测试的放大版本供个人使用或在个体咨询中使用（www.guilford.com/hoffman 2-forms）。

- ❏ 你的社交生活是否仅限于由想法相似的朋友组成的小圈子？
- ❏ 你是否要参考挚友的建议才能做出决定？
- ❏ 被选作或者任命为体育队的队长、志愿者委员会的主席或是社团的负责人对你而言是否很重要？
- ❏ 你和朋友们在一起时，他们会不会因为你同意他们想做的一切事情，和他们相处得很好而认为你很好相处？
- ❏ **你是否有过因为诚实却伤了他人的感情而失去朋友的经历？**
- ❏ **你认为在工作中职业道德和诚实比人际关系更重要吗？**
- ❏ 如果你在工作中不是表现最棒的那个，你会觉得自己很失败吗？
- ❏ 你的年度工作评估是否常常提及你是团队中优秀的一员，但是主动性不够呢？
- ❏ 你是否常常选择可以依靠上司指导完成的工作？
- ❏ **你是否更倾向选择专注于产品而不会和其他人有很多交流的工作？**
- ❏ 你是否相信即使自己不是最棒的，待在那些最棒的人身边也能有所帮助？

**评分**

现在请将你勾选的项目按照**加粗**、下划线以及楷体等不同格式总结数量，将每种格式的个数记录在下方横线处。

**加粗**：_____　　下划线：_____　　楷体：_____

我们将顺序稍稍打乱了一些，以免你有意识地分析后才得出答案。在此情况中，**加粗**项目指向安全敏感性，下划线项目指向分离敏感性，楷体项目指向自尊敏感性。正如之前所言，这些"分数"并非绝对。问卷只是给你一个大体概念，让你知道成人人际关系中都存在什么类型的回应，从亲密的伴侣关系到朋友关系，再到工作关系都有覆盖。你所得到的结果和你做鲨鱼音乐自检表的结果是否完全不同呢？从多种不同角度看看你自己的核心敏感性可能会为你指出某一结论，也可能不会。程序性记忆以及隐性关联习得的运作方式十分复杂；

请见下面专栏中内容。

### 来自核心敏感性的考验：童年

"明白这些事情处于你成长过程的圆环何处，以及你如何想要它们保持原样或变得不同的过程令人大开眼界，并确保你能够做出改变。"

——苏珊·平诺克，华盛顿县，俄勒冈州

现在我们要讲的内容对于许多人而言是最困难的部分。包含自身核心敏感性最多信息的来源就是童年经历，然而深究自身早期依恋纽带的过程可能令人感到不适。如果有些需求未能得到满足，能够毫不畏缩地看待这带来的痛苦并非易事，因此不要强迫自己——可进可退，如果回忆难以承受也可以退一步。你也可以试着让程序性记忆浮上表面，它们便可以帮助你理解自己，理解你如何成为现在的自己。

大部分人认为一旦接触了安全感圆环，童年时期互动的依恋记忆就会自己蹦出来。你可能已经经历过这个过程了。这些记忆中的某些可能回忆起来很美妙——家长或其他抚养者精准地明白你需要什么，然后便为你提供所需，无私又充满爱意，这无须多言。其他的记忆却可能会引来悲伤甚至愤怒。你可能会惊讶自己已经很多年没有想起这些时刻，或是你从未在依恋背景中回忆起这些时刻。但是正如你读到有关不同核心敏感性的内容，被划入某一类别或其他类别的事件可能会再次出现。再次强调，试着允许自己听听它们想要告诉你的信息，而非强迫自己一定要这样做。

---

**不要那么快……**

我们可以用整本书来写核心敏感性。少数人群会花很长时间进行治疗，试图找到自己的依恋模式，一般而言，他们同时承受多种不同类型问题，这些问题可以追溯到他们的原始依恋纽带。本章的目的就是提供看待自身核心敏感性的不同方式，以此激发反思行为，但是并非要完全限制住你的视角。我们的目标是反思，并非得到正确答案。如果阅读以下内容能够让你看到两种可能的核心敏感性，你就已经理解了这一问题的复杂性：

"我的早期记忆都是爸爸告诉我圣经说我们必须要完美，而非仅仅试着做到完美。在我出生之前，我本应该是上帝的孩子中十分特殊的那一个。这让我承受了很大的压力。于是我就不断尝试，从未停歇。我从未拥有做其他事情或者关心其他人的时间。"讲话人受到了来自抚养者的巨大压力，无论是想要变得完美的压力，还是遵循抚养者的指示以保持同抚养者的安全距离带来的压力。

"想要与众不同给我的感觉就好像自己不再同家庭有联系。我害怕以后发现自己的想法错了。而事实便是我不再和我的家庭有任何联系；我不再是那个他们认为自己抚养长大的孩子。这便将我推了出去。我不知道自己为什么想要回去，但是的确很想。现在的样子让我觉得十分孤立、孤独。"讲话人看似在保持本我的过程中遇到了困难，而且也在保持联系方面遇到了困难，这暗示了其安全敏感性。这也可能是不再"思想合一"的一种表达形式，而自尊敏感型人群寻求的正是"思想合一"以及回归这种状态的方法。而且，这可能意味着讲话人是分离敏感型人群的一员，她因为拥有自己的想法和感受所承担的风险令她倍感挣扎。

"父母不想让我长大，这有些不对劲。我做错了什么？试着稍稍改变行事方式有这么糟糕吗？我其实很喜欢自己的父母，至少有时候是这样的。但是他们希望我成为他们的复制品，尤其是爸爸；他想让我和他保持相同的思维方式。如果没能和他想法一致，我就会感觉既奇怪又紧张。"这段话表达的主旨是讲话人开始同自己的父母产生差别。这可能暗示着三种敏感性的任意一种：分离敏感型人群如果从重要的人身边离开就会异常紧张。自尊敏感型人群感觉自己和其他人不再"思想合一"可能就会失去平衡。而且如果这个人继续讲道，"我从来都不是真的和他很像：我只是装作那个样子而已，"他可能就是安全敏感型人群的一员。

上述的这些无意识自发行为可能就足以描绘出你童年依恋关系的完整样貌——核心敏感性是如何在你成长的环境中产生的。如果你父母是自尊敏感型人群,你便可能发展出人际关系中的人际关系回避型人格(依恋术语)——避免圆环底部的需求(自身的、伴侣的、孩子的),因为这些需求会引发鲨鱼音乐,警告你远离危险。如果你的抚养者有分离敏感性的倾向,你可能便会形成十分焦虑的依恋类型——对于被抛弃感到焦虑,因此会对于圆环顶部的需求(自身的、伴侣的、孩子的)也感到焦虑。如果你的抚养者喜欢操控他人,或是看似无法在远距离或分离时感受到你的需求,你可能就会逐渐形成自我保护的依恋模式——处于此模式的人会努力避免侵入、操纵、不可预测性或者自私的行为。然而,从一代到下一代没有什么共通的、直接的传递路径,你在本书后文很快会读到相关内容。所有这些和你童年抚养者的相关信息都可能会为你在抚养自己的孩子时可能遇到的困难提供线索。

你自然而然形成的这些看法可能对你而言就足够了。如果你还想继续探索,下面会为你介绍一些收集更多信息的内容。

让我们从一些简单的问题开始吧:

- 圆环的某部分会令你父母感到最为舒适惬意(顶部还是底部)?
- 作为圆环上的双手中的哪部分会令你父母感到最为舒适惬意(更加高大、强壮、智慧、还是友善)?
- 你的父母经常变得严苛、软弱无能或是不负责任吗?
- 这些给你自身的核心敏感性以及依恋模式带来了什么线索信息吗?

**忍受情绪光谱中的每个成员**

你的原生家庭如何对待情绪为你提供线索,让你了解自己童年时期的家庭中父母所具备的核心敏感性以及依恋纽带。将情绪想作彩虹光谱上的各个颜色。如果你父母或者其他抚养者对于某些情绪感到不适,因此无法帮你厘清这些经历,实质上就等于让你完全割舍这些感受去生活。设想生活中没有绿色、红色或蓝色的话，就是这种感觉。这会对你看待事情产生什么影响呢？如果你完全色盲呢？试想红色或绿色或其他颜色会让你受到惊吓或是让你感觉很糟，那么你一生都要努力避开这些颜色。可能家长就是这样从未明说却教会了你不去接受某些情绪。能够处理好所有情绪是拥有良好人际关系的关键所在。如果你想要了解自己抚养者的情绪处理能力（以此得到一些有关自身情绪处理能力的线索），而且你还没填写本书第五章提及的陪伴圆环，那么你就要进行尝试了。

我们尽可能地简化：如果你父母是分离敏感型人群，你可能会将"好奇"或者"生气"写在纸张的边缘；如果你父母是自尊敏感型人群，可能你会把"恐惧"或者"悲伤"或者"生气"写在圆环外侧；如果你父母是安全敏感型人群，可能你就会将"喜悦"或者"悲伤"写在离圆环很远的地方。看着你自己画的图，问问自己这些问题吧：

- 什么样的情绪是你的抚养者能够完全帮你处理好的？
- 什么样的情绪是你的抚养者能够部分帮你处理好的？
- 什么样的情绪是你的抚养者完全无法为你提供帮助的？
- 你认为这些对成年后的你有何影响？
- 如果你有孩子，你认为这些影响会如何影响你现在陪伴孩子的方式呢？
- 如果决定改变行事方式，你认为这会从多大程度上影响你陪伴孩子的方式呢？

我们总是告诉家长花 30% 的时间陪伴孩子就已经是"足够好的"了。（当然，这并不意味着家长就能忽略其他 70% 的时间、不去陪伴孩子了！）这同样适用你自己的父母。这意味着要告诉孩子每一种核心情绪都至少在某些时候是完全可以被接受的（一直到陪伴圆环的内部都是如此），这会显著影响孩子建立安全感的程度，导致巨大的差异。

### 我们父母的核心敏感性是我们的遗产

下述有关童年的言论是否会勾起你的回忆？

"就好像她眼里根本没有我，就好像她只想看到我的卓越表现以及能够令她感到自豪的未来。"

"我有时候觉得自己即将进入一个空空的黑洞，消失得无影无踪，整个人都被吞噬掉。但是我一旦望向洞内，它就转变成了妈妈的声音，虽然我不记得自己听过这个声音，但是它表达出来的内容就好似我做了让妈妈不再认为我是全世界最棒的孩子的事情时，妈妈眼中会立刻出现的那些内容。"

"那个没有努力变得卓越超群的我是谁？那个没有努力做到完美的我是谁？我怕没人想见到那样的我，就当是为了我的尊严也不会想见到我的。"

"如果在工作中不能当'大人物'，我就会觉得自己根本什么都不是。"

——来自自尊敏感型成年人的反思

"只要妈妈开始关心我，我就会突然觉得十分恐惧，害怕妈妈会拒绝我。我的恐惧总是'如果他们知道我害怕，就会惩罚我。'"

"每当我开始思虑友谊时，我就会害怕以后可能会发生的事情，或者是忧虑那些想要从我这里得到一些什么的人们。就好像他们不会任由我做出选择。我担心他们会控制我。如果我要维持一段人际关系，就要拥有自己的想法。"

——来自安全敏感型成年人的反思

"我望向里面，想看看自己的样子——但是我看到的东西没有形状，没有明确的定义可以解释那到底是什么。"

"做自己就意味着孤独。如果我放弃了你，你也会放弃我。"

"会令我挣扎的一些事情就是基本上我去任何地方都会被当成孩子来对待，这令我感到十分愤怒。但是同时我又无法舍弃被当作孩子一样对待的感受，我不想为自己生活负责。"

——来自分离敏感型成人的反思

### 有其父必有其子吗

并不一定。最有可能的情况便是一位自尊敏感型家长抚养一位自尊敏感型的孩子长大成人，错误指示是造成这一结果的原因：妈妈会在孩子伤心、需要安抚之时（事实上或比喻式地）转身离开，于是孩子会在自己需要安慰时给妈妈展示自己的画作或是当天学校作业的 A+ 成绩，因为孩子知道这样妈妈就会陪伴左右、为自己感到高兴，而她的亲近（至少是行为上的亲近）会让孩子觉得好受一些。有关这些折中妥协的程序性记忆都会导致你为自己的孩子寻求安抚设置障碍，因为"鲨鱼音乐"告诉你那些需求遭受拒绝的感受令人感到（十分）痛苦，你不希望孩子受到和自己小时候受到的一样的伤害，于是事情便不断地如此循环往复。

但是事情也会有其他的可能性：

我们认识很多自尊敏感型家长按照既定路线会抚养一位自尊敏感型的孩子长大，而另一个孩子会具备越来越强烈的安全敏感性，因为家长要求的思想合一让他觉得侵入感过于强烈。

依据我们的经验，分离敏感型家长也可能会养成分离敏感型的孩子，养女儿尤其容易产生这样的结局。但是有时候分离敏感型家长会为儿子变成了"小男人"感到十分骄傲，却不希望他离开家庭，于是孩子就变成了自尊敏感型人群的一员：他总是陪伴家长左右，但是也会觉得自己就是上帝给予世人的礼物。也许一位非常黏人的分离敏感型家长会造就一位安全敏感型的孩子。具有侵入性的家长所抚养长大的孩子可能会尽一切可能将自己和家长分隔开。例如，我们认识一位男孩就十分顽固地坚持要当绿湾包装工队[①]的粉丝，可他全家都是达拉斯牛仔队[②]的粉丝。他故意为之。

---

[①] 一支美国美式橄榄球球队。——译者注
[②] 另一支美国美式橄榄球球队。——译者注

一位惧怕侵入的安全敏感型家长可能会同孩子保持一定距离，而这使得孩子十分渴求同家长亲近——成为分离敏感型人群的一员。如果安全敏感型家长最终学会了控制恐惧侵入感，可能家长与孩子相处得十分友好却冷淡，他们会一起读书而不会做其他需要更多交流的事情。举个例子，如果一位家长是自尊敏感型，另一位家长是安全敏感型，那么孩子可能会成为自尊敏感型人群的一员，因为孩子会觉得和自尊敏感型的家长可以更多地相处。或者因为安全敏感型家长需要保持距离，总感觉孩子要求得太多，孩子可能就会觉得受到了批评和拒绝。正如上文例子所述，另一位家长的自尊敏感性很可能会成为孩子寻求思想合一或者达到完美的共同目标的途径。（我们会在本书第 8 章更详细谈及如何在父母双方同时抚养孩子的家庭选择安全感。）

## 安全感和不安全感，那时和现在

如果你开始了解自己的核心敏感性，可能对于自己同首要抚养者之间的依恋关系大体上具备安全感还是不安全感有了基本概念。请牢记安全感的存在是一个连续统一体。我们的安全感程度可能会有区别，但是处于压力之下，我们很有可能在人际关系之中所展现出的趋势是刻意回避、是焦虑不安或是自我保护。幸运的是，我们所有人都可以抱有希望。正如我们所言，即使是我们见过的最没依恋安全感的人群都展现出了获取安全感的能力。安全感圆环作为一个指示图对于家长来说，可以像六分仪指示海员如何行驶那样起作用。培养自己的反思功能可以将鲨鱼变成米诺鱼⊖，为你的生活带来安全感。实际上，约翰·鲍尔比将健康定义为可以更新内心世界以往工作模式的能力，使之适应现在的模式。通过安全感圆环打磨自身的反思能力可以将你一路引领到健康的人际关系之中，因此也可能帮助你同其他人建立具备安全感的人际关系。

以下内容所示就是三种核心敏感型人群建立起安全感后的样子：

---

⊖ 鲤科中的小淡水鱼，被广泛用作活饵。——译者注

- **自尊敏感型**。无论什么情况都对人际关系充满信任："我可以平庸、可以犯错、可以没能理解你的心思却仍旧觉得自己受到欢迎、得到照顾、具备联系。如果不可避免地产生了裂隙，我能够展现出自己脆弱的一面（伤心、愤怒以及恐惧）并且要求得到安抚、信任你给予我的照顾。毕竟不完美是可以接受的。"

- **分离敏感型**。相信四项事实：①我有能力；②生活并不容易；③我自己要承受许多重担，但是有很重要的人支持着我；以及④我拥有那些我曾经以自身巨大的代价去避免的思想、感受以及能力。我也能够脱离一段无法支持我获得自我支持的人际关系。（"我终于能够不再去五金店里面找牛奶了。我不再选择那些只能重复我的负确定性的关系了。选择总是要由我做出。"）

- **安全敏感型**。相信人际关系是可以协商的："我可以来也可以走，可以和你实话实说，可以有我自己的经历，你也不会试图改变我或是控制我。如果我觉得过于亲近（感到窒息、受到侵犯、控制），我们可以谈谈。我终于能够承认自己的确渴望建立人与人之间安全的联系，而且于你而言我不会变成棘手的那个人。我需要你保持诚实、坚定而且可以伴我左右。"

幸运的是，如果有了自己的孩子，我们也会有一个很棒的"实验室"供我们学习并建立安全感——既为了我们自己也是为了下一代。在本书第八章和第九章中，我们详述了依恋人际关系中"彻头彻尾的大灾难"，并且展示了同孩子的需求步调一致的方式，如何在你身处他方时仍旧陪伴孩子，如何对于引发"鲨鱼音乐"的典型情景以及事件提高警惕，如何修复不可避免的裂隙，以及如何培养并维持我们理想的人际关系。

我们并非独自学习如何面对自己的感受，尤其是那些难以应对的感受。

我们会在人际关系中学习如何面对它们。

## 新领域试水：
### 选择安全感

如果你是从头开始读的这本书，那么现在（或者某个时刻）你可能会觉得好像已经了解了自己、了解了自己童年留存下的依恋模式、了解了自身鲨鱼音乐独特的共鸣。也许你舒了一口气，自信地认为自己的孩子已经建立了安全型依恋，或者突然觉得有些恐慌，害怕自己的孩子完全没有安全感。

反思总能提供帮助。但生活从不是那么绝对的，正如我们从本书一开始就明确指出的稳固的依恋关系是相对的。甚至从来没有过某个依恋的连续统一体，不能让所有人都能在安全感和不安全感的标尺上找到某个属于自己的刻度（就好像依恋是一个条件或特征一样）。**我们都会有不安全感**。即使是我们之中具备最稳固依恋关系的人在遇到不寻常的压力或是脑海里充斥着鲨鱼音乐时都会丧失自己的举止风度。不同之处是在于其程度、频率以及我们的核心敏感性和依恋基础会在多大程度上指引我们的教养方式以及其他交流过程。

我们三位作者以及许多其他科学家用于评估抚养者同孩子之间的依恋纽带的实验方案都是我们的研究工具。其最初目的是帮助理论学家更好地理解大量人口中的依恋模式，设计本意并非为个人案例"确诊"，而且安全感圆环人际关系评估系统也不是为了给家长和孩子贴标签，给他们冠以某种特殊依恋模式的名字才创立的，而是为了发现家长和孩子会在圆环四周哪部分遇到最多困难。实际上，在帮助所有家长孩子试图在交流过程中建立安全感时，我们都专注于困难的"关键点"。同样，这本书不是为了向你保证你或者孩子拥有稳固的依恋关系（或者恰恰相反，吓唬你说你缺少稳固的依恋关系），而是为了帮助你辨识出自己同孩子相处时最有可能在哪些位置遇到困难，于是你便能对自身的鲨鱼音乐保持警觉，而不会不由自主地跑开、躲避自己的不适感，可以在任何时刻都能选择安全感。

> 对我帮助最大的就是学会了使用圆环语言，这帮助既是对孩子，也是对我自己："我喜欢看着你出去探索世界、尽情嬉戏，我会一直在这里等你回来。"
>
> ——蒂娜·默里，澳大利亚

形成安全型依恋并不是一项竞赛或是目标，而是一个不断进行的过程，会日复一日地在我们眼前慢慢展开。有时候我们制造的裂隙比修复的还要多，有时候我们和孩子的交流过程会被用作安全型依恋的公开模范样本，还有些时候我们不只是将双手从圆环上移开，而是彻底地脱离了这个系统。这种情况的确会发生。这就是为什么安全型依恋有助于我们更好地领悟在各个过程中所遇到的各种困难，比如鲨鱼音乐的引发事件、常见的困难、孩子成长过程中的挑战以及培养安全感的障碍，这些都是人类生活中每段人际关系都会遇到的问题。本章提供的指导可能会有所帮助，给出的建议也是针对繁忙日常生活中建立安全感会遇到的挑战。

## 双亲家庭：有时候也是一把双刃剑

本书的出发点大都是从一位家长带着一个孩子的角度，这在依恋关系领域里的确讲得通，因为依恋关系毕竟是两个人之间建立的关系，而非一人对多人。况且，现代社会单亲家庭的情况也是数不胜数。但是如果是父母双方（或者更多抚养者）共同抚养一个孩子长大呢？

一个孩子一生中不会有特别多耐心照顾她成长的成年人。尽管有两个成年人伴其左右，抚养孩子长大成人从很多角度来看都是一大幸事，这却也让我们以不同的角度关注依恋。具体来说，每个人都有自己的核心敏感性以及"鲨鱼音乐"，如果你的孩子是由父母双方抚养长大的，那么你就有必要了解一下自己和配偶各自的依恋模式，因此你就能提前预知孩子在你们二人面前会发出的不同错误指示。下面就是几个事例：

27个月大的马库斯带着"已经准备好迎接挑战的"微笑配合着自己"已经准备好冒险的"好奇心。他喜爱新鲜事物：玩具，朋友，攀爬公园里新设置的攀登架，以及其他可能会吓坏其他同龄孩子的事情。马库斯在妈妈身边探索世界时，看起来每件事情都会使他感到十分开心。他等不及开启新的探索之旅。"你看到那边有什么了吗？"妈妈低语着，她看到儿子将注意力全部集中在操场上的某个事物上。一转眼，马库斯就跑向那个等着带给他惊喜的新事物了。

但还是同一个马库斯，和爸爸一起来公园的时候表现得就像是另一个孩子。肖恩（孩子的爸爸）对于社交场合感到十分焦虑，他也会担心如果马库斯太过冒险可能会伤害到自己。他们一进入到嬉戏场地，马库斯就会不断地回头望向爸爸，观察爸爸的表情，忖度爸爸的焦虑程度。有时候爸爸看起来表情还好，马库斯就会跑向攀登架，然后就会听到"马库斯，小心点儿"。于是小家伙就会立刻放慢动作，然后停止玩耍，转身跑回到爸爸身边，围绕那脆弱的运行轨道小心运转。爸爸很快就会从随身携带的背包里拿出一个玩具，让马库斯贴近自己，两个人一起专心致志地玩，爸爸会说，"这样才安全。"

里奇认为自己可以做得到任何事情。两岁半的他跑跑跳跳，而且（会在很多情形中）想要尝试飞翔。他会爬上目之所及的每一张桌子、每一把椅子以及每一棵树干，里奇尽一切所能让自己朝向天空奔去。当然，这意味着他常常会摔向地面，重重地摔到硬地上。他磕破了便哭泣，然后看到流着泪水的妈妈赶忙跑过来，为自己儿子的勇敢和痛苦感到骄傲。"摔得可真狠啊，小伙子。真疼。"（她抱住儿子，紧紧地抱了一会儿）"也许你下次可以试着从低一点的地方起跳，我相信还是会很有趣的。"

里奇和爸爸在一起就会有不一样的表现，虽然他仍然对于一飞冲天有着极大的兴趣，但是如果里奇不小心摔倒了，他不会哭泣。他快速地扫了爸爸一眼，而爸爸会一如往常地摆出非难和谴责的表情，这意味着爸爸（曾经）说道，"这就是你爬得太高的后果。"这些话爸爸没有再说出口，只是暗指了出来。爸爸的脸色却表明了所有的内容，里奇便想办法忍住痛苦，将这些"咽进肚里"，爸爸已经不止一次地告诉儿子他应该这样做。

马库斯和里奇都是由爸爸妈妈同时抚养长大的，而父母双方听到"鲨鱼音乐"所做出的反应却是截然不同的。孩子找到某种方式将这些藏在心底，然后无论父母的心境如何都努力坚持下去（程度会有所差异），孩子的确有可能将一位家长给予的安全感以及另一位家长给予的不安全感综合起来，带着这些探究如何在人类世界的海洋中扬帆远航。然而，如果要将不同的心境混在一起并且相互调和，从来都没有绝对的一对一的关联模式或是告诉你孩子最终会成长为何种样子的指示图。就我们目前所知，所有的孩子都会找到某种方式将父母双方的优势以及困难融合为一体，产生自己独一无二的个性。不一定要将此视作问题。随着时间的推移，所有的孩子在成长过程中都会搞清楚需要解决身边多重影响的问题。

这就是说，如果孩子要将（一位家长或是父母双方的）"鲨鱼音乐"吸纳为自己的一部分，问题就不可避免地产生，因为"鲨鱼音乐"十分刺耳，而且教会她大部分时候要拒绝承认圆环顶部或底部的需求，或是对于那位长期表现得严苛、软弱无能或是不负责任的抚养者十分警惕（害怕）。（当然，安全感圆环原则在设计之时是作为帮助家长厘清自己"鲨鱼音乐"的介入物，并且帮助家长找到其他对孩子而言更具安全感的选项，这就是如此设计的原因了。）

坏消息是：具有高强度"鲨鱼音乐"且无法反思这一问题的家长，很有可能将同等强度的"鲨鱼音乐"传递到孩子身上。令人感到痛苦的是依据我们同许多家庭一起工作多年的经验来看,这是一种普遍的结局。

好消息是:如果给家长提供一幅孩子需求的清晰指示图,他们便能理解自己有关这些需求的"鲨鱼音乐",最终他们产生想要反思并且改变的积极意图和内在的积极性也是一种普遍的结局。

> **难题**:许多有关教养的书籍都强调和孩子保持统一战线的重要性。整本书可能写的都是解决伴侣之间依恋差异的问题(包括父母双方分开、孩子两处跑的常见情况)。我们在这里说,让你们其中一个放弃自己的防御措施或者关掉自己的"鲨鱼音乐"、屈服于另一位家长根本没有意义。反而,挑战在于试着建立起对于自身鲨鱼音乐和困难的理解,并且自己主动为孩子选择安全感。无论你认为自己有多么了解另一位家长的困难以及他们对于孩子的影响,我们都建议你拿出同情心,试着陪伴另一位家长,尽你所能满足他或她的依恋需求。

丹妮尔年纪太小,还不能理解父母为什么频繁起争执。争论的焦点可能是要看的电影、晚餐吃什么或是如何抚养孩子长大,丹妮尔的父母大部分时间都在争论。

"你就是不肯听我讲。"

"你就是不在乎。"

"你从来都不注意这些。"

"你从来都不在意什么。"

就这样,丹妮尔在四岁的时候,就已经学会了大部分时间都在自己的房间看电视或者同想象中的朋友玩耍。丹妮尔觉得自己从来都没有得到关心,于是她慢慢学会了在自己家中做一位陌生人。

> **难题**：识别出自己的婚姻/伴侣关系处于巨大压力和冲突之下很重要，因为压力和冲突会十分明显地增加你将双手脱离圆环的可能性，甚至在你试着和孩子共同处于圆环之上时，压力也会提升鲨鱼音乐产生裂隙的可能性。在你解决自身人际关系冲突时，有"候补"抚养者可以借你一只手（放在圆环之上）吗？如果有迹象显示你的孩子脱离了与你共享的"和"的那层关系，你会寻求专业顾问的帮助吗？

## 解决圆环四周的困难

辨识出自己听到了"鲨鱼音乐"，知晓自身的核心敏感性处于什么位置已经帮助你前行了很大一段路了，直到最终你能够在圆环四周都做到陪伴孩子，但这不意味着这个过程不会再遇到问题。如果你觉得自己已经要在圆环顶部、底部或者在将双手置于圆环之上这方面遇到问题，那么下面这些就是一些你要注意的陷阱。

> 安全感圆环最棒的地方就在于，一旦你进入圆环的轨道，即使你脱离轨道也总有办法找到回去的路。你在哪个位置回归正轨都没有关系；你只需找到一个突破口，直接跳进去就好……你可以直接回到一开始的地方，重新开始。
>
> ——蒂娜·默里，澳大利亚

### 解决圆环底部的困难

主要在圆环底部遇到困难的家长更有可能具备自尊敏感性以及安全敏感性，孩子处于圆环顶部时他们可能会觉得更加舒适，但是更喜爱圆环顶部可能也会产生问题。

### 融为一体、思想合一、侵入以及过于珍视的教养法

没有哪个孩子能比四岁的杰弗里对拖拉机更感兴趣。他所见的每一件事物要么是拖拉机，要么是可以让他联想到拖拉机的什么事物。汽车、卡车、箱子、甚至是垃圾桶，都能让小杰弗里想到拖拉机，而这些对于他的妈妈艾琳而言都不是什么大问题。她很支持儿子对于拖拉机的极大兴趣。她也喜欢询问儿子有关拖拉机的问题。她自己的一切也都和拖拉机有关了。

事实上，艾琳对于拖拉机只是过于着迷了。其着迷程度足以将杰弗里的迷恋转化为她自身的迷恋。杰弗里其实从没有过哪次个人经历没有妈妈参与其中。妈妈体现出的强烈兴趣以及热情其实是她想和儿子保持思想合一的需求。因为妈妈无法允许儿子和自己有所不同（我们常常将此称作"正常异化"），所以杰弗里其实从没能独自一人体验自己的热爱。他总是不得不将妈妈的心思和能量同自身融为一体。令人感到悲伤的是杰弗里在母子二人的一致性中迷失了自我。

因为杰弗里所选择的每一件事情最后都成了妈妈的选择，他对于拖拉机便逐渐失去了兴趣，甚至开始对其他事情也削减了热情。并非不再感兴趣，而是他不让妈妈知道自己的兴趣所在。

如果家长寻求和孩子融为一体或是思想合一，这便是一个我们在第五章提及的自尊敏感型抚养者具有的常见问题。孩子的成就、天赋以及孩子的一切都会在抚养者身上有所体现，有时候这些抚养者无法接受任何差异。格雷格因为爸爸体育很棒所以自己的体育也很棒；卡莉因为妈妈讲，"我们不喜欢那些东西的味道"所以无法忍受某些事物的味道。有其父必有其子：这个"迷你版的我"的模式能让家长感到舒适惬意而且十分安心，但是却限制了孩子产生独特的自我体验的机会。有些孩子被寄予厚望延续家庭的习惯，家长还认为他们会继承父母的教育或职业抱负。通常这些并未直接表达的压力却能造成惊人的影响。

一位母亲说道，尽管她努力避免进入陷阱，不想强迫孩子获得和自己成年后一样的财富和成就，但却意识到自己仍旧在强迫孩子，让孩子以自己想要的

方式玩耍、培养兴趣，好在与此同时她意识到了这一点。实质上，她想要至少在这方面融入女儿的世界，成为其中的一部分。意识到自己在圆环顶部掠夺了孩子自主决定的机会，她选择了后退一步。她提到，如果家长的"倾向性"是想要指引或控制孩子的未来，希望孩子朝向完美主义或者超凡脱俗的方向前进，那么能够意识到自己的这一想法便说明家长已经在不干涉孩子的路上取得了不小的成就。

> **难题**：你能后退一步，让孩子身处圆环顶部而不紧随其后吗？你能够满足孩子"为我高兴"的需求却不会将这个需求变成"为我们高兴"吗？你能够后退一步却不去盘问孩子，但也不会让孩子在真实的探索之旅中感到孤独吗？孩子身处圆环顶部时需要一点儿空间去试验自己的自主权，但是他们也需要家长呆在附近，他们一旦产生需求，我们便能及时出现。如果你常常称赞孩子所做的事情，就改做试着描述孩子正在做什么。如果你跳出来指导了孩子，那么就试着将这个行为转变为"在旁边看着我"：点头、鼓励性地微笑，但是要尽量少说话，如果孩子提出要求则依据孩子的需求适时介入。习惯给家长发出错误指示的孩子让家长介入是因为他们明白这是家长想要的，这些孩子需要一段时间来适应你减少参与的表现，但是你一定要坚持下来。

不让"为我高兴"变成"为我们高兴"是一大挑战。

一些自尊敏感型抚养者采取"过于珍视的"教养方式只是思想合一的另一种表现形式。如果家长想要将孩子视作"独一无二""非凡卓越"或是"有别于其他的孩子"，通常都会采取"过于珍视的"方式。当然，其他家长不会赞同这种方式，但是很奇怪的是，那些受到"过分珍视"的孩子的家长常常意识不到自己不由自主地贬低了其他同自己孩子有关联的孩子。隐含的信息并非"你十分优秀",却是"我们共同造就了卓越"。另一种表达方式便是"你的非凡之处使我变得与众不同,因为我们的超凡之处得到了融合"。有时,家长需要孩子表现得天赋异禀或是聪颖过人,也可能是孩子有特殊需求或是有问题,家长却将此视为"独特"而且"极其稀少"的特殊需求或是机能障碍,于是这些孩子就成了"有特殊需求的特殊孩子"或是"整个镇问题最大的孩子"。隐含的需求还是一样的:要优于其他人。

> **难题**:所有孩子对于他的父母而言都是最特殊的那一个,你能提醒自己意识到这一点吗?为孩子感到高兴,对孩子来说就是一份礼物。试着不要比较、不要带着优越感为孩子高兴:你的孩子即使不能更好或是成为最好,但是也已经十分优秀了。

### 培养杰出的孩子

正如之前所述,许多发达国家的家长都有过分赞誉孩子的危险趋势,一组研究人员为此创立了一系列衡量此趋势的方式,并随之产生了教养实践方法。过分赞誉孩子可能会导致问题人格特征(潜在的自恋倾向),孩子会觉得自己比同伴都要优秀,却一直都需要获得其他人的肯定,这种情况之下如果孩子童年时期无可避免地经历了羞辱或是回绝,孩子无法处理这样的情况,通常就会做出对他人或自己具有侵犯性的行为。

如果你对孩子的自尊十分困扰因而经常赞美他,对孩子做得每一件事都说"做得真好"以及"你真是太棒了",可能就会养成过高评价/过度赞誉的习惯。家长用各种方式告诉孩子(一般不通过语言)"我喜欢陪伴你是因为你就是你,无论你做了什么我的感情都不会改变",由此产生的结果便是自尊。很大程度上来讲,自尊是陪伴产生的附加产品,而非不断赞誉得来的结果。当然,让孩子知道我们为他们感到自豪是必要的,也是美好的,但是如果他们感知到家长没能隐藏好的焦虑感,焦虑他们是否能一直保持自尊心,孩子便也很可能会如我们一样，对于自己的价值感到紧张焦虑。

赞誉不能带来自尊心，但是接受可以。

### 培养自我满足感

本书第 6 章已经出现过下述情景：

"你自己试着把它修好有什么难的？"埃里克的爸爸问道。"如果你总要我帮忙，你自己就什么都解决不了。"

埃里克三岁。

很显然有时候家长得鼓励孩子自己做事，但是强迫孩子培养能力常常会导致孩子自我批评以及过于独立。上述情景中，埃里克爸爸的语气是最大的问题。他没有鼓励儿子培养自己能力，反而在孩子想要尝试新鲜事物、想要同爸爸亲近时受到了责骂。

这就是为什么自尊敏感型人群常常会"拒绝接受"——他们的"鲨鱼音乐"告诉他们要拒绝认识到脆弱感受（"软弱无能"或是"太过和颜悦色"的标志）的重要性，因此他们避免在圆环底部给予孩子安慰。

另一方面来看，埃里克的爸爸也可能是安全敏感型人群的一员，其反应可能仍旧会被贴上"拒绝接受"的标签，但是内涵不同。他并非以某种方式贬低儿子对于安慰的需求甚至以此为耻，他所说的话本意是教会儿子独立而不必贴近爸爸，因为贴近爸爸会让爸爸感到不适。

家庭作业：

- 如果孩子正玩得起兴，就让她自己玩耍。观察她何时需要你参与其中，或者给她的情感加点儿油，让她能够放松惬意地回到她正在做的事情当中；如果她没有展现出任何迹象，就让她享受"有你在场的独处时光"。
- 如果你一直在赞扬孩子，那就暂停这种行为。
- 深入学习"竖起脚手架"的概念——给孩子提供的帮助恰好足够他自己去体验。给孩子一个脚手架作为基础让他学习自给自足就是最好的鼓励方式。陪伴并支持孩子提升自给自足的能力才是孩子需要的。如果你鞭策孩子提升能力其实是想告诉孩子她得自己照顾自己，你的鲨鱼音乐便可能操控了你所传达出的信息。这一信息可能会带有自尊敏感性，或者可能更多会是安全敏感性。无论怎样，都要在类似情况再次发生时提高警惕，看看你自己能否注意到孩子对安抚、联系或亲近并不那么隐蔽的要求。轻轻地吸一口气，观察孩子想要什么，给他提供什么就好。

### 解决圆环顶部的困难

玛姬喜欢做妈妈的感觉，但是有时候也不喜欢。"我从不觉得有什么事情比做母亲更让人感到满足，"她常常这样说。但是她也常常会接着讲另一句话，这句话表达的效果就好像她希望自己的两个孩子盖瑞和弗朗西（一个七岁，一个三岁）能够给她一些自己的空间。"我爱他们爱到骨子里，但是大部分时候就好像我不能离开他们的视线范围。"

作为单亲家长，玛姬感到自己"必须完成全部的事情"很有压力。她怎么能不这样觉得？她有一份全职工作，用她自己的话来说，她回到家中时感到"筋疲力尽又孤独无助"。她还说道，"我就希望自己有个伴侣，能够和我分享这些美好的时刻，也能陪我完成作为家长要做的无尽工作。我很感激自己的孩子，他们就是我的全部，我不知道没了他们自己会怎样。"

一旦回到家中，如果孩子玩耍或是做什么事情，玛姬就很难允许自己不参与其中。她会让孩子们帮她做晚餐，她也会参与到孩子们的每一个游戏中去。她在孩子想要和邻居小孩玩耍时感到局促不安。"出了什么问题吗？我做得还不够好吗？"她小声抱怨道。"来吧，咱们吃点儿冰激凌，然后我们可以玩一个其他的有趣游戏。"孩子们总会表示赞同，但是两个孩子和他们的妈妈都会感到对方令自己崩溃，谁都不同意谁，甚至把大部分时间都拿来生气了。"我不明白。为什么他们就不能多感恩一些呢？"玛姬这样问道，"我的全部生活都献给他们两个。"

这样的场景常常是父母限制孩子的分离行为而引发的，分离敏感型抚养者常常会产生类似问题。家长很努力时刻陪伴在孩子身边却没有意识到①自己在孩子身边的时间过多了，而且②过分关注孩子其实更多地满足了自己的需求，而非孩子的需求。

上述讨论的问题有关圆环底部的困难，玛姬并没有和孩子思想合一，也没有关注孩子的自尊心。她可能常常告诉孩子他们某些事情做得很棒，可她实际上并不关心孩子表现如何，也不关心他们希望自己对妈妈而言意义非凡的需求。玛姬只是不想让孩子离自己太远，她实际上已经模糊了自己和孩子关系的界限，觉得自己和孩子一起就是"最好的朋友"。即使她仍然在做饭和命令孩子睡觉时掌管全局，但是他们在游戏的时候却可以像兄弟姐妹那样打闹。

### 保护不同于黏人

玛姬没有多想就将问题归在她想要保护孩子的需求之上了。"现在社会太不安全了。我就觉得他们和其他孩子一起在外面玩儿很不好。（玛姬家住在我们社区中产阶级的住宅群中。）深爱孩子的家长应该愿意放弃自己的幸福去关注孩子的需求。"许多分离敏感型家长的思维方式都是这样的。借着安全感的名义，他们让孩子一直在家不要远离自己。这个世界对孩子来说的确不像我们希望的那样安全，但是如果家长坚持让孩子贴近自己，很少到外界去（和其他孩子一起）探索（或者去探险），实际可能是抚养者对于重要人际关系的自主发展感到十分不适的迹象。

> **难题**：你能够提醒自己自主权并不等同于弃之不顾吗？你能够辨识出那些没有说出口却感觉就在表面之下的信息就是"鲨鱼音乐"吗（类似"一旦你离开，可能你就再也不会回来了"）？

### 因为不被需要感到不适……但也因为过度被需要而感到不适

玛姬的另一个问题便是分离敏感型父母常见的问题。她的言论，"我爱他们爱到骨子里，但是大部分时候就好像我不能离开他们的视线范围，"但是紧接着她就说道"我的全部生活都献给他们两个，"这暗示出了她对于需求本质的矛盾情绪。很显然她需要被需要的感觉，她也会因为由此产生的被需要而遇到困难。

> **难题**：如果你是分离敏感型人群的一员，而且意识到自己很难让孩子拥有自主权，你能设想自己面对亲密关系也会同样挣扎吗（尽管不那么明显）？乍一看，可能觉得这说不通，但是结果却是不安全感能产生同等的效果。如果家长不太擅长在圆环顶部满足孩子（或者自己）对于自我支持的要求，那么家长也会在圆环底部遇到脆弱的孩子时难以提供其所需程度的自我支持。自主权和脆弱就是一对绑定的概念。处理一项的能力增强，处理其配对事项的能力也会相应增强。知晓（并且相信）处于一段人际关系之中，对方显然有着自己的想法以及探索体验世界（包括远离你、拥有私人时间）需求，这样的认知促进我们继续了解并相信核心感受可以体验、可以分享，甚至有时还会十分强烈。自我意识（既是对自己，也是对周围的人）越稳固，两个独立且平等的个体相处时才能安逸舒适地满足对方的需求并产生亲密感。因此，自主权越大，人们也会越脆弱。若非如此，分离敏感型人群会为了避免被抛弃（于是也限制了自主权），从不肯真正地分离，可产生真正的亲密感恰恰需要分离。正如格言所说："如果你从来都不让我离开，我又有什么家可回？"

家庭作业：

- 如果孩子自己玩儿得开心，就让她自己玩儿。观察她何时需要你的参与，但是请牢记这一刻，可能她对这段人际关系最大的需求其实是你始终支持她自己不断地探索。你安静地不打扰她，只是在场，看起来这样你就好像融入了背景音，却伴她左右——这是一个在她需要的时候可以求助的人，但是这个人也不会过度参与到她正在做的事情中去。

- 一直在场，保持兴趣高涨，也要持续关注自己的兴趣所在。分离敏感型父母的孩子需要知道家长也有自己的生活，有着自己的兴趣，而非只是基于孩子的兴趣做事。

- 同时，要牢记自己不能"变化无常"——一会儿伴其左右，一会儿兴趣全无。分离敏感型父母可能会前后不一致，让孩子不得不时刻警惕——"如果你注意力一会儿在这，一会儿又不在了，我就得将注意力全放在你身上，不然你一会儿又要神游了。"这样的焦虑也许是你成长过程中熟知的感觉，可能不知不觉就会在孩子身上重现。

- 你在圆环底部展现自己对孩子的喜爱和支持，便可享受获知孩子感受的快乐及馈赠。一定要知晓自身"鲨鱼音乐"如何令你夸大孩子的需求，刺激你同她讨论当下的感受，而这些行为可能超出了她自身的需求。所有的孩子都需要探索自己的感受，但是他们不需要完全沉浸其中。他们也肯定不需要我们同他们一起沉浸其中。

- 承认圆环底部和顶部的同等重要性。支持孩子带着越来越强烈的兴趣发现自身热情以及探索世界的强烈欲望，同时也要对他想要亲近的需求保持积极态度，在圆环顶部给他的情感"加油"……但是不要加到溢出来！

### 解决保持双手置于圆环之上的困难

索伦不太确定如何扮演父亲的角色。他在意识到米西怀孕之后，热情便日益高涨。现在，六年过去了，索伦和米西对于如何扮演家长的角色常常产生意见分歧。米西不想看到儿子扎克被娇宠得没有样子。由十分严厉、冷酷的父亲抚养长大的索伦每次管教扎克的时候都很紧张。最近，每次扎克要上床睡觉或清理自己的房间时，他就会找到自己的父亲，因为知道爸爸一定会妥协让步。这让米西十分愤怒，既是对丈夫也是对儿子。她常常将精力努力转移到儿子身上以平息自己的坏情绪。

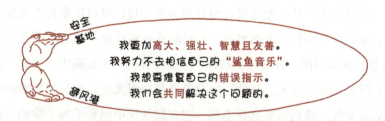

图 8-1　修复：保持双手置于圆环之上

相同的模式几乎每天都要重复：扎克做了某些事突破了妈妈设下的界限，他就会寻求爸爸的帮助，解救自己。索伦会说儿子的行为"没有那么不好"，阻挠米西的行动。米西则会更生气，对儿子越来越苛刻。索伦认为自己尽最大努力保护扎克免受自己童年承受的、难以化解的痛苦经历。索伦越温和，米西就越严厉。米西时不时地会为自己的愤怒以及怒火感到羞愧，她认为自己变成了"家庭暴君"。索伦不知道要怎么做，困惑又迷茫。他为儿子感到恐惧，自己也越来越害怕米西。

我们和不同家庭一起工作的过程中见过很多类似场景，这是许多表现形式中的一种。"更加高大、强壮、智慧且友善的"范式并没能成为核心概念，教养角色开始越来越倾向发展为父母一方努力坚持坚毅的态度而不肯理解孩子的需求，另一方则相信理解需求比起掌管全局更重要。一方在自己的天平上走得越远，另一方也会走得更远，其程度几乎是一致的，分道扬镳。这种紧张气氛显而易见，看似没有解决办法，最终会让家长寻求帮助以解决"这一不可能解决的问题"。

### 失去平衡

米西、索伦还有扎克生活的家庭很显然遇到了困难——处于家庭这一体系中难以保持双手置于圆环上。面临这个问题的他们并不孤独。将"更加高大、强壮、智慧且友善"这一短语作为指导原则让很多同我们一起工作的家长获得了帮助。这肯定不是什么魔法杖,但是却简单易行,可以让家长准确获知孩子的需求,知晓圆环两侧的平衡状况(有时候另一侧可能会被遗忘或是未充分利用),就像一张指示图。补习一下功课:不够友善的"更加高大、强壮"就会变成严苛;没能"更加高大、强壮"的友善就是软弱无能。家长要思维清晰,知晓平衡的必要性,我们需要这种平衡,它在新状况中绝非千篇一律的,也不是那么易于实现的可行方案。想要平衡坚毅的态度以及所需的对于关心和理解的承诺,我们就要动用自身的智慧。

> 如果不够友善,更加高大、强壮就会变成严苛;
> 没有做到更加高大、强壮,友善就是软弱无能。

正如米西和索伦的案例,理解他们在何处遇到困难,对他们每个人缺少什么有着清晰的认识便可产生必要的改变。索伦回想自己成长过程中那位"严苛的"爸爸,然后意识到自己不愿承担掌管全局的风险,因为害怕自己会变成他曾经憎恨的样子。这就让他意识到儿子需要一位强壮且能掌管全局,同时也友善的父亲。他便努力扮演这一角色。

同样,米西也说出了她对于索伦的愤怒,这迫使她自己掌管着全家的纪律规范。她还说自己有多么想要成为友善且支持儿子的母亲,但是她却感到因为儿子有一位"总给他打开紧急逃生舱门的父亲"而不能这样做。她道出了自己的无奈伤感,也说出了自己的希望:想要成为一名友善且强大的母亲。

基于这种相对简单的理解,这个家庭便大步向前,将双手放回圆环之上,获得平衡。扎克一开始因为父母做出的明显改变而有些疑惑,但是他很快就放松下来,安全感有所增加,也不需要挑战自己的极限了。

> **难题**：你能够避免指责别人吗？如果你指责孩子的另一位抚养者，你对自己的关注就会减少。实际上，你最应该了解的是自己，但是这也需要对于自己产生同情怜悯之心。有些很久远的痛苦导致你采取了自我防御策略，你能够对这样的自己展现出善意吗？严苛、软弱无能或是与不负责任行为相关的重大事件留下的记忆和感受可能都让人难以面对。正视这些痛苦，则会让它们对家庭产生的影响发生巨大变化。

**谁才是家长**

另一个十分普遍的主题便是如果家长觉得难以承受，就会不知不觉地做出改变，要求孩子成为那个在家庭中"更加高大、强壮、智慧且友善的"人，对于那些在掌管全局方面遇到困难的家长来说尤其如此。在这种极端情况下，尤其是如果该过程不断持续，这可能会给那些被要求在家庭中扮演家长角色的孩子造成情感方面的巨大障碍。若是因为家庭危机或是家长一方悲伤消沉而导致时有发生的、不由自主的角色转换，要求孩子成为家长的力量源泉，尽管这也可以成为孩子积极的一面，变成其值得赞许的一点；但角色转换却也总会让孩子感到困惑，扰乱其内心世界。在依恋研究的领域中，这对安全感从来都起不到正面支撑作用。

孩子（即使进入了青少年时期也一样）所置身的人际关系中一定要有某个人（或某些人）能够保持更加高大、强壮、智慧且友善的状态。即使到了成年早期，如果他们可以有个依靠，既不是同龄人也不十分渴求帮助，却能提供帮助，给予智慧的见解以及同情心，那就会十分有帮助，也是必要的。

在核心敏感性的背景音中，角色反转可能会有不同的"音调"。

9 分离敏感型的家长发生角色反转大都因为想要找到能"照顾"他们的人，在此情况中这个人就是他们的孩子。家长传递出的信息："我能力有限，我需要你比我更加强大。"

- 自尊敏感型家长会倾向于将孩子理想化，坚称"孩子的智慧是超越其自身年龄的"，于是孩子的角色设定就是独一无二、十分特别的。不幸的是，以这样的形式发出的赞许感觉上还不错（是"积极的"，却造成了显而易见的困扰），于是孩子就会寻找办法主动为有问题的父母继续提供支持，以此得到更多赞许。
- 事实证明，安全敏感型家长很少发生角色反转。唯一可能出现的情况就是家长撤出，要求孩子掌管全局。在每一种情况中，孩子都不能继续做孩子，从发展角度来看，家长会要求他们假装有足够的能力以及智慧，而实际上却并非如此。

> **难题：** 当孩子开始意识到他们身上的枷锁，他们就会开始找寻办法进行自我解救，脱离这种角色。如果这样的情况发生，身为分离敏感型家长，你能够避免自己用内疚感将孩子拉回掌管全局的角色吗？（"我要求的不多，我只是需要你的帮助。"）如果你是自尊敏感型家长，你能够控制自己不再利用羞愧之情吗？（"没关系——你关心自己就好了，我一切都好。"）

### 让我们做朋友吧

另一个常见的主题，和角色反转紧密相关，便是家长想要和孩子拥有相同的成熟度。这常常会和害怕因为掌管全局而被拒绝（自尊敏感型）或是被抛弃（分离敏感型）联系起来。"如果我防备你，你就会不喜欢我，所以我会找到一种方式确保我们可以成为朋友，可以和对方友好相处。"健康的教养方法得出的经验法则：一个家庭太过民主也不是什么好事。总得有些人掌管全局才行，等级森严的体制的确是个好东西。因此，如果家长害怕掌管全局，还逃避责任，孩子就会觉得无依无靠。角色扭曲（尤其是家长使出"友谊"的障眼法时）无一例外令孩子感到大惑不解。"我最需要的人现在却令我无法信任,因为①她拒绝承担起更加高大、强壮、智慧且友善的角色,可我需要她这样;而且②她假装自己是某个样子,可是我知道她并不是这样。我不需要什么'最好的朋友',我需要家长。"

> **难题**:你能记住严苛的对立面并不是"挚友"吗?如果家长更加高大、强壮却不友善,孩子就可能会走到对立面的极端,记住家长待他十分严苛的痛苦感受。这可以理解,但是如果你将自己想要这样做的冲动视作"鲨鱼音乐"而不是想努力避免重复自己父母的错误,就能更加容易地抑制住自己的冲动了。如果你理解自己的"鲨鱼音乐",你就能做出其他选择,既友善、又智慧,还保持着强大的力量。

### 我需要自己的空间(或者,请你不要那么需要我)

这是安全敏感型家长又一常见问题,这些家长会因为孩子的需求而感觉自己受到侵入,因此产生困难。一直让自己忙忙碌碌、在厨房里"埋头苦干"、学习、看电视、接电话或是玩电脑;责备孩子"太黏人";或是在孩子需要陪伴之时为孩子的感受找到合理化解释,上述方法都是为了保持距离。令人感到悲伤又讽刺的事实却是,越和孩子保持距离,就越可能让孩子变得要求更多。对于另一些孩子来说,家长没能陪伴孩子左右便是在表达亲密关系不安全或不可行的讯息。这些孩子可能常常将圆环下半部分的需求藏起来,因为他们明白这些需求不会得到回应。

> **难题**:你能在自身的"鲨鱼音乐"告诉你逃跑的时候制止自己吗?试着提醒自己满足孩子的需求,提供孩子所需能避免该需求继续扩大的势头。

情感的油箱：及时加油，事半功倍。

家庭作业：

- 如果在你和孩子相处，要求孩子扮演抚养者的角色，请你务必找到回归更加高大、强壮、智慧且友善形象的方法。对于年纪大一些的青少年来说，让他们时不时地提供一些建议和支持是一件好事，但是如果要求孩子在家承担重担，承受家长遇到的困难或是产生的感受就产生问题了。经验法则：如果发生了什么情况是家长认为难以搞懂或是解决的，那么对孩子而言也是一样的。**在这种时刻寻求外界帮助就十分必要了。朋友、支持团队或是专业建议都是十分有帮助的选择。**

- 如果自己要求孩子成为你最喜欢的人或是最好的朋友，一定要转移注意力，开始注意自己身为家长的事实。孩子需要家长十分友好，但是并不是完全的平等（或者是接近平等的状态）。有共同的兴趣、一起去运动、分享欢乐都是很棒的选择，但是如果这些分享的行为是为了步调一致、思想融合（"我们对于每一件事情想法都完全一致"或是"我们所爱的每一样东西都是绝对一样的"），那就要考虑如何找到某些方式鼓励自己和孩子，有时可以有不同的想法并体验不同的经历。尊重差异是安全感最本质的一面。在现实生活中，要尽你所能巩固成年后获得的友谊。

- 如果你意识到自己经常表现得"不负责任"，而且这还是你的安全敏感性造成的，你就要尽己所能牢记现在的问题不是因为你的选择"很糟糕"，你也不需要为自己想要做出这些选择而感到羞愧。问题在于这些选择会让孩子觉得自己的家长经常性地"不负责任"。意识到孩子真正的需求就好，尤其是那些在圆环底部的需求，并且每周都多花一些时间陪伴孩子左右，直到你感觉多陪孩子几分钟也很平常为止。你不需要做出迅速的改变，慢慢来。你应一直努力寻找方法，让自己意识到①孩子需要家长陪伴的真实需求，即使所需的亲密感超过了你现在能忍受的限度；还要②理解圆环给予我们的馈赠，以及圆环底部的需求得到满足时孩子是如何自然而然回到圆环顶部继续探索的。他需要你的陪伴，是的，而且他也想了解这个除了有你存在其中还有更多内容的世界。

## 对于反思的反思

德里克知道自己是自尊敏感型。他第一次意识到这一点是因为察觉到自己要求五岁的儿子在看待体育运动时和自己想法一致，并且有着完全一致的兴趣。他甚至开始意识到自己曾经希望瑞斯长大后可以成为一名教练，而这恰恰是德里克选择的职业。另一个给他提示的信号便是，他察觉到自己会因为妻子旺达对于他的教养方式有任何一点细微的负面评价便勃然大怒而且垂头丧气。他厌恶各种形式的批评，尤其是类似教养方法这样于他而言十分重要的事情。

德里克为自己扮演的父亲角色而感到自豪。他自己的父亲对孩子漠不关心，还时常批评孩子，他因此对自己承担起了教养孩子的责任而感到十分满意，这也是他生活目标的一部分。他读了很多有关教养孩子的书籍，参加了许多教养孩子的课程，他可以满意地宣称自己扮演的正是他自身童年缺失的父亲角色。

因此，当他接触到圆环时，便很震惊地发现自己为儿子取得成就而情绪高涨地庆祝，实际上却给瑞斯施加了额外的压力。他也因为注意到自己细微却始终如一地发出暗示信号，告诉儿子悲伤、恐惧以及愤怒都不值得关注而被激发了好奇心。虽然不是用"自己默默吞下去就好"的这种方式，但德里克告诉儿子"再努力一些"以及"无论多痛苦也要继续下去"实际上都是回避这些重要感受的方法。

德里克已经开始意识到并且能够指出自己自尊敏感型的错误指示了。他注意到了自己想要成功以及专注于思想合一而产生的压力。他的确在反思。然而，他并没有意识到这种反思带给他的些许优越感。是的，他因此受到了限制，但是他却觉得自己比那些不能承认自身限制的人要好。他没有注意到自己常常会教导其他家长，强调自己掌握有关圆环的知识，强调自己多么独一无二、十分特别。他也没有注意到，他会因为别人的批评一触即发。

自尊敏感型人群在人际关系中经常处于边缘状态。一般他们看起来十分友好，表面之下的态度却是"不要逼我，不然我会扎人"。孩子能够十分清楚地意识到这一点，会因为这种暗示的威胁而感到紧张。一天瑞斯跑回家，情绪低落地大哭着，可是爸爸却责备他"夸张得十分荒谬"，这一天是一个重要的转折点。于是旺达决定插手，让丈夫平静一下，重新考虑自己所说的话。德里克便爆发了。"你以为自己是谁？能告诉我怎么做父亲？"没过几秒，瑞斯便跑回了自己卧室。

用德里克的话来讲："要不是因为我在几分钟之内意识到了旺达才是对的，事情就永远都没办法好好解决。我远离了圆环，而且因为瑞斯伤心而羞辱了他，还当着他的面冲旺达大吼。近几天，我想成为优秀父亲的骄傲展现了真面目，确实是精心设计的面具，用来遮掩我有多么憎恨自己做不到完美，有多么憎恨受到批评。"

德里克反思了自己缺失反思的事实，也反思了自己是如何开始意识到在圆环上的挣扎的，却没有反思自己停滞不前。的确，他显然比自己的父亲做得好，但是他却不愿看清自己受到批评时，潜藏的（且总是即将爆发的）反应给家庭带来了如此紧张的气氛。德里克不断深入地反思（也伴随他克制自己运用这一新技能的过程），他发现自己对于成长过程的悲伤感受越来越深切。虽然他新近体验到的这种脆弱无助之感越来越强烈，他也发现瑞斯最近越来越经常跑来寻求安抚。瑞斯好像不那么焦虑了，更喜欢和父亲玩闹了。德里克的急躁情绪也明显地有所缓解。

有关自我反思（也就是退一步并且注意到在圆环上常见的模式）所具备的力量，我们谈及的内容已经不少了。近几十年来，心理治疗师注意到人们对于近期的行为（积极要素）以及未能完成的事情（消极要素）反思得越多，人际关系就会发展得越正常。抚养者若能够反思自己置身圆环的优势以及弱势，其家庭未来发展情况就会比那些注意不到哪里经常出现问题的抚养者（尤其是他们深陷困境之时）的家庭情况要稳定。

### 九点图难题

你有没有见过九点图难题？其难处在于最多只能画四条线就要将九个点不重复地全部连起来，而且这个过程中笔尖不可以离开纸面。

人们常常会因为想要得到传统答案而遇到困难，就像这样：

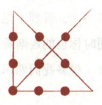

但是，其实解决这个问题的方式不止一种。下面就是其中之一：

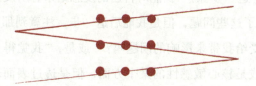

我们可以从心理学的角度理解这个难题：如果总局限在制造难题的水平或范围内你就永远没法解决，所以我们必须"跳脱出思维的条框"（这个叫法就是从这个难题而来）。在依恋领域中，我们需要跳出我们认为是"事情本来样貌"的模式或想法（"鲨鱼音乐"），开始意识到自己目前的行为正是受到了那些模

式和想法的控制，这样的模式和想法限制了我们自身以及我们周围的一切。一旦真正意识到自己"处于条框之内的现实"既是可以接受的（责备永远都没有益处），也是让人受到限制的，我们便能开启新的可能。我们过去选择待在条框之内，是因为我们曾经置身不够稳定的环境，这样的选择是在那些时刻做出的，一旦意识到了这一点，我们就会发现悦纳那些带给我们以及其他人更多安全感的新选择其实更容易。

> 我们要跳出条框思考，做出教养方法的选择，
> 而非条件反射一般地回应"鲨鱼音乐"。

我们采用安全感圆环和家长一起工作并得出了一个结论：反思总是一个有益的选择。创作本书的一个十分明晰的目标便是为读者建立反思机制。可能你现在已经找到了很多不同的模式——（可能）稳固的以及（可能）不稳固的，这些模式已经成为你教养孩子的一部分。但愿反思的结果没有增加你的羞愧感、负罪感或是恐惧感。你后退了一步，看到了限制自己教养方法的模式，并且做出了新选择，我们希望与此同时你也能逐渐看到自身人际关系中产生的有益的实质变化。经过长时间的观察，很多我们熟识的还有和我们共同进行研究的家庭都得到了这样的结果。

然而，反思过程仍然保留着一个额外且有助益效果的步骤，我们可以用一个问题很好地描述这一步骤："我能对自己的反思结果有所反思吗？"这就是说，"我知道自己考虑了这些问题，但是我能后退一步，注意到那些我仍旧不太愿意理解或是不愿接受给我带来影响的问题吗？"或是，"我觉得自己已经完全理解了圆环相关问题或是核心敏感性的某个方面，但是透过表面现象来看，我可能只是在避免认真思考？"

正如德里克、旺达和瑞斯这个故事所讲的，依据我们的经验，如果家长很愿意反思自己的反思过程，新的想法便会出现。新的大门也随之打开。

> 能够反思的程度越深入，人际关系便能越稳固。

## 解决常见的核心敏感性/"鲨鱼音乐"触发事件

有些事情会分散家长的精力,让我们难以陪伴孩子。令人分心的事情、压力、疲惫、病痛、饥饿、抑郁、焦虑……我们还能列出很多内容。但是如果自身核心敏感性会让你面对某些特定情形或是因素时变得十分脆弱,那么它也更有可能产生裂隙。我们现在了解得越多,在不可避免的压力和难题突然出现时就能更好地处理。浏览下面列表列出的各种敏感性典型触发事件以及伴随这些事件常常出现的想法。这些想法中的一部分可能会出现在不同年龄的孩子同家长的交流过程中,另一些则在成人的交流过程中更加常见——也有可能在两种交流过程中都会出现。如果你辨识出了自己的脆弱之处,可以依据需求稍微暂停一会儿,练习如何陪伴,那么下列这些可能就是你会产生的想法。

### 分离敏感型

**你坚信自己的时候会说:**

- "我肯定他现在很生我的气。快把话收回来,收回来。"
- "天啊,全完了。她就这样转身走了。每次我把自己的想法告诉她,就会这样。"
- "坏脾气可是真讨厌啊。现在把他的玩具给捡起来也没什么大不了的。"
- "我敢保证如果我问的时候态度再好一些,她就会注意到我了。"

一旦你辨识出了自己的"鲨鱼音乐"可能会说的话:

- "他可能会生我的气,但是我真的只是说了实话而已。坚持自己的想法,他也不总是对的。"
- "还没结束呢。就算她走了,也会回来的。当然她也可能不回来了。但如果我总是自己先放弃了,等她回来时也就没人在这里等她了。"
- "这样的坏脾气可是真讨厌,我也讨厌和她保持同样的立场,但是如果现在就捡起她的玩具，真的就有大问题了。如果我不捡，她才是那个会付出代价的人。好吧，我们两个都会付出代价。"
- "我现在就想投降了，但是像我平时那样表现得'友好'会让她失望的。她需要我表现得坚定且友善。并不只是友善。"

**如果你不得不独自做些什么或者给自己一些支持：**

- "我不能忍受没有他的音信——我又给他发信息了。"
- "我可能又无中生有了。我的想法没那么重要。"
- "我在想些什么？我不是能解决问题的人。我知道罗杰肯定知道答案。他总是比我更加了解孩子。"
- "如果我退让，按照他的想法解决孩子的问题，他态度就会缓和。让我做什么都可以，只是得照顾一下我。"

一旦你辨识出了自己的鲨鱼音乐可能会说的话：

- "我得不到他的音讯就真的很担心，他开车还是个新手呢。但是如果我一直给他发信息，他就会把我推开。况且一直发信息给他也不安全。我只是需要让自己安定下来。"
- "我哪里开玩笑了？我的想法就是很重要！"
- "罗杰的确是一位很棒的家长，但我也是。现在我要开始解决问题了。"
- "如果我退让，他就会更加高兴。可总是我退让，这对他很不好，也对我很不好。我现在得相信自己的想法。"

**如果你觉得孤独：**

- "这可真是人间地狱啊。我没了她真的不行。我肯定能够做些什么挽回她。我就是逼得太紧了。"

- "没人喜欢我。永远都没人喜欢我。我就是这么碍事。"
- "我觉得特别有罪恶感。我永远都不该告诉他我的真实想法的。"
- "我很肯定他已经安全了,但是我就是想打个电话确认一下。"
- "我真的很喜欢她依偎着我的这个感觉。我希望她永远都不要长大。"

一旦你辨识出了自己的"鲨鱼音乐"可能会说的话:

- "我一旦想表明自己的想法就会觉得有负罪感,然后我就会退让,这样我就不会觉得孤独了。可这真的不是什么好事儿,因为这样就好像'桶底有个洞',无论其他人做了什么,这个洞总是会把桶里面的水漏出来,于是我便会渴求更多。"
- "是时候喜欢上自己了。如果不走上前去,我就不会碍事了,因为我压根不在场!"
- "我的恐惧既没能帮到他,对我也没有帮助。我越想要让自己安心,事情就会越糟。"
- "我很喜欢她这样依偎着我的样子,但是我认为与其说这是她的需求,不如说这更是我的需求。如果我一感到孤独就拽着她不放,她就永远都不会学习到圆环顶部的内容。"

### 自尊敏感型

**如果你觉得自己十分脆弱:**

- "这简直不能更糟了。我不敢相信自己竟然在她面前哭了起来。这会让我显得软弱无能。别人怎么会喜欢软弱无能的人呢?"
- "他受到了所有的褒奖,真可恶。为什么所有人的注意力都在他身上?他是那么的自我中心。总是卫斯理、卫斯理、卫斯理。"
- "每次她聊到自己的女儿时,我都觉得我这个家长做得很失败,就好像我是二流的家长。不对，我仿佛都不配做家长。她有什么独一无二的呢？"
- "她以为她是谁啊？我的孩子才是解决了所有难题的孩子，而我是他的家长。你是在开玩笑吗？如果要选一个有特殊需求的孩子，值得大家额外关注的孩子，那一定是我的唐尼。"

一旦你辨识出了自己的"鲨鱼音乐"可能会说的话：

- "这些泪水不是软弱无能的表现。这些是我一生都在努力掩藏的自身的一部分。现在是时候让它们显露出来了，这个时机再好不过了。"
- "我现在觉得自己无足轻重。这是我的问题。卫斯理扳倒也不会对我的情绪有什么帮助。"
- "我又这样了。每次她一谈论到杰米最近取得的成就，我就觉得自己是个二流的家长。我真的是脑子出问题了。杰米是杰米，坦妮娅是坦妮娅，他们都是让人心情愉悦的好孩子。童年又不是选美比赛！"
- "我的唐尼的确有许多特殊的需求，但是塔莎也是一样。唐尼的需求不应该就比其他孩子的需求优先得到满足。况且我那么喜欢塔莎。我觉得是时候让她妈妈知道这一点了。"

**如果你觉得自己可能不那么完美：**

- "我没有忘记这个会面。他总是说是因为我。他才是毁了一切的人。我甚至一个小时之前都不知道我应该现身。我会搞定他的。"
- "她怎么敢暗指是我的孩子做错了！安吉每件事都做得很完美，是她吓唬孩子的行为才应该对一切负责任。"
- "她被宠坏了，就应该被罚站。也许之后她就知道努力了。"
- "没什么错啊，我做得很棒。老板发狂并不能证明我就不那么优秀了。我只是需要提醒自己我是多么优秀，我肯定会一切都好。"
- "这真的太糟糕了，我很有罪恶感。把事情搞砸的总是我，我真失败啊。

我肯定每个人现在都在谈论我。昨天我还认为自己是这里最好的，现在很明显我甚至都不应该成为这个团队的一员。"

一旦你辨识出了自己的"鲨鱼音乐"可能会说的话：

- "又来了，受到批评时我又表现得戒备心很重了。我讨厌被别人品头论足，但是这件事并不是起因。深呼吸，再深呼吸。看看自己能不能平静下来，让自己接下来要说的话显得友善一些。"
- "哎呀，她告诉我妮琪在班里表现很差，于是我就开始谴责她的教育方式。我现在应该平静下来，听听妮琪的老师说一说做她的老师是什么感受。"
- "她并不是被宠坏了，而是现在真的很困惑。如果我现在就让她回到自己房间，她会一直沮丧下去，还会感到孤独。"
- "我成功、失败，都是人类的正常表现。不要再坚信人要么独一无二，要么一事无成这种说法了。我应该找个觉得我挺不错的朋友，接受我的缺陷，接受我的全部。"

### 如果你感到失望：

- "我并不生气，而是失望了。我只是觉得你应该做得更好。"
- "他看起来魂不守舍的。微笑，大大的微笑，告诉他，他很棒。确保他认为自己是最棒的。告诉他全都是你自己的错误。"
- "不要和我摆出一副'我们都会犯错'的样子，这位女士。你才是那个没能做成事情的人……而且是又一次没能做成！我是那个拥有优秀孩子的人，你的孩子简直是一团糟。可是你的孩子却吸引走了所有额外的注意力。"

一旦你辨识出了自己的"鲨鱼音乐"可能会说的话：

- "是的，我对她刚刚的所作所为很失望。是的，我现在想要惩罚她。但是

- "这就是妈妈以前对待我的方式。一副冷脸，转移话题。我要让这个进程慢下来，让她和我谈一谈，解决这个问题。"
- "他对于自己感知到的内容过于敏感了，不必要羞辱他，而且也没必要羞辱我自己。我应该以十分尊重他的方式把我想说的话都告诉他。"
- 她这样给自己的孩子开脱的时候我就特别想大吼大叫，但是我也应该考虑一下她肩负的压力了。她经历了家中的那些事情，然后还要抚养孩子，我可能压根不了解这到底是什么感觉。

### 安全敏感型

**如果你觉得自己受到了侵入：**

- "他太黏人了。他老是大哭个不停，总想从我这里得到些什么。即使想一下都觉得很可怕，我只是希望他能够照顾好自己。"
- "微笑，但是离得远一些。保持微笑，表现出自己感兴趣的样子。再离得远一些。这种距离谈话就好多了。"
- "她因为什么会认为我赞同她的想法？真是毫无道理。她好像认为我们想法十分一致呢！"
- "我真幸运。罗茜的确知道怎么自己解决问题，而不会和我哭哭啼啼的，也不会缠着我。如果我的孩子很黏人，我可真的不知道怎么办好了。"

**一旦你辨识出了自己的"鲨鱼音乐"可能会说的话：**

- "我不喜欢这种黏人的样子，真的会吓到我，让我想要立刻离开。但是他现在真的需要我，如果我把他推开，他会觉得更糟，而我也不会好受。一定要记住自己所学：'给他加点儿油，他就没那么黏人了，至少不会更加黏人。'"
- "离远一些没什么，我只是有自己的安全距离。我自己不需要改变什么。"

- "表明不同意见没什么,不需要这么苛刻。也不需要加入其中,表现得好像你自己也是一样。"
- "又来了,我又认为罗茜能自己处理一切了。这是我想要的,但不是她真正的需求。深呼吸,然后让她过来,和自己近亲地坐几分钟。我们都会觉得好一些(只要几分钟就好!)"

**如果你觉得自己漂泊不定(没有归属感或是不正常):**

- "我在这能做什么?我都不知道应该做什么。我只是个陌生人,从来都不可能融入其中。"
- "为什么每个人都这么热衷于表现自己孩子的独特性?真疯狂。每个孩子都是自己本来的样子。什么'独一无二、独一无二、独一无二',都是些什么东西?"
- "如果她再和我说一次她'完全'理解我,我可能就会转身离开。"

**一旦你辨识出了自己的"鲨鱼音乐"可能会说的话:**

- "我感觉自己可能不属于这个家长群体,但是事实并非如此。我们都很努力,我们都会犯错,这是可以接受的。"
- "她又来告诉我布莱恩是多么特别了。这对她、对布莱恩而言都肯定是有些可悲的。我可以觉得很烦,但是可以默默祝福他们更好。"
- "我不需要她完全赞同,我甚至也不想让她赞同我。找个方法不要继续讨论这个内容了,谈点儿其他更加中性的事情吧。"

**如果你觉得自己受到控制:**

- "为什么我的孩子甚至都不能让我去个卫生间呢?如果我去了他们就会情绪失控。难怪我总想离他远远的!"

- "为什么家长的会面总是由那些担心他们孩子自尊心的家长举办呢？搞得好像一门宗教一样。"
- "我爱我的孩子，但是我也爱自己。有时我觉得自己出了点问题，因为我从来没听其他家长说过和我一样的感受：'我和自己的孩子一样重要。'"

一旦你辨识出了自己的"鲨鱼音乐"可能会说的话：

- "杰西现在真的需要我。我觉得我得躲起来，这的确是事实，但是并不是唯一的事实。现在，为了杰西，我要过去把他抱起来，抱着他拍一会儿。希望能有效。如果没有效果，我就要深呼吸，再来一次。"
- "这些会面只是会面。我来这里是因为我爱自己的女儿，我没有义务赞同他们所讲的每一句话。帕洛玛不会有问题的。"
- "我刚刚又生他的气了，因为我觉得他才是这里唯一有需求的人。我才不会听信那些告诉我应该宠爱孩子，生活一切都围着孩子转的什么教养方法，这多可笑啊。我重要，孩子也重要，如果事实的确如此，我给孩子的关注就能多一些了。"

学习如何辨识自身的"鲨鱼音乐"之后你可能会产生一些想法，这些想法向我们展示了强化的反思功能可能会带来什么效果，以及它可能会如何帮助家长提升陪伴孩子（以及陪伴生命中十分重要的人）的能力。不过，陪伴孩子是一个不断进行的（不会结束）过程，因此你在孩子的成长过程中必须要准备好迎接他们产生需求方式的所有变化。在反思自身的反思结果时保持开放的心态能够帮助你不断进步。第九章会帮助你在面对不同年龄的孩子时选择安全感。

## 保持漂浮：
### 在孩子成长过程中一次又一次地选择安全感

我们把孩子从出生抚养到成人的过程，了解大部分孩子都会遵循的、可以预见的发展轨迹大有帮助。很多听到相同类型鲨鱼音乐的家长都有着相同的核心敏感性，这样的事实也可以给予我们指导——肯定有某种方式让所有人都能够做出反应，为孩子选择安全感。但是陪伴孩子并建立安全型依恋意味着同孩子这一个体产生联系并了解我们自身独特的心理状态。一定要一直牢记在心，你最了解自己的孩子，而且如果你能够承受住孩子成长过程中所有的这些磨难和考验去陪伴孩子，你就能越来越深入地了解孩子。

### 婴儿时期

本书大部分内容都是关于婴幼儿养育方法的。因为在安全感圆环的工作中，这一年龄段是我们最常接触到的，而这也是依恋纽带最开始建立的时期。因此，本章致力于展现如何在最初的这几年之后为孩子选择安全感以及如何陪伴孩子。但是，首先请牢记几个陪伴小宝宝的诀窍。不要略过第239～240页专栏中的内容，这些内容涉及一些关于陪伴孩子的见解，可以解决如何哄婴儿入睡的老大难问题。

- **眼神便能解决问题。** 小宝宝总是看着爸爸妈妈的眼睛。但是如果小宝宝看向其他地方并不意味着出现了问题，也不意味着你应该强行进行眼神交流。如果小宝宝情绪过于激动，他们常常会暂时地看向其他地方。让他们完成这一行为十分重要，因为他们正在建立早期的自我调节机制。如果你和4个月大的孩子一起玩耍，他看向了其他地方，就等一等他，他可能会小声地咕哝几句，自己平静下来。不一会儿，他就会转回头来再次和你对视了。这就是他开始学习协同调节情绪的过程。出去、回来；出去、回来。你唯一的任务：随着他的需求走。

- **一会儿一个样儿：觉得好还是不好？** 小宝宝的情绪变化远比我们想象的变化得要快。只要一会儿的时间，他们的感受就会从觉得挺好到不好，然后会觉得还可以，之后却又觉得不行，最后还是觉得不错。这就是为什么家长不要给小宝宝贴上标签，说他们是"好宝宝"或是"难搞的宝宝"；婴儿仅仅是一直生活在他们一会儿一个样儿的世界里。再次重申，无论婴儿正处于何种情感状态，你的任务就是陪伴她。家长不要每次都在婴儿沮丧时展现出过度的担心情绪，也不要试图将孩子拉回快乐的样子。你要体悟一下小宝宝当前的感受，陪着她——让你的面庞、呼吸节奏、话语以及温柔的语调折射出你和她共享这段经历的样子。当然，这不意味着，在她还十分沮丧，而你有事情要做（改换她的位置、抱起她、喂她吃东西等）时，你却仅仅参与到她的情感状态中而已。有时候小宝宝需要同我们一起学习调节情绪的机会，而且在我们陪伴孩子的过程中他们既会有积极情绪，也会有消极情绪，不过于强调某一情绪（一般都是强调开心快乐）才是正确的方法。

- **对婴儿的宠溺是无论如何都不过分的。** 家长都会担心对孩子宠溺过度，但是在孩子生命的第一年，这样的事情是不会发生的。实际上，现有研究发现在人生的第一年保持心情愉悦是建立安全型依恋的核心模块。研究显示，在孩子长大以后，家长不会拒绝孩子或不会设定限制与过分宠溺具有关联性，但是婴儿对于设定限制毫不知情，因此他们肯定不会触犯底线，并且将你置于"宠溺"他们的处境之中。在他们生命的第一年中，你应尽可能地陪伴他们，回应他们在圆环上的需求，孩子便明白"只要我有需求，大部分情况都会得到满足，不用犹豫什么，不用害怕我会得不到自己需要的东西，相信我所需的美好就在我身边，这便是我的安全感建立的基础"。

### 陪伴不想睡觉的小宝宝[一]

父母想让婴儿睡觉的时候哄他们上床是一个老大难的问题，也是争议不断的议题。我们应该让婴儿想睡觉的时候才去睡觉，还是在每天的特定时间给他们规定好休息时间呢？如果让他们大哭着入睡可以吗？还是父母应该安慰婴儿直到他平静下来可以入睡才停止呢？婴儿应该自己睡觉，还是在父母的房间睡，甚至是和父母一起睡家庭床呢？

现如今，人们认为睡眠对婴儿而言很重要，但是因为他们经常醒来，父母可能在婴儿还不想睡觉的时候就让他们睡觉，以获得更久的睡眠时长。婴儿渐渐成长，他们的睡眠时间会逐渐拉长，处于这个过程的他们可能只是需要一些耐心的引导，带领他们探索到睡眠的真谛。无论你更喜欢何种方式，请牢记婴儿每时每刻都在体验着他们的世界，事情就是如此，因此请你在寻求某一特定结果时多多考虑婴儿的感受。

供你参考的几个建议：

（1）做了父母之后最常见的改变就是因为孩子的睡眠而经常十分焦虑。婴儿会自然而然地感知到父母的感受，因此一般来说睡眠问题更大程度上是关乎父母让孩子睡觉时的心境，而非父母实际做了什么。务必牢记，随着孩子成长，如果他们觉得有人关心自己，睡觉的过程就会变得更加顺其自然，他们也可以在化解父母的痛苦的同时化解自己的痛苦感受。

（2）请你用下周一周的时间，不要"试图"让婴儿去睡觉，只是陪着他就好。

---

[一] 感谢海伦·斯蒂文斯（Helen Stevens）。

看着小宝宝，一旦他平静下来，给他一些时间，让他可以单纯地享受你在场的时光；你不需要做什么，待在那里就好。这会让婴儿在入睡之前能够得到你的陪伴，和你共享一段平静、祥和、愉悦的时光。

（3）对婴儿而言，最好的入睡时间就是他们感到疲惫的时候，因此注意他何时发出疲倦的信号，你便能够随着他的身体状态同步做出调整，为他提供支持。

（4）如果婴儿无法入睡，就尽可能地安抚他的情绪。只有在心绪平稳时才最易于入睡。

（5）如果你正在尝试新方法帮助婴儿入睡，要注意两点：首先，你的直觉告诉你了什么？如果感觉不对，可能这对你和你的家庭而言就都是错误的。其次，关注婴儿的反应。如果他真的十分痛苦，就安抚他的情绪，下一次再行尝试。

（6）不要急于"做到"哄孩子入睡；宝宝在年龄很小的时候不会自然形成睡眠规律，但是你可以放心，随着他们逐渐发育成熟，他们睡眠的相关机能也会随之发展。

（7）如果婴儿的睡眠模式让你十分困扰，那么可以带着自己"更加高大、强壮、智慧且友善"的态度听取他人的建议，于是你就能抉择到底怎样才适合你的孩子了，因为没人比父母更加了解自己的小宝宝了。尊重自己的智慧，让它帮助你决定怎样才是最好的。

- **谈话、谈话再谈话**。宝宝在 6 个月大的时候，除了对你的面庞感兴趣，还会对外面的世界越来越感兴趣。他跳脱出你们共享的内心世界，在圆环顶部的探索之旅带来的喜悦也会增长。在这个过程中，他希望你可以和他聊聊外面都有什么。不要犹豫，即使用语言重复他的行为（"你是在抓自己小脚趾吗"）或是描述他所看到的事物（"哦，是啊，那可真是好大的一只泰迪熊啊"）会让你觉得自己傻乎乎的也要坚持。你的话语便是小宝宝通往学习语言之旅的摆渡车。如果小宝宝处于圆环底部，你对着他娓娓道来他自己的情绪，你的语调能帮助他理解所有的感受都没什么危险。无论这些情绪如何，于你而言都是正常而且可以接受的。这样，他也会越来越能够接受自己的情绪。

现在，依据你自身的核心敏感性，我们一起来看看你面对孩子在不同年龄的典型场景中可能会做何反应吧，也一起看看如果选择了安全感而非"你正经历着的《鲨卷风》(一部2013年的美国灾难片)"你可能会做何反应。

### 三岁

谢尔比现在3岁半了。她感觉拥有了自己的世界，找到了自己的节奏，没办法接受别人对她说"不"。她崩溃大哭的场景在整个小区都人尽皆知。如果你告诉她要和朋友分享自己的玩具，真的没什么比这个更让谢尔比伤心的了。

**自尊敏感型**

"谢尔比，你是个大姑娘了，也是个好姑娘。但是如果你不能分享玩具，我就要把它拿走，送给那些知道自己不可以太自私的小姑娘去了。如果你再让我说一次，你就要回到自己的房间了。"

有时候自尊敏感型鲨鱼音乐会让我们觉得自己的孩子很丢人，家长会因为他们没能满足我们的期望、令我们十分尴尬而惩罚他们。

"亲爱的，你不肯分享是不对的。我们这个家庭热爱分享。我知道你想要成为像妈妈一样的人，想对凯莉表现得友好。她是客人，她也想玩玩具。不要小题大做了。你这是在为难自己。你想要做个大姑娘，不是吗？"

有时候自尊敏感型"鲨鱼音乐"会引发恐惧，害怕掌管全局会破坏家长和孩子的融洽气氛。因此我们渴求并且希望得到最好的结果，同时我们却也不再更加高大、强壮、智慧且友善。

**分离敏感型**

"谢尔比·简，我真是拿你没办法。每次我都想让你学会分享，可是就是没用。你脑子里全是你自己,我把全宇宙的方法都试了个遍也没用。如果这次你还是不听我的话,那么我就要在爸爸回家的时候告诉他。如果他知道了你又在这里唱独角戏,肯定不会高兴的。他肯定非常不喜欢你这个样子。"

"我真是彻底放弃了,谢尔比。我不知道要拿你怎么办了,好像就和你说不通似的。如果你不听我的话,我们以后就再也不会和其他任何人一起玩耍了。我能拿你怎么办?我真是没办法了。"

分离敏感型鲨鱼音乐会令家长感到势单力薄,觉得没有人支持自己,或是能力不足以作为一名抚养者。我们感到无助便会威胁孩子,发出自己孤独无助的讯息。

### 安全敏感型

"我真是管不了你了,我不想继续忍受你这副样子了,谢尔比。你不是这里的领导。我刚刚语气和缓地告诉你了,你要和凯莉分享。她是一位很棒的朋友,我累了,不想再和你讲你要更和善一些了。现在你要么把玩具给她,要么就回到自己的房间去吧。"

很担心自己受到操纵,失去控制力,安全敏感性"鲨鱼音乐"就会触发不受控制的愤怒以及恐惧。这样的时候,家长就会忘记如何保持人际关系的积极状态了。

### 安全的表现

"谢尔比,我知道你记得咱们今天早上说了什么。你有了新玩具就不爱和别人分享,我也知道这个娃娃是你最喜欢的玩具。到我这儿来,咱们和凯莉一起玩,然后你就可以告诉凯莉为什么你这么喜欢自己的新娃娃了。我们会一起解决这个问题的。"(语气坚定并且充满关爱,讲话的方式要让孩子完全明白自己的家长正牢牢地掌控着全局。)

"谢尔比,我知道这个娃娃是你最喜欢的玩具,和别人分享自己最特别的玩具的确很难。咱们一起解决这个问题。为什么你没有想到凯莉可能会想玩你的其他娃娃呢？你能不能拿其他的娃娃给她呢？"

我们选择安全感时，就是承认了孩子的感受，也表明了我们想要共同解决他的需求。3岁的孩子才刚刚开始学习和其他孩子一起玩耍，因此他们一开始很难处理好和同龄人的关系。

具有安全感的反应始于将孩子的经历视作真实且具有价值的共同关注点。只有这样解决问题才能带来改变现状的新选择。

> "现在，如果我3岁的儿子生气，我就会待在他附近，大声地谈论/帮助他理清感受：'你生妈妈的气是因为她叫你不要再打自己的弟弟了。你觉得这不公平，因为弟弟有时候也会打你。'这里的限制条件还是一样的（打人并不对），但是我现在理解了自己3岁孩子生气的原因，知道他为什么感到崩溃，我会帮助他理清自己的感受，用更加有效的方式表达出来。我注意到他对我显露的感情也越来越多了，他会在沙发上靠近我坐，让我在他睡觉前摸摸他的后背，而他之前却是'独立先生'，从来不太喜欢我做这些事情。"
>
> ——谢丽尔·洛，阿德莱德，澳大利亚

## 五岁

卡玛尔在适应幼儿园生活的过程中遇到了一些困难。让他整天离家已经是一个不小的挑战了，如果叫他在家门口干点什么，他的反抗情绪就愈发严重。卡玛尔最近一次爆发便是气冲冲地跑上校车，嘴里说着他新学会的话，"我恨你"，至少说了有5次（就在短短两分钟的时间里）。他现在爱讲的第二句话就是，"你真刻薄"，这话他说了两次。

### 自尊敏感型

"年轻人，你再也不可以，我说的是再也不可以和爸爸那样讲话了。你该学学什么叫作守时！不知道这样的事情都发生过多少次了！现在就给我进到车里去！如果我再听你说一个字，我就禁止你玩电子游戏一个月！"

如果家长是自尊敏感型，便常常采取说教的方式同孩子维持关系，尤其是情绪十分激动的时候。既失望又生气，这位父亲说教的语气无法掩盖他盛怒的情绪。这种情况时常发生，很有可能会让孩子觉得十分羞愧，无法学习新知识。

"卡玛尔，我没时间和你纠结这个事情了，我要迟到了。如果你现在就上车，我就让你在去学校的路上玩手机游戏。现在咱们两个必须齐心协力。"

这种情况下，卡玛尔的爸爸听到的"鲨鱼音乐"让他想起了自己父亲愤怒的样子，让他预见到如果自己继续那副样子，孩子便会发一阵脾气。努力保持思想合一对他的父亲总能奏效，于是现在这也成为处理孩子低落情绪的方式了。父亲将贿赂孩子作为实用性策略，同时还引导孩子和自己"站在同一战队"。

### 分离敏感型

"卡玛尔，我们说好的，你再也不会对我说那些意气用事的话了。你恨自己的妈妈是不对的，这伤害了我的感情。你是我的好小伙，你得听我的话，这样你才能让妈妈按时上班。我之前已经告诉过你了，我工作也很不容易，请你理解我。"

这位家长的分离敏感型"鲨鱼音乐"告诉她如果自己依旧保持那副样子，儿子可能会离开自己，于是她利用罪恶感和自己的无助感强迫儿子合作。

### 安全敏感型

"我不认为我说过允许你那样和我讲话。我现在肯定也没允许你这样做。年轻人，我对你的态度受够了。门就在那里，车就在屋外。你现在给我赶紧过去，

**9** 保持漂浮：在孩子成长过程中一次又一次地选择安全感

快点儿！"

既没有将注意力集中在人际关系上，也没有关注家长和孩子如何能共同努力满足孩子的需求，这位安全敏感型的家长却运用了让他感到舒适的方法——严格的界限以及坚定的声明。

"我真希望你刚刚没有摆出那副样子。我真不知道你想让我怎样。如果你上车，去学校路上就能玩平板电脑了。"

没有意识到自己能够给孩子设立规定，这位母亲将自己的困惑以及猜想传递给了外界对象，认为这样就能带来她渴求的平静。

### 安全

"卡玛尔，咱俩都知道上周你过得的确十分不容易，也都明白你说的那些话毫无益处。我知道你情绪低落，也知道你现在不想去学校，但我得去工作。因此，无论你想不想去学校，你都得进到车里。我们今晚肯定会就这个事情进行一次严肃认真的谈话。我向你保证，咱们肯定能找到一种方式让你的感觉比现在要好得多。"

这位家长为我们提供了一个更加高大、强壮、智慧且友善的范例，他关注到了领导力以及友善的态度，致力于和孩子一起解决情绪低落的问题。请注意，他并没有试图不现实地解决全部问题或是给孩子上一课。他也没有对于"恨"这个词产生过激反应——因为从某种程度来讲，孩子需要知道他们可以这样表现，而且我们却不会焦虑或者产生过激反应，能够顺利应对这个局面。

### 七岁

萨曼莎因为学校留了很多作业而倍感压力。为了应付舞蹈课程、音乐课程以及足球课程她已经十分奔忙，她总是担心自己的功课会落在别人后面。于是她一到晚上就会忧心忡忡，渐渐产生了入睡困难的问题。

### 自尊敏感型

"小萨,你知道自己是班里最聪明的孩子。每个人都知道这一点。你不需要担心什么。很明显,你可以调控好自己的事情,你这么担心都让我觉得好笑了。现在不要再继续忧心不安了,快去写作业,写完了你就能吃冰激凌了,这不是你晚饭时想要吃的吗?"

家长的自尊敏感性会让孩子承担巨大的压力。这位母亲企图贿赂孩子,让孩子达到她设想的应该取得的成就,也过分轻视了女儿焦虑不安的情绪。

"小萨,亲爱的,我向你保证一切都会好起来的。我以前也和你一样,但是我完美地处理好了一切。我在学校成绩很棒,你也会一样的。你真的不必担心什么。你有着大部分孩子都没有的独特之处;你这样担心其实有点不必要。"

除了消除孩子的低落情绪,这位家长的"鲨鱼音乐"告诉她通过思想合一的方式安慰孩子,认为"完全一样"可以让女儿觉得得到了支持。这位母亲没能倾听女儿的感受,而是通过称赞和羞愧避开了途径圆环底部会遇到的脆弱之感。

### 分离敏感型

"小萨,上学的确不容易;他们会给你提出很多要求。可能你进错了班级。也许我们应该和你的老师谈谈,少给你留一些作业。我认为这样的作业量对你来说太多了。对不起,亲爱的。我在想要不然我们每周让你在家待一天吧,这样你就能休息了。你觉得这样会有所帮助吗?"

分离敏感型"鲨鱼音乐"引发的防御性反应总是暗示孤独一人的境况。因此这位母亲无意识地试图限制孩子的能力,让孩子觉得更加无助,于是就会待在母亲身边。而且这位家长过分解读了女儿的焦虑情绪却没有陪伴女儿。

分离敏感型"鲨鱼音乐"警告我们要尽力避免遭到抛弃、独自一人。

### 安全敏感型

"萨曼莎,让你承受了这么多压力真的抱歉,这的确情有可原。但是如果你想要得到什么,你就必须学会如何努力地靠自己实现这个想法。教育会让你变得完全不同,所以我希望你回到房间,更加努力一些。"

安全敏感型"鲨鱼音乐"会警告我们,孩子的需求会产生过分亲密的关系,于是这位家长利用完成任务的说法避免感受到更多的同情以及在圆环底部产生更多联系。

### 安全的表现

"小萨,你压力太大了,咱们得一起想想要做出哪些改变。你愿意在今晚睡觉的时候让我坐在你身边吗?爸爸和我今晚会谈一谈这个事情,然后我们明天会和你一起探讨要做出什么改变。我希望你明白我觉得很抱歉,让你经历了这些事情,而且也希望你知道我们会一起解决这个问题的。事情都有解决方法,我们一定会找到。"

这位能够提供安全感的家长展示出了自己的同情心,同时也树立了共同承担责任的模范,对于找到新方法充满自信并且清楚地意识到这才是重点。

### 九岁

吉拉总会受到情感伤害。她觉得自己的哥哥总是在嘲讽她。丽莎是吉拉最好的朋友,可是三天两头也会成为她"最大的敌人"。"她之前是喜欢我的。现在她就只和朱迪发信息。我恨哥哥,我恨丽莎。还有人会在乎我怎么想吗?"

### 自尊敏感型

"吉拉,事情没有那么糟。你只是太小题大做了。我真的受够了!这个世界不是只围着你转，你的坏情绪不是所有人关注的焦点。我不知道你有没有注意到，但是你太以自我为中心了。为什么你就不能考虑一下别人，做出些改变呢？"

对于自尊敏感型家长来说，羞愧是常识也是实用的思想。羞愧能激发行为上的改变，但是并不能改变态度。这种情形之下，只会令愤怒以及悲伤愈发严重，与那种能够帮助孩子减缓痛苦的相处关系渐行渐远。

"吉拉，我真的不明白为什么你要在乎那些女孩呢？咱俩都知道她们根本不如你成熟，也不如你优秀。忘了她们吧。咱们明天来个特别的出行计划吧？"

自尊敏感型家长常常会以鼓舞人心的心意融合作为处理负面情绪的方式。如果有"更加强大"的人注入力量便十分有益。但是如果这位更加强大的人不愿意陪伴孩子体会自身感受，孩子就会不知不觉地认为拒绝承认圆环底部的感受是解决问题的唯一方式。

### 分离敏感型

"如果你继续抱怨，我就要发脾气了。你总是对鸡毛蒜皮的小事抓住不放。你就看不出来我每次都是因为你才放下自己的事情吗，但是看来你在乎的却只是你的朋友而已？我昨天竟然还要替你捡起地上的衣服，做你自己该做的杂事。（流泪）你却不知道感恩？"

为了让孩子亲近自己，这位家长用责备和负罪感让女儿一直关注着妈妈。现在问题就变成了妈妈情绪反应过激，所以孩子就无法理清自身的感受了。

### 安全敏感型

（走向大门，远离吉拉）"我不知道该说什么，我能看出你很沮丧，但是其他和你一样大的女孩都会有类似的经历。你有没有考虑过出去骑车？你知道这个方法以前都很奏效的。"

这位安全敏感型的家长对女儿的沮丧情绪感到不适,于是给女儿挑了一种实际的方式让她宣泄情绪——这种方式必然会拉大自己和女儿之间的距离,同时也鼓励了女儿自立。

**安全的表现**

"吉拉,我不会假装自己完全了解发生的一切,但是很显然你觉得这些天自己成了局外人。咱们一起解决这些问题吧。直接和我讲出来,也许你就能想出些新点子,处理好目前的情形了。我们既可以现在就开始,也可以过一段时间再说,无论怎么样都可以。"

这位家长既鼓励了女儿和自己协同调节情绪,也鼓励了女儿提升自立的能力。

> 如果这听起来有点太简单了……请牢记,如果能年复一年地坚持给予孩子像这样能够提供安全感的回应,会更有效。如果能提供安全感的交流模式根深蒂固,这种反应便能让家长毫不费力地引导出孩子的信任反应,这对孩子而言也更加容易。
>
> "在参加安全感圆环课程之前,孩子有负面情绪,我就会感到特别不舒服。更让我焦虑的是,女儿经常发脾气,而我觉得这些情绪太夸张且毫无理由。我一般采取的战术就是'推开'女儿,无论是让她回到自己房间,还是试图说服她意识到自己错了,这些方法都会引发一场哭喊的大比拼。
>
> 在课堂中,我学习了'陪伴'孩子的内容,之后我也尝试过练习这些策略。然而,最开始的几次尝试,都很尴尬,好像不是很有效。
>
> 最终,大约是在听课一年之后,我好像突然明白了什么。那天我

女儿特别反常，她大叫着冲进自己房间，'所有人都讨厌我！没人理解我！'她一边抽泣，一边挥舞着手臂，一下子瘫在床上。

我跟着她来到房间，开始抚摸她的后背。我开始说着类似于'你觉得没人理解你，你觉得所有人都讨厌你'的话。就好像我找到了'关闭坏脾气'的开关。几乎就在一瞬间，我女儿的眼泪一下子收住，然后给了我一个大大的拥抱。

之后，她和我先生讲起这事，'我当时真的吓坏了，但是妈妈进来了，就好像她说的话有魔力一样，让我一下子就觉得好起来了！'

魔力！我自己身为家长的感觉一下子变得更好了，我女儿对自己的评价也提升了。这是一场胜仗，也希望这是我们以全新方式与对方相处的一个开端。谢谢你，安全感圆环。"

——萨拉·桑德森，斯波坎，华盛顿

"步调一致不意味着屈服或是用大量的'物品'满足孩子的需求，也不意味着让他们在家里掌管大权或是得到他们想要的一切。有时候，如果孩子想要的是家长不想给的东西（无论是物质原因还是情绪原因导致家长不想给予），家长就会让孩子觉得自己做错了或者感觉很糟，也可能是让孩子有负罪感或者让他觉得自己很自私。可能这样的行为可以在我们让孩子失望的时候转移家长自身的负罪感，也可能是为了保护家长自身免受力不从心之感的困扰，或是为了避免我们体会到自己还是孩子时未能得到满足的需求带来的深深的绝望。因此我们无法自我调节、无法镇静地承受孩子的不满（'我很抱歉让你失望了，亲爱的。我知道你有多么想要，但是答案就是不可以'），我们往往会带着防御心理和评价的眼光去做出反应，类似于'我不敢相信你会提出这样的要求。你总是想要更多！你是认真的吗？你有多少都不够。'这又能教会孩子什么呢？

> 我们利用羞耻感发出错误信号让孩子不要提出要求,因为那些要求会使我们(家长)感到不适,所以教会孩子表现得就好像他们不想要那些东西。"
>
> ——朱迪·费尔蒙特,圣罗莎,加利福尼亚

### 十一岁

艾米莉"全身心地爱着"自己最好的朋友小詹。就像其他11岁孩子那样,艾米莉和小詹几乎每个晚上都在手机上发信息、聊天,她们的交谈将所有其他人都排除在外,直到前一阵子她们还如此保持交谈。

但是这种难舍难分的情况开始发生了转变。

小詹交到了男朋友,而这位男朋友不想让小詹把那么多精力都放在艾米莉身上。"艾米莉,我还是你最好的朋友,但是我不能让布莱恩离开,我爱他。为什么你就不明白呢?"

艾米莉受到了巨大的打击,在过去两周吃晚饭时都闷闷不乐,独自一人坐在房间里,不愿谈及她口中的"世界末日"。一旦开口讲话,她所讲的就总是围绕着"不值得""彻底的失败者""永远没人喜欢的家伙"这类内容。"我就是一个怪物,没人在乎我。我到底怎么了?可能是因为我发胖了。"

**自尊敏感型**

"你就是在小题大做。我很纳闷小詹值不值得你这样。你在几乎所有方面都比她要出众:无论是长相还是聪明程度。相信我,天涯何处无芳草。"

贬低圆环底部需求的重要性,这一对策是自尊敏感型人群经常用来堵住对方继续抱怨的方式。这位家长一开始先是拒绝承认需求的重要性,然后认为称赞女儿能让女儿感觉好一些。接着他还暗示这些人的位置都是可以替代的,以此贬低了孩子之间人际关系的重要性。

"亲爱的，你很漂亮。你是你们班里最漂亮的姑娘。你怎么能说没有人爱你？打你出生起我就知道你是这个世界上最完美的孩子。"

许多自尊敏感型家长潜意识里都认为夸奖能够战胜情感上的痛苦。上述案例中的家长称赞了自己的女儿，告诉女儿爱和完美（通过和班里不那么漂亮的女生对比得出的结果）是相互关联的。对孩子而言，这样的暗示可能是在要求孩子做到完美否则就会失去别人对自己的爱。

自尊敏感性告诉我们夸奖能够战胜情感上的痛苦。

"我知道你刚刚是什么感受，我像你这么大的时候也经历了一样的事情，感觉就好像我们是同一个人。但是你看看现在的我是什么样子，所以你所有的事情都会得到完美的解决，和我当初一样。"

这位家长采用的策略是情意融合和理想化结局，以此不让女儿（以及她自己）的脆弱感显现。

### 分离敏感型

"小詹这样对待你的确不公平。最好的朋友不会做这样的事情，不会因为别人就放弃你。我希望你一直都知道我希望能成为你最好的朋友。"

这位家长所有的言论都是在给人分类，还提出了"成为最好朋友"的建议，以责备他人为前提保证自己和女儿能够一直保持亲密关系。

"亲爱的，你说你自己发胖的时候真的让我很担心，你一点儿都不胖。我希望你不要搞得我紧张兮兮的，总是担惊受怕地认为你会和其他女生一样，让自己挨饿，好能融入他们。"

想要遏止住孩子的低落情绪，这位母亲企图比女儿"抢先一步"感受到情绪低落，并且说如果女儿还存在问题，自己的情绪就一定会崩溃。她认为负罪感能够控制住情绪低落。

> 分离敏感性告诉我们负罪感能够控制住情绪低落。

### 安全敏感型

"如果我是你，我就不会担心。这又不是什么世界末日。你的日子还长着呢，你会找到更多朋友的。你现在为什么不把精力都放在学习上呢？现在正是为大学做准备的最好时机。你在大学里会交到很多朋友的。"

安全敏感型家长总是设想"未来"计划，并隐含着自立的指向，以求能够化解情绪上的低落。将注意力放在思想或是身体（锻炼身体）上是一个常见的话题，以此远离经历过的感受。

> 安全敏感性告诉我们自立能够解决情感上的痛苦。

"这种事情总会发生的。说实话，我很担心你和小詹待在一起的时间太多了。她是个好姑娘，但是你也要注重自己的学业。我倒是更愿意看到你学习，而不是有了最好的朋友就整天和她黏在一起。"

很显然，这位安全敏感型家长传递出的信息便是人际关系可能没有孩子认为的那么重要。其隐含的目标便是敦促孩子在学校表现良好，以转移自己对于他人的需求，而非为了好好学习本身。

### 安全的表现

"艾米莉，很抱歉，我不知道小詹怎么了，但是我知道这一定令人感觉非常受伤。你们做好朋友那么久了。"

"我也明白这种事情会令我们感觉自己特别没用,看起来就好像没人喜欢我们,或是永远都不会再喜欢我们了。我自己以前也有这样的时候,我真的恨透了这种经历了。"

"现在,我依旧给不了你明确的解释,但是我确信独自一人面对这样沉重的感受绝对没有好处。所以,现在也行,明天也行,或者在以后任何时候,咱们一起谈谈你觉得到底发生了什么吧。我只想让你明白在你需要我的时候,我就在你身边。"

这位家长将注意力放在了孩子的自身经历上,同时给出的信息也是无论孩子感受如何她都愿意陪伴孩子。没有压力,没有解决办法,也没有说教。只是简单地陪在孩子身边。

### 十三岁

尼克之前一直不与人来往,但是在过去的几个月,他开始①学会注意女生了,而且②还和一群新朋友出去玩了。现在他在打发时间时最爱做的事情是什么呢?就是和新朋友们发信息谈论女孩子,日夜不休。

现在尼克晚餐时间都常常会发上五六条信息,睡觉前还会发三四十条。按照他的说法,接下来还会有"疯狂"夜晚。凌晨两三点听到"叮"的声音也是家常便饭了。

**自尊敏感型**

"我给你买手机不是为了让你躲开我们大家的,你对自己的家庭也有应该承担的责任。我们不是坐在这里观看你的新爱好的观众。现在把你那破玩意儿放下,晚饭期间不要拿起来,我不想再说第二次了。"

自尊敏感型的家长在愤怒时常常会以宣布决定的口吻谈论发生的事情,暗含着贬低的、令人羞愧的信息。这些家长的设定大错特错且令人悲伤,他们认定扑灭大火需要谈论"纵火者"的价值判断。

"小尼,我认为我自己的父母就不会允许我现在做和你一样的事情。交了新朋友是一件很棒的事情,我也记得自己有了新朋友的场景,那感觉真的不能更好了。我允许你再发一条,然后请你把手机放在一旁,直到晚餐结束。"

这位自尊敏感型的家长不愿意设置限制,因为这可能会为他们情意融合的共享时光制造危机。他希望赞美之词和思想合一能够消除对人群归属的需求,但是实际上却不可能。

### 分离敏感型

"尼克,你怎么了?你之前和家人都十分融洽的,可现在你脑子里却完全没有了我们。为什么你就不能和过去一样呢?做回懂礼貌、好相处、总是陪伴着家人的那个男孩吧。这么多年我为你付出了这么多,可是现在好像我一文不值了。你到底要我怎么样才能回到家人身边来呢?"

有时候,分离敏感型家长因为孩子变得独立而害怕失去孩子,便利用负罪感让孩子待在自己身边。这些家长经常表达自己孤独无助的信息,还会采取哀求或是贿赂的方式加以辅助。

### 安全敏感型

"你每天都花很多时间和那些家伙发信息。我很高兴你有了新朋友,但是老天啊,你能不能在吃晚饭的时候把那玩意儿放下?就算你的手机没一直响这里也已经够吵的了。"

安全敏感型家长一般会对情感谈判感到不适,但是如果产生了怒火,他们就能保持一个舒适的距离,还能假装控制住了局面。

**安全的表现**

"尼克,咱们现在要认真地说一些事情了。你有些事情做得不对,所以现在咱们就要一起为这件事找个解决方法了。第一点,我每天晚上九点开始就要保管你的手机了。不能接电话,不能发信息,直到第二天早饭之后。第二点,我们是一个家庭,这意味着一起吃饭的时间十分重要。在晚饭期间不可以发信息。这并不是说你不能多花时间和朋友在一起,我对此毫无意见。但家庭时间就是家庭时间,睡觉时间就是睡觉时间。此外,正如我们一直以来的那样,我说的所有内容咱们都可以探讨。只要你知道我刚刚立下的这些规矩仍旧有效,而且不可辩驳,我就很愿意听听你的意见。"

### 为了你青春期的孩子扮演圆环上双手的角色

2015年6月,心理学家格雷琴·施梅尔策[①]模仿青少年的口吻写了一封给青少年家长的长信,在社交媒体中引发了疯狂转发。信中的男孩希望自己的信能够在那些无法理解孩子,也无法和正值青春期孩子沟通的家长内心里引起一丝波澜。可能这些孩子十分叛逆或疏离,经常表现得愤怒或阴郁、令人困惑或恼怒——或是有上述的全部表现。这位假想的少年讲述了即使他(或她)无法通过与父母争执表达他的感受或是想法,但他自己却非常需要和父母这样吵一架。这封信强调,争执的内容并不重要,而是"我就得和你争论这件事"才重要,以及这位少年需要自己的家长能够坚强地面对这一局面才重要。然后,少年向读了这封信的家长发出了由衷的恳求:"我迫切地渴望你拿起绳子的一端,在我甩动另一端时紧紧地攥住你的那端——此时我就会在这个新世界中找到着手点和立足点,让我感觉我就在其中",而且"我需要明白无论自己的感受有多么糟糕或是多么夸张,它们都无法毁灭你我。我需要你在我最糟糕的时候依旧爱我,即使此时看似我并不爱你。我需要你爱这一刻的我们,爱你自己,也爱我"。

---

① 格雷琴·施梅尔策于2015年6月23日将这封动人的信发表在 www.emotionalgeographic.com/parents-corner。

**9** 保持漂浮：在孩子成长过程中一次又一次地选择安全感

> 在这些几乎不可能、近乎疯狂的时刻之中，我们发现自己的内心是同孩子在一起的，尤其是他们处于令人苦恼的青春期这一旅程中，我们可以告诉自己："我的孩子身处这一可怕、令人崩溃又几乎难以忍受的时期，却有着与生俱来的智慧。在其表面现象之下（包括那些对我而言毫无意义的行为），我的孩子正等待着我回归那个更加高大、强壮、智慧且友善的最佳状态。谢天谢地，我足够努力找到了回归圆环的路，并且明白了以某种方式、从某种程度上来讲，我们会共同解决产生的所有裂隙。我会成为你**需要**的双手。"

### 十五岁

玛尼 15 岁了，她最近在手机上玩起了色拉布（Snapchat）[一]，这个软件给她带来了刺激体验。她交了一个新男朋友，他们找到了方法对付父母要求"开着卧室门"的规定。一天晚上，玛尼的妈妈来说晚安的时候偷看了一眼她的房间，发现玛尼不仅打破了在床上不许玩手机的规定，还通过色拉布给男朋友发了自己具有性意味的照片。

#### 自尊敏感型

"玛尼！你脑子里到底在想什么？我本以为我养大的女儿会更自重的。这是没有自尊心的傻姑娘才会做的事情。现在立刻把手机交给我。我对你太失望了。我要没收几个月，你现在给我去睡觉。"

对于这位自尊敏感型的母亲而言，愤怒是选择直接而持久地干预。在让孩子感到羞愧的同时，她也给予了惩罚，也抹杀了她们一起讨论女儿所做的危险事情的机会。这样的情形之下，怒火和羞耻感压倒了其他选项，而正是这些选项也许在未来能引导孩子正常的自我调节能力。

---

[一] Snapchat（色拉布）是由斯坦福大学的两位学生开发的一款"阅后即焚"照片分享应用。——译者注

"玛尼？亲爱的，我仍记得初恋带来的悸动，我的那个男朋友是真可爱。我父母对我都太严格了，我像你这么大的时候从来没有机会去约会。你现在和男朋友说一声晚安吧，我相信你不会再继续给他发那样的照片了——男生从来不会珍惜太容易得手的女生。"

这位母亲害怕破坏和女儿心意融合的状态，过于想要认同自己女儿多彩的生活，于是将自己也说成是同一类人。这样，孩子便留在危险的水域中独自奋战。

### 分离敏感型

"现在就把手机给我放下。我从一开始就不该给你手机，也不该允许你谈恋爱。是不是你都忘记了自己还有家人呢，也忘记了我这个不想让你做蠢事的妈妈。我对你太好了，你就知道一味地索取、索取、索取。你就不能有点儿感恩之心，就不能听听我为了你好的那些话吗？"

---

**小测验：如果你正值青春期的孩子变得冷漠了怎么办**

亚力克斯 14 岁了。她进入了"月球黑暗面"时期，许多青少年都会经历这一长达几个月的特殊时期……甚至是几年之久。仅在一年前，她还十分健谈，喜欢嬉戏打闹，但是现在的她回答问题的大部分反应都是耸耸肩，只讲两三个字："是啊""可能吧""不确定""我猜是"。亚力克斯保持着不算粗鲁的态度，在疏远和不尊重的分界线间不断游离。

可是，亚力克斯又会十分黏人。两个小时前，她还不愿意坐在餐桌前吃完饭，现在她刚吃完饭也就四五秒，就跑回厨房想和家人确认是不是自己真如她所想那样，是不是别人真的都觉得她十分丑陋。这就是引发她刚刚提问的原因。

根据自身不同的核心敏感性，你觉得自己会怎么说呢？在你继续阅读我们给出的例子之前，请粗略地写下你的答案。

**9** 保持漂浮：在孩子成长过程中一次又一次地选择安全感

**分离敏感型**

**自尊敏感型**

**安全敏感型**

**安全的表现**

现在请你将自己的答案同我们给出的例子做个比较。

**分离敏感型**

"亚力克斯，亲爱的，你真的感觉很沮丧，对不对？你很久没有和我说你感觉很糟糕了。还记得我们之前很亲近的感受吗？你知道我就在你身边陪着你。也许咱们是时候做回朋友了。咱们谈谈吧。"

**自尊敏感型**

"亚力克斯，我知道你到底是怎么了。相信我，我也有过一样的经历。我像你这么大的时候，也有过一样的感受。你要明白这一切都会过去，全都会过去。像你这么漂亮的姑娘很快就会迈过这个坎的。"

**安全敏感型**

"我觉得我知道发生了什么，但是我不认为有什么可担心的。我希望你能仔细想一想，因为你认为自己十分丑陋并不准确。我觉得你长得真的很漂亮。你爸爸和我都因为你在学校的表现很棒而十分高兴。我觉得这些都会过去的。"

**安全的表现**

"好吧，你这样说也不无道理。觉得自己很吸引人的确很重要，感觉自己没那

> 么糟糕也很重要。我也经历过类似的时光。我希望你明白，你有了这样的感觉，可能有时候会想要谈一谈这件事，有时却不想提及。我最大的希望就是让你明白当你想要谈一谈的时候，我也想和你谈谈。如果现在恰好是你愿意谈一谈的时候，那么我就在这里。"

这位母亲只关注了家长的需求而企图让女儿停止危险行为。短期来看，女儿可能会听话（或是逆反），但是无论怎么样小姑娘得到的信息都是很危险的：自己得不到保护，负罪感让她采取进一步行为，却付出了代价——牺牲正常的自我意识以及界限感。

### 安全敏感型

"玛尼，我明白这就是青少年会做的事情，只是为了融入大家，但是这样的行为是不允许在我们家出现的。我给你使用手机以及约会都订立了规则，难不成我要一生都监视你是否遵从了这些规矩吗？你就一直在挑战我的底线，我真的很累了，把你的手机给我吧。"

虽然保持着长幼的分别，这位母亲却放弃了在女儿进入成年早期时进一步体验紧密人际关系的机会。其关注点在于家长自身一直受到女儿牵制，而非女儿需要学习有关人际关系新技巧的需求。

### 安全的表现

"玛尼，你所做的事情超越了界限！完全超过了界限！这简直是太危险了。把你手机给我，就现在！我虽然不知道你在想什么，但是过一阵之后我愿意听你讲讲。我给你立下的使用手机以及约会的规定都是有充分的理由的。现在这些规定要更加严格了。之后咱们还要认真严肃地谈一谈这件事。现在我简直要被你吓死了。明天咱们得谈谈这个，得解决这个问题……一起解决。"

这位家长展现了自己真实的（而非夸大的）怒火，划定了简单又清晰的界限，还表达了对女儿真切的关心，同时承诺帮助女儿理清刚刚发生的事情。这位母亲既没有责怪，也没有让女儿羞愧；既没有喊她的名字，也没有让她有负罪感，同时还尊重了女儿想要培养自己尚未具备的新技能的需求。这位家长的话语暗示了自己和孩子之间的约定：她们会一起找到某种方式培养这些技能。那些可以提供安全感的家长明白，随着步入青春期的孩子年龄越来越大，他们"受到控制的"日子也随之结束。（他们越努力地试图保持控制力，孩子的反推力就会越大，而且还会引发更大的混乱。）相反，他们意识到了现在做好的选择，也是家长本身就能做到的，便是不断地产生影响。这些影响（如果不加威胁、贿赂、贬低或是加以负罪感地来自一位更加高大、强壮、智慧且友善的长者）便能够帮助青少年在进入成年早期时搭建起框架，他们做出正确决断的能力也会随之增强。

直面自己是如何回应孩子并努力做出意识清醒的决定并非总是那么容易，而且随着时间流逝，孩子必然会不断改变，一次又一次地呈现出全新的场景。如果你有时候产生了疑惑，请牢记：

> 陪伴孩子就好。如果你能够做到这一点，
> 所有的事情都会放慢速度，并且朝着好的方向发展。
> 有时候情况很快就会变好，有时候会花多一些时间。
> 只要选择做得完全彻底，就会产生安全感。

即使有时候"鲨鱼音乐"会影响你，造成了裂隙，让你感到后悔（自己更加高大、强壮、智慧且友善的双手脱离圆环），但请牢记每一个裂隙都伴有一次修复的机会，而且每次修复都会强化你带给孩子的安全感。同时也请牢记在心，你选择的安全感的次数越多，随着时间推移，你处理人际关系就会越轻松。

"我有4个孩子,他们给了我很多读懂暗示以及发现事情局势加剧或是'变坏'的练习机会,我会常常想着这些内容。有一个晚上,我和孩子们一起参加了学校的圣诞音乐会。我能看出9岁的儿子脸上的表情,尽管当时他很开心享受,但是预示着一场灾难马上就要来临。我也明白,当着他所有的朋友和家人在学校发脾气比起让他独自在车里或者在家里会更令他尴尬。"

"我便迅速将孩子聚在一起,没有搅起一丝波澜。我明白那一刻自己的镇静能帮我渡过任何即将来临的难关。我们离开了学校,儿子便越来越生气,越来越焦躁不安。我在他真正开始讲难听话之前就离开了那栋楼。我们一进到车里,儿子就开始大哭并且对着我大喊。他因为我们离开觉得非常生气!如果我还没学习依恋以及安全感圆环的所有知识,我的第一反应肯定是特别生他的气,因为他丢人现眼了,而且还对我不尊重。他对我说了很多从未说过的难听话!我没有发作,而是深吸一口气,意识到现在是我练习陪伴孩子的好机会。接下来的30分钟,他在车里疯狂地发泄着怒火,而我就在那里陪着他。我们到家之后,我告诉儿子他可以生气、可以沮丧,但是我们会一直待在一起,直到他感觉好一些……然后他的'坏脾气'又继续了20分钟左右。他大哭大叫,而我就在那里待着、听着、对他表示感同身受。终于,他的怒火就像气球撒气那样,一下就消散了。他平静下来,我们还是那样坐着。然后他又开始大哭,我就问他现在哭什么,他告诉我因为他觉得自己对我说的那些话真的太糟糕了。我给他倒了一杯牛奶,和他一起坐在沙发上谈话,并且让他依偎着我。当然,我原谅了他所说的那些话!他并不是那么刻薄或是不尊重我;他只是生气,受到了过度刺激,不知道有了这些情绪后应该做些什么。我感觉自己不仅做了正确的事情,还让儿子明白了妈妈不会因为他沮丧或者他做的事情不对就生气或者抛弃他。他也明白了自己会渡过这些难关,而且还能在需要的时候修复人际关系。我如果继续自己以往的模式,他到睡觉时肯定还一直在生气，而且觉得自己的怒火来的十分有道理。可是这次，儿子在睡觉前感受到的却是妈妈很爱他。"

"有一天，我的4个儿子都会进入青春期，难关全都堆在一起。我知道未来还会有很多这样的时刻来临。我也明白安全感圆环会帮助我们渡过这些难关，并且加固我们之间的关系。"

——艾琳·梵戴尔，温尼伯，加拿大

## 通往安全感之路

有希望也有不解：你的孩子曾经是那么幼小，看起来非常脆弱，却会将你充满爱意地（其中不乏一路走来的艰辛努力）为其建立的安全型依恋延续到自己一生的体验中，成为一名值得信任、充满爱心且自信满满的成年人。如果你想一想这件事，就会发现这便是我们最想传承给孩子以及无数后辈的馈赠。

我们想通过这本书的内容告诉你，幸运的是，这一馈赠的核心要素没有那么复杂：

（1）我们需要一张简明易懂的指示图。
（2）我们需要相信自己最根本的意图便是尽己所能做到最好。
（3）我们需要意识到自己在哪里最容易迷失。
（4）我们需要允许自己犯错误，并且找回原路，发现有什么需求。
（5）我们需要坚信分享美好的事物既是手段，也是我们期望的结果。

随着这些馈赠不断传递给孩子，他们会学会照顾自己、独立自主以及拥有很好的抗压能力，会变得如我们所希望的那样优秀。因为我们知道，生活境遇是我们永远都无法为孩子选择的。有些事情发生时，可能他们恰好在父母的羽翼之下，受到我们的照顾；有时候这些事情是在他们离开父母的庇护之后数年才发生的。无论是哪种情况，父母最深切的期望便是孩子们能够坚韧不屈又优雅得体地面对所有的生活境遇：具备坚定面对各种困难的能力，具备信任感，使他们能够在需要的时候愿意寻求及提供帮助。他们从父母这里学到的以及我们共同学习的内容最终会转变为孩子未来生活中最需要的能力。

爱在我们心间。<br>
我们都会遇到困难。<br>
"和"永远都藏在最显眼的地方。

# 资　　源

## 附加阅读

希望进一步了解依恋理论的发展历史、启发安全感圆环法的主要研究，以及学习更多关于婴儿、儿童发展的研究和特定主题的读者，可以参考下列书籍和文章。

Bowlby, J. (1973). *Attachment and loss: Vol. 2. Separation.* New York: Basic Books.
Bowlby, J. (1980). *Attachment and loss: Vol. 3. Loss, sadness and depression.* New York: Basic Books.
Bowlby, J. (1982). *Attachment and loss: Vol. 1. Attachment* (rev. ed.). New York: Basic Books.
Bowlby, J. (1998). *A secure base: Parent–child attachment and healthy human development.* London: Basic Books.
Bowlby, J., & Ainsworth, M. D. S. (1951). *Maternal care and mental health.* Geneva, Switzerland: World Health Organization.
Bretherton, I. (1992). The origins of attachment theory: John Bowlby and Mary Ainsworth. *Developmental Psychology, 28,* 759–775.
Cassidy, J., & Shaver, P. R. (Eds.). (2016). *Handbook of attachment: Theory, research, and clinical applications* (3rd ed.). New York: Guilford Press. (Excellent compilation of attachment research, theory, and clinical applications.)
Cooper, G., Hoffman, K., & Powell, B. (2009). *Circle of Security parenting manual for use with COS-P DVD.* Unpublished manuscript distributed as part of COS-P training.

Cooper, G., Hoffman, K., & Powell, B. (2009). *Circle of Security parenting: A relationship based parenting program* [DVD]. Available at *http://circleofsecurity.com*.

Fraiberg, S., Adelson, E., & Shapiro, V. (1975). Ghosts in the nursery: A psychoanalytic approach to the problems of impaired infant–mother relationships. *Journal of the American Academy of Child and Adolescent Psychiatry, 14*(3), 387–421.

George, C., Kaplan, N., & Main, M. (1984). *Adult Attachment Interview.* Unpublished document, Department of Psychology, University of California, Berkeley.

Goleman, D. (1995). *Emotional intelligence: Why it can matter more than IQ.* New York: Bantam Books.

Goleman, D. (2006). *Social intelligence: The new science of human relationships.* New York: Bantam Books.

Karen, R. (1990, February). Becoming attached. *The Atlantic.* Retrieved from *www.theatlantic.com*.

Karen. R. (1994). *Becoming attached: First relationships and how they shape our capacity to love.* New York: Oxford University Press. (Good introduction to attachment theory.)

Lieberman, A. F., Padrón, E., Van Horn, P., & Harris, W. W. (2005). Angels in the nursery: The intergenerational transmission of benevolent parental influences. *Infant Mental Health Journal, 26*(6), 504–520.

Lyons-Ruth, K. & Process of Change Study Group. (1998). Implicit relational knowing: Its role in development and psychoanalytic treatment. *Infant Mental Health Journal, 19*(3), 282–289.

Masterson, J. F. (1985). *The real self: A developmental, self, and object relations approach.* New York: Brunner/Mazel.

Masterson, J. F. (1993). *The emerging self.* New York: Brunner/Mazel.

Powell, B., Cooper, G., Hoffman, K., & Marvin, B. (2014). *The Circle of Security intervention: Enhancing attachment in early parent–child relationships.* New York: Guilford Press.

Powell, B., Cooper, G., Hoffman, K., & Marvin, R. S. (2009). The Circle of Security. In. C. H. Zeanah, Jr. (Ed.), *Handbook of infant mental health* (3rd ed., pp. 450–467). New York: Guilford Press.

Schore, A. N. (1996). The experience-dependent maturation of a regulatory system in the orbital prefrontal cortex and the origin of developmental psychopathology. *Development and Psychopathology, 8*(1), 59–87.

Schore, A. N. (2002). Dysregulation of the right brain: A fundamental mechanism of traumatic attachment and the psychopathogenesis of posttraumatic stress disorder. *Australian and New Zealand Journal of Psychiatry, 36*(1), 9–30.

Shonkoff, J. P., & Phillips, D. A. (Eds.). (2000). *From neurons to neighborhoods: The science of early child development.* Washington, DC: National Academy Press. (Excellent overview of the first 5 years of life; full text available at www.nap.edu.)

Siegel, D. J. (2012). *The developing mind: How relationships and the brain interact to shape who we are* (2nd ed.). New York: Guilford Press.

Siegel, D. J. (2014). *No-drama discipline: The whole-brain way to calm the chaos and nurture your child's developing mind*. New York: Bantam.

Siegel, D. J. (2015). *Brainstorm: The power and purpose of the teenage brain*. New York: Tarcher/Perigee.

Siegel, D. J., & Bryson, T. (2012). *The whole-brain child: 12 revolutionary strategies to nurture your child's developing mind*. New York: Bantam.

Siegel, D. J., & Hartzell, M. (2004). *Parenting from the inside out: How a deeper self-understanding can help you raise children who thrive*. New York: Penguin.

Sroufe, L. A., Egeland, B., Carlson, E. A., & Collins, W. A. (2005). *The development of the person: The Minnesota Study of Risk and Adaptation from Birth to Adulthood*. New York: Guilford Press.

Steele, H., & Steele, M. (2008). On the origins of reflective functioning. In F. Busch (Ed.), *Mentalization: Theoretical considerations, research findings, and clinical implications* (pp. 133–156). New York: Analytic Press.

Stern, D. N. (1977, 2002; with a new introduction). *The first relationship: Infant and mother*. Cambridge, MA: Harvard University Press.

Stern, D. N. (1985). *The interpersonal world of the infant: A view from psychoanalysis and developmental psychology*. New York: Basic Books.

Stern, D. N. (1990). *Diary of a baby: What your child sees, feels, and experiences*. New York: Basic Books.

Stern, D. N. (1995). *The motherhood constellation: A unified view of parent–infant psychotherapy*. New York: Basic Books.

Stern, D. N., & Bruschweiler-Stern, N. (1998). *The birth of a mother: How the motherhood experience changes you forever*. New York: Basic Books.

Tronick, E. (2007). *The neurobehavioral and social–emotional development of infants and children*. New York: Norton.

### 有关安全感圆环法的文章和章节

Avery, L., Matthews, J., Hoffman, K., Powell, B., & Cooper, G. (2008). Project Same Page: An evaluation of an attachment training seminar. *Journal of Public Child Welfare, 2*, 495–509.

Blome, W. W., Bennett, S., & Page, T. (2010). Organizational challenges to implementing attachment-based practices in public child welfare agencies: An example using the Circle of Security model. *Journal of Public Child Welfare, 4*(4), 427–449.

Cassidy, J., Woodhouse, S. S., Cooper, G., Hoffman, K., Powell, B., & Rodenberg, M. (2005). Examination of the precursors of infant attachment security: Implications for early intervention and intervention research. In L. J. Berlin, Y. Ziv, L. Amaya-Jackson, & M. T. Greenberg (Eds.), *Enhanc-*

ing early attachments: Theory, research, intervention, and policy (pp. 34–60). New York: Guilford Press.

Cassidy, J., Woodhouse, S. S., Sherman, L. J., Stupica, B., & Lejuez, C. W. (2011). Enhancing infant attachment security: An examination of treatment efficacy and differential susceptibility. *Journal of Development and Psychopathology, 23,* 131–148.

Cassidy, J., Ziv, Y., Stupica, B., Sherman, L. J., Butler, H., Karfgin, A., et al. (2010). Enhancing attachment security in the infants of women in a jail-diversion program. In J. Cassidy, J. Poehlmann, & P. R. Shaver (Eds.), An attachment perspective on incarcerated individuals and their children. *Attachment and Human Development, 12*(4), 333–353.

Cooper, G., Hoffman, K., Marvin, R., & Powell, B. (2007). Clinical application of attachment theory: The Circle of Security approach. In K. Golding (Ed.), *Attachment theory into practice* (Briefing Paper No. 26, pp. 38–43). Leicester, UK: British Psychological Society.

Cooper, G., Hoffman, K., Powell, B., & Marvin, R. (2005). The Circle of Security intervention: Differential diagnosis and differential treatment. In L. J. Berlin, Y. Ziv, L. Amaya-Jackson, & M. T. Greenberg (Eds.), *Enhancing early attachments: Theory, research, intervention, and policy* (pp. 127–151). New York: Guilford Press.

Hoffman, K., Marvin, R., Cooper, G., & Powell, B. (2006). Changing toddlers' and preschoolers' attachment classifications: The Circle of Security intervention. *Journal of Consulting and Clinical Psychology, 74,* 1017–1026.

Page, T., & Cain, D. S. (2009). "Why don't you just tell me how you feel?": A case study of a young mother in an attachment-based group intervention. *Child and Adolescent Social Work Journal, 26*(4), 333–350.

Powell, B., Cooper, G., Hoffman, K., & Marvin, R. (2007). The Circle of Security project: A case study—"It hurts to give that which you did not receive." In D. Oppenheim & D. F. Goldsmith (Eds.), *Attachment theory in clinical work with children: Bridging the gap between research and practice* (pp. 172–202). New York: Guilford Press.

Powell, B., Cooper, G., Hoffman, K., & Marvin, R. S. (2009). The Circle of Security. In C. H. Zeanah, Jr. (Ed.), *Handbook of infant mental health* (3rd ed., pp. 450–467). New York: Guilford Press.

Zanetti, C. A., Powell, B., Cooper, G., & Hoffman, K. (2011). The Circle of Security intervention: Using the therapeutic relationship to ameliorate attachment security in disorganized dyads. In J. Solomon & C. George (Eds.), *Disorganized attachment and caregiving* (pp. 318–342). New York: Guilford Press.

# 儿 童 期

**《自驱型成长：如何科学有效地培养孩子的自律》**
作者：[美]威廉·斯蒂克斯鲁德 等　译者：叶壮

樊登读书解读，当代父母的科学教养参考书。所有父母都希望自己的孩子能够取得成功，唯有孩子的自主动机，才能使这种愿望成真

**《聪明却混乱的孩子：利用"执行技能训练"提升孩子学习力和专注力》**
作者：[美]佩格·道森 等　译者：王正林

聪明却混乱的孩子缺乏一种关键能力——执行技能，它决定了孩子的学习力、专注力和行动力。通过执行技能训练计划，提升孩子的执行技能，不但可以提高他的学习成绩，还能为其青春期和成年期的独立生活打下良好基础。美国学校心理学家协会终身成就奖得主作品，促进孩子关键期大脑发育，造就聪明又专注的孩子

**《有条理的孩子更成功：如何让孩子学会整理物品、管理时间和制订计划》**
作者：[美]理查德·加拉格尔　译者：王正林

管好自己的物品和时间，是孩子学业成功的重要影响因素。孩子难以保持整洁有序，并非"懒惰"或"缺乏学生品德"，而是缺乏相应的技能。本书由纽约大学三位儿童临床心理学家共同撰写，主要针对父母，帮助他们成为孩子的培训教练，向孩子传授保持整洁有序的技能

**《边游戏，边成长：科学管理，让电子游戏为孩子助力》**
作者：叶壮

探索电子游戏可能给孩子带来的成长红利；了解科学实用的电子游戏管理方案；解决因电子游戏引发的亲子冲突；学会选择对孩子有益的优质游戏

**《超实用儿童心理学：儿童心理和行为背后的真相》**
作者：托德老师

喜马拉雅爆款育儿课程精华，包含儿童语言、认知、个性、情绪、行为、社交六大模块，精益父母、老师的实操手册；3年内改变了300万个家庭对儿童心理学的认知；中南大学临床心理学博士、国内知名儿童心理专家托德老师新作

更多>>>　《正念亲子游戏：让孩子更专注、更聪明、更友善的60个游戏》 作者：[美]苏珊·凯瑟·葛凌兰　译者：周玥 朱莉
《正念亲子游戏卡》 作者：[美]苏珊·凯瑟·葛凌兰 等　译者：周玥 朱莉
《女孩养育指南：心理学家给父母的12条建议》 作者：[美]凯蒂·赫尔利 等　译者：赵菁

# 原生家庭

### 《母爱的羁绊》

作者：[美] 卡瑞尔·麦克布莱德　译者：于玲娜

爱来自父母，令人悲哀的是，伤害也往往来自父母，而这爱与伤害，总会被孩子继承下来。

作者找到一个独特的角度来考察母女关系中复杂的心理状态，读来平实、温暖却又发人深省，书中列举了大量女儿们的心声，令人心生同情。在帮助读者重塑健康人生的同时，还会起到激励作用。

### 《不被父母控制的人生：如何建立边界感，重获情感独立》

作者：[美] 琳赛·吉布森　译者：姜帆

已经成年的你，却有这样"情感不成熟的父母"吗？他们情绪极其不稳定，控制孩子的生活，逃避自己的责任，拒绝和疏远孩子……

本书帮助你突破父母的情感包围圈，建立边界感，重获情感独立。豆瓣8.8分高评经典作品《不成熟的父母》作者琳赛重磅新作。

### 《被忽视的孩子：如何克服童年的情感忽视》

作者：[美] 乔尼丝·韦布 克里斯蒂娜·穆塞洛　译者：王诗溢 李沁芸

"从小吃穿不愁、衣食无忧，我怎么就被父母给忽视了？"美国亚马逊畅销书，深度解读"童年情感忽视"的开创性作品，陪你走出情感真空，与世界重建联结。

本书运用大量案例、练习和技巧，帮助你在自己的生活中看到童年的缺失和伤痕，了解情绪的价值，陪伴你进行自我重建。

### 《超越原生家庭（原书第4版）》

作者：[美] 罗纳德·理查森　译者：牛振宇

所以，一切都是童年的错吗？全面深入解析原生家庭的心理学经典，全美热销几十万册，已更新至第4版！

本书的目的是揭示原生家庭内部运作机制，帮助你学会应对原生家庭影响的全新方法，摆脱过去原生家庭遗留的问题，从而让你在新家庭中过得更加幸福快乐，让你的下一代更加健康地生活和成长。

### 《不成熟的父母》

作者：[美] 琳赛·吉布森　译者：魏宁 况辉

有些父母是生理上的父母，心理上的孩子。不成熟父母问题专家琳赛·吉布森博士提供了丰富的真实案例和实用方法，帮助童年受伤的成年人认清自己生活痛苦的源头，发现自己真实的想法和感受，重建自己的性格、关系和生活；也帮助为人父母者审视自己的教养方法，学做更加成熟的家长，给孩子健康快乐的成长环境。

**更多>>>**

《拥抱你的内在小孩（珍藏版）》　作者：[美] 罗西·马奇-史密斯
《性格的陷阱：如何修补童年形成的性格缺陷》　作者：[美] 杰弗里·E. 杨 珍妮特·S. 克罗斯科
《为什么家庭会生病》　作者：陈发展